智能运输工程系列教材

# 智能运输信息处理技术

主　编　王艳辉　贾利民
副主编　李　曼

清华大学出版社
北京交通大学出版社
·北京·

## 内 容 简 介

本书涵盖了智能运输信息处理的全过程，包括信息的获取、预处理、集成、挖掘及表达，并用道路交通违法事故信息处理案例、动车组牵引系统故障信息处理案例两个案例说明和演示了智能运输信息处理的过程和方法。在编写过程中结合了算法原理与实际应用经验，全面而又不失重点地展现了现代智能信息处理技术应用，较为全面地表述了智能运输信息处理知识体系。

本书内容丰富，取材新颖，是一本针对智能运输工程及相关专业的信息处理教材，是为了适应将交通运输类学生培养成"宽口径、高素质"专业人才的目标而编写的。

本书封面贴有清华大学出版社防伪标签，无标签者不得销售。
版权所有，侵权必究。侵权举报电话：010-62782989　13501256678　13801310933

### 图书在版编目(CIP)数据

智能运输信息处理技术/王艳辉，贾利民主编．—北京：北京交通大学出版社，2020.1
ISBN 978-7-5121-4092-9

Ⅰ.①智…　Ⅱ.①王…　②贾…　Ⅲ.①智能运输系统-信息处理　Ⅳ.①F502

中国版本图书馆 CIP 数据核字(2019)第 243209 号

### 智能运输信息处理技术
ZHINENG YUNSHU XINXI CHULI JISHU

| | | | | |
|---|---|---|---|---|
| 责任编辑： | 谭文芳 | | | |
| 出版发行： | 清华大学出版社 | 邮编：100084 | 电话：010-62776969 | http://www.tup.com.cn |
| | 北京交通大学出版社 | 邮编：100044 | 电话：010-51686414 | http://www.bjtup.com.cn |
| 印 刷 者： | 北京时代华都印刷有限公司 | | | |
| 经　　销： | 全国新华书店 | | | |
| 开　　本： | 185 mm×260 mm　　印张：13.75　　字数：347 千字 | | | |
| 版　　次： | 2020 年 1 月第 1 版　　2020 年 1 月第 1 次印刷 | | | |
| 书　　号： | ISBN 978-7-5121-4092-9/F·1925 | | | |
| 印　　数： | 1～2 000 册　　定价：45.00 元 | | | |

本书如有质量问题，请向北京交通大学出版社质监组反映。对您的意见和批评，我们表示欢迎和感谢。
投诉电话：010-51686043，51686008；传真：010-62225406；E-mail：press@bjtu.edu.cn。

# 前　言

智能运输系统是将先进的信息技术、通信技术、传感技术、控制技术及计算机技术等有效地集成运用于交通运输管理体系，而建立起的一种在大范围内、全方位发挥作用的，实时、准确、高效的综合运输和管理系统。智能运输系统在运行过程中会产生大量数据，由于交通信息量大、时效性强、可靠性要求高的特点，传统人工手段已经难以高效处理智能运输系统海量信息，智能运输信息处理技术应运而生。智能运输信息处理技术是指利用计算机技术与模型算法，对智能运输系统运行过程中采集得到的交通数据进行加工处理，并从中获取人类所需要信息的技术。

本书力求涵盖智能运输信息的获取、预处理、集成、挖掘、表达的全过程，并给出了翔实的案例分析，全方位地展现了信息处理的全过程。在编写过程中结合了算法原理与实际应用经验，全面而又不失重点地展现了现代信息处理技术应用，较为全面地表述了智能运输信息处理知识体系。

本书内容丰富，取材新颖，可作为高等院校交通运输大类、智能运输工程本科生教材，是智能运输系统深入认知的重要进阶教材，同时也可作为交通信息工程及控制、交通运输规划与管理、道路与铁道工程、载运工程运用工程专业的研究生参考教材，也可供从事智能运输系统、交通信息工程及控制等领域研究的科研人员和工程技术人员参考。

本书由北京交通大学王艳辉教授、贾利民教授担任主编，参与编写人员有：李曼、崔逸如、杜宇朝、张宪、郝伯炎、吴铭涛、孙鹏飞、周莹、赵晨阳、刘丽、郝羽成等。其中王艳辉、贾利民参与编写并指导全书内容；李曼、张宪编写第1章、第2章；崔逸如、杜宇朝编写第3章、第4章；郝伯炎、吴铭涛编写第5章、第6章、第7章；赵晨阳、刘丽进行了全书校对；全体人员共同编写了第8章、第9章、第10章。在编写过程中，参考了大量书籍、期刊和资料，在此，谨向作者致以真挚的谢意。智能运输系统信息处理技术是一门发展中的学科，因编者学术水平及经验等方面的限制，书中有不当之处，恳请读者赐教。

编　者

2019年10月

# 目 录

第1章 绪论 ··································································································· 1
  1.1 智能运输系统概述 ··················································································· 1
    1.1.1 智能运输系统基本概念 ······································································ 1
    1.1.2 典型的智能运输信息系统 ··································································· 2
    1.1.3 存在的问题 ···················································································· 4
  1.2 智能运输信息处理 ··················································································· 5
    1.2.1 数据与信息 ···················································································· 5
    1.2.2 智能运输信息处理技术与模式 ···························································· 8
    1.2.3 智能时代的信息——大数据的重要性与必要性 ···································· 17
  小结 ············································································································ 23
  习题 1 ········································································································· 23

第2章 数据预处理方法 ················································································ 25
  2.1 概述 ······································································································ 25
  2.2 数据预处理的方法 ·················································································· 26
    2.2.1 数据描述 ····················································································· 26
    2.2.2 数据清洗 ····················································································· 29
    2.2.3 数据变换 ····················································································· 32
    2.2.4 数据离散化 ················································································· 34
    2.2.5 数据集成 ····················································································· 36
    2.2.6 数据归约 ····················································································· 37
  小结 ············································································································ 41
  习题 2 ········································································································· 42

第3章 智能运输信息分类技术 ······································································ 43
  3.1 决策树分类器 ························································································ 44
    3.1.1 决策树的基本原理与特点 ································································ 44
    3.1.2 决策树分类基本步骤 ······································································ 45
    3.1.3 ID3 算法 ······················································································ 46
    3.1.4 C4.5 算法 ····················································································· 47
    3.1.5 决策树分类器在智能运输信息处理中的 MATLAB 应用实例 ················· 48
  3.2 SVM 分类器 ·························································································· 52
    3.2.1 线性核近似线性可分 SVM ······························································· 52
    3.2.2 非线性 SVM ·················································································· 54
    3.2.3 SVM 分类器在智能运输信息处理中的 MATLAB 应用实例 ···················· 54
  3.3 人工神经网络分类器 ·············································································· 58
    3.3.1 人工神经网络的基本构成和原理 ······················································· 58

  3.3.2 BP 神经网络分类器 ············································································· 60
  3.3.3 径向基函数神经网络（RBF） ······································································ 61
  3.3.4 神经网络分类器在智能运输信息处理中的 MATLAB 应用实例 ······························ 63
小结 ·································································································································· 70
习题 3 ······························································································································· 70

## 第 4 章　智能运输信息预测技术 ··············································································· 72
4.1 概述 ························································································································· 72
4.2 时间序列预测法 ········································································································ 73
  4.2.1 基本步骤 ······································································································ 73
  4.2.2 基本特征 ······································································································ 74
  4.2.3 时间序列预测模型 ························································································· 75
  4.2.4 模型检验 ······································································································ 76
  4.2.5 时间序列预测在智能运输信息处理中的 MATLAB 应用实例 ·································· 77
4.3 回归分析预测法 ········································································································ 79
  4.3.1 基本步骤和应注意的问题 ·············································································· 80
  4.3.2 线性回归分析预测模型 ·················································································· 81
  4.3.3 非线性回归分析预测模型 ·············································································· 85
  4.3.4 回归分析预测在智能运输信息处理中的 MATLAB 应用实例 ·································· 90
4.4 灰色预测法 ··············································································································· 97
  4.4.1 灰色预测模型的特点及分类 ··········································································· 97
  4.4.2 灰色预测模型 ······························································································· 98
  4.4.3 灰色预测在智能运输信息处理中的 MATLAB 应用实例 ······································· 101
小结 ······························································································································· 104
习题 4 ···························································································································· 104

## 第 5 章　智能运输信息聚类技术 ············································································· 107
5.1 概述 ······················································································································· 107
5.2 k-means 聚类算法 ·································································································· 107
  5.2.1 k-means 聚类算法原理 ················································································ 107
  5.2.2 k-means 聚类算法步骤 ················································································ 108
  5.2.3 k-means 在智能运输信息处理中的 MATLAB 应用实例 ······································ 109
5.3 层次聚类算法 ·········································································································· 110
  5.3.1 层次聚类算法原理 ······················································································· 110
  5.3.2 层次聚类算法步骤 ······················································································· 111
  5.3.3 层次聚类在智能运输信息处理中的 MATLAB 应用实例 ······································ 112
5.4 SOM 聚类算法 ······································································································· 114
  5.4.1 SOM 聚类算法原理 ····················································································· 114
  5.4.2 SOM 聚类算法步骤 ····················································································· 114
  5.4.3 SOM 聚类在智能运输信息处理中的 MATLAB 应用实例 ····································· 115
小结 ······························································································································· 117
习题 5 ···························································································································· 118

## 第6章 智能运输信息关联分析技术 ......119
### 6.1 概述 ......119
#### 6.1.1 关联分析的概念和应用 ......119
#### 6.1.2 关联分析的相关定义 ......119
### 6.2 一般关联规则算法——Apriori 算法 ......120
#### 6.2.1 Apriori 算法原理 ......120
#### 6.2.2 Apriori 算法步骤 ......121
#### 6.2.3 Apriori 算法在 MATLAB 中的实例应用 ......122
### 6.3 序列模式挖掘算法——PrefixSpan 算法 ......126
#### 6.3.1 PrefixSpan 算法原理 ......127
#### 6.3.2 PrefixSpan 算法步骤 ......127
#### 6.3.3 PrefixSpan 算法在 MATLAB 中的实例应用 ......128
### 小结 ......129
### 习题6 ......130

## 第7章 信息可视化技术 ......131
### 7.1 概述 ......131
### 7.2 信息可视化常用方法 ......131
#### 7.2.1 柱状图 ......131
#### 7.2.2 直方图 ......131
#### 7.2.3 折线图 ......132
#### 7.2.4 饼图 ......133
#### 7.2.5 散点图 ......134
#### 7.2.6 雷达图 ......135
#### 7.2.7 帕累托图 ......135
### 7.3 信息表达技巧 ......136
#### 7.3.1 面积尺寸可视化 ......136
#### 7.3.2 颜色可视化 ......137
#### 7.3.3 地域空间可视化 ......137
#### 7.3.4 概念可视化 ......138
### 小结 ......138
### 习题7 ......139

## 第8章 道路交通违法事故信息处理案例 ......140
### 8.1 数据的获取与预处理 ......140
#### 8.1.1 数据的来源 ......140
#### 8.1.2 数据的预处理 ......141
### 8.2 信息的集成 ......149
#### 8.2.1 信息集成处理的意义 ......149
#### 8.2.2 信息集成基本框架及过程 ......150
### 8.3 基于神经网络融合方法的交通事故多发原因分析 ......152
#### 8.3.1 整体思路 ......152

8.3.2　输入向量构造 …………………………………………………………… 153
　　8.3.3　输出向量构造 …………………………………………………………… 153
　　8.3.4　神经网络的构建 ………………………………………………………… 154
　　8.3.5　训练结果 ………………………………………………………………… 154
8.4　交通事故数据挖掘 …………………………………………………………………… 156
　　8.4.1　概述 ……………………………………………………………………… 156
　　8.4.2　聚类分析 ………………………………………………………………… 157
　　8.4.3　关联分析 ………………………………………………………………… 159
小结 ………………………………………………………………………………………… 160

## 第9章　动车组牵引系统故障信息处理案例 …………………………………………… 162
9.1　数据的获取 …………………………………………………………………………… 162
　　9.1.1　数据来源 ………………………………………………………………… 162
　　9.1.2　处理需求 ………………………………………………………………… 162
9.2　数据预处理 …………………………………………………………………………… 162
　　9.2.1　故障数据剔除 …………………………………………………………… 164
　　9.2.2　故障数据字段归并处理 ………………………………………………… 165
9.3　数据特征分析与展示 ………………………………………………………………… 173
　　9.3.1　单变量统计分析 ………………………………………………………… 173
　　9.3.2　多变量统计分析 ………………………………………………………… 176
　　9.3.3　部件故障属性计算 ……………………………………………………… 177
9.4　故障数据关联规则分析 ……………………………………………………………… 180
　　9.4.1　故障信息特征词提取方法 ……………………………………………… 180
　　9.4.2　关联规则构建方法 ……………………………………………………… 185
　　9.4.3　关联规则分析 …………………………………………………………… 185
小结 ………………………………………………………………………………………… 189

## 第10章　智能运输信息处理技术前沿热点 …………………………………………… 190
10.1　信息处理技术发展趋势 …………………………………………………………… 190
10.2　人工智能、深度学习技术 ………………………………………………………… 191
　　10.2.1　人工智能技术 ………………………………………………………… 191
　　10.2.2　深度学习技术 ………………………………………………………… 195
　　10.2.3　国内外人工智能与深度学习发展 …………………………………… 197
10.3　云计算、雾计算与边缘计算 ……………………………………………………… 198
　　10.3.1　云计算 ………………………………………………………………… 198
　　10.3.2　雾计算 ………………………………………………………………… 199
　　10.3.3　边缘计算 ……………………………………………………………… 201
10.4　物联网技术 ………………………………………………………………………… 202
小结 ………………………………………………………………………………………… 204
习题10 ……………………………………………………………………………………… 205

**参考文献** ……………………………………………………………………………………… 206

# 第1章 绪 论

## 1.1 智能运输系统概述

### 1.1.1 智能运输系统基本概念

智能运输系统(intelligent transportation system, ITS)又称智能交通系统,是将先进的科学技术(信息技术、计算机技术、数据通信技术、传感器技术、电子控制技术、人工智能等)有效地综合运用于交通运输、服务控制和车辆制造,加强车辆、道路、使用者三者之间的联系,从而形成一种保障安全、提高效率、改善环境、节约能源的综合运输系统。

智能运输信息系统是智能运输系统的重要组成部分之一,它能够通过有线通信、无线通信等手段以语音、图形、文字等形式实时为出行者提供出行相关信息,使出行者(包括司机和乘客)在出发前、出行过程中直至到达目的地的过程中,随时能够获得有关道路交通状况、所需时间、最佳换乘方式、所需费用及目的地的各种相关信息,从而指导出行者选择合适的交通方式和路径,以最高的效率和最佳方式完成出行过程。这些信息可以从路侧的信息显示装置(如可变情报板等装置)中获得,可以从各类车载装置中获得,也可以随时通过便携式计算机、手机等设备接入网络查询得到。

智能运输信息系统使人类的交通行为更具科学性、计划性和合理性,是实现智能运输的重要标志,如图 1-1 所示。这些系统中信息的获得需要完备的交通数据采集、传输、存储及处理设备和装置系统。一般来说,智能运输信息系统构架包括以下几部分。

数据层:数据采集是智能运输体系中的基础,且是最为重要的组成部分。数据采集设备采集各子系统的数据,并通过传输设备传递数据,进行进一步的数据融合处理。数据采集设备种类繁多,包括 GPS、CCTV 摄像头、线圈检测器、传感器、城市轨道交通自动售检票(AFC)系统等。

传输层:能够将采集到的数据无障碍、高效、安全地进行传输,实现传感器网络与移动通信技术、互联网技术的融合。

融合层:把从各子系统采集来的数据,按一定的结构理顺信息流关系,并加以综合处理形成决策所需要的各种信息。包括对交通运输数据和社会公众信息的分类、加工、分析和提供。

业务层:智能运输信息系统的主要业务为客运服务、货运服务、综合运输服务三大模块。智能运输信息处理技术推动了现代客运服务、现代货运服务和现代综合运输服务的发展。

用户层:用户终端种类很多,包括手机应用、车载终端、广播、电子情报板等。车载导航终端是应用最广泛的用户终端之一,包括导航辅助系统和无线电数据通信收发器,而导航辅助系统包括车辆导航定位模块、车载计算机及显示屏。

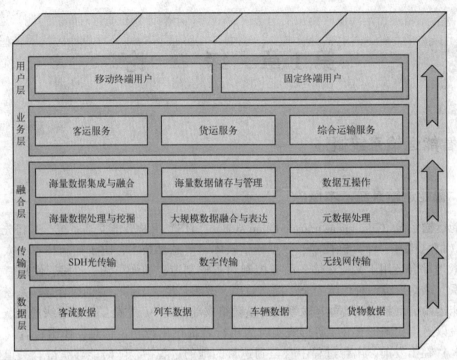

图 1-1 智能运输信息系统构架示意图

## 1.1.2 典型的智能运输信息系统

**1. 交通数据采集系统**

在现代化智能运输信息系统的建设过程中，实现交通状况的检测和采集是关键的一步。

道路交通数据采集器如图 1-2 所示，是交通信息数据的重要采集终端，主要功能是对过往车辆进行计数、测速、车型分类；分析计算占道信息、单位时间内车流量、车流平均速度等，并以此判断道路拥挤状况；然后通过通信接口，把采集到的数据按预定的时间处理周期发送到管理监控中心，为交通调度和交通事件告警提供决策服务。

图 1-2 道路交通数据采集器

目前国际上对交通流量数据采集的方式有很多种：微波雷达、视频、红外和地感线圈等。归纳起来主要有三大类：磁频、波频和视频。环形地感线圈信息采集方式属于磁频采集技术，当有机动车通过检测区域时，在电磁感应的作用下交通检测器内的电流会跳跃式上升。当该电流超过指定阈值时会触发记录仪,实现对车辆计数和通过时间的检测。通过设置双线圈可以实现车辆通过时的速度检测。例如,在路面下 5 cm 处埋设地磁线圈传感器,分布于地面路口的各个车道,高架路上每隔 300~400 m 埋设一个。传感器平均每 20 s 向 ITS 数据中心传送一次车流量、车速、道路饱和度、道路占有率等实时信息。另外,公交车和出租车上安装的 GPS 定位系统也可记录车辆的位置信息,实现信息的实时采集与传输。

城市轨道交通客流数据采集是城市轨道交通信息数据采集的重要部分,主要通过 AFC 系统、换乘通道、站台及出入口等位置安装红外感应设备、激光设备、视频分析设备等采集客流信息;分析计算车站的进出站客流量、换乘客流量、区间断面客流量等,以此判断轨道交通车站、线路的运营状况;然后通过通信接口,把采集到的数据按预定的时间处理周期发送到管理监控中心,为轨道交通运营调度提供决策服务。

**2. 交通信息服务系统**

道路信息中心能够实时获取道路交通数据采集系统采集的各种信息,以及从其他渠道获取的所辖路网内的实时交通信息。例如,某路段因交通量过大而发生交通拥挤,因交通事故引发交通中断,因道路施工和维护而发生的车道关闭,以及其他交通管制等各种道路交通信息。这些信息经过处理后,可通过调频广播提供给出行者,也可通过可变情报板、各种终端装置为驾驶员提供车辆行驶路径的诱导信息,辅助驾驶员选择路径和沿既定路径行驶,为行车安全和交通畅通提供保障。

北京交通管理部门构建了以"一个中心、三个平台、八大系统"为核心的智能交通管理系统体系框架,高度集成了视频监控、单兵定位、122 接处警、GPS 警车定位、信号控制、集群通信等近百个应用子系统。如在北京环路、主干道上容易发生拥堵的点位,设置了 228 块如图 1-3 所示的大型室外可变情报板,每 2 min 刷新一次,每天显示 196 万条实时路况信息。

图 1-3 可变情报板

**3. 实时监测信息服务系统**

道路交通管理中心通过道路沿线设置的各类检测器,如气象检测器、能见度检测器、冰冻检测器及电视摄像系统等,采集并监测各种路况信息,如道路灾害、路面破损、潮湿、积雪、冰冻等,然后通过各类信息提供方式,如可变情报板、限速标志、调频广播、车载装置等及时传递给驾驶员,同时对驾驶行为提出相应建议,提醒驾驶员注意行车安全。路面状况实时监测信息服务系统如图 1-4 所示。

轨道交通综合监控系统是轨道交通非常重要的一个系统,是以现代信息技术、计算机技

图1-4 路面状况实时监测信息服务系统

术、自动化技术和网络技术为基础的计算机相关集成系统。综合监控系统集成了多个地铁子系统，主要包括火灾自动报警系统、通信网管系统、UPS、环境与设备监控系统、电力监控系统等。综合监控系统囊括了主要的监控系统，将这部分综合监控系统进行互通互联，统一集成监控，为实现轨道交通整体实时监控提供了信息化基础。

### 1.1.3 存在的问题

我国智能运输系统起步较晚，已经进入快速发展的黄金时期，目前的发展尚存在一些不足，例如，信息处理方面最突出的问题是信息筛选不精准和"信息孤岛"。

随着大数据时代的到来，由于计算机技术的应用，许多信息和数据能够通过计算机得到快速高效的整理。然而，这种快速计算得到的结果究竟是不是最真实的数据？分析的结果到底是不是客户真正需要的信息？由于现阶段数据的复杂性，很多数据之间关联十分密切，单单依靠一种计算机处理技术很难得到想要的结果。面对这种现象，计算机信息技术的综合运用和高效运用显得尤为重要。

此外，随着计算机技术和网络技术的发展，整个社会信息化程度不断提高，社会经济快速发展的同时，信息成为全社会的宝贵资源和财富，信息共享的需求也日益增多。科学技术的发展促进了企业信息化建设，提高了企业生产、管理、决策过程的效率、水平与经济效益。随着信息系统应用的深入，越来越多的部门不再满足于本部门的信息共享和业务协同，开始提出跨部门、跨域的信息共享和业务协同的要求。然而由于我国智能交通的发展主要由国家科技部、国家发展和改革委员会、交通运输部、公安部、建设部等多部门共同协调管理，各部门根据自己的业务需要构建自己的智能运输系统，各系统间没有一个统一的构建和开发管理，目前大多数信息系统之间还存在技术标准、构成、运作机制和水平的差异，各系统处于分隔孤立的状态，缺乏统一标准，集成度低。各个领域的大量信息分别保存在小系统中，这些小系统互不兼容、自成一体，具有广泛分布、分散自治的特点，成为一个个"信息孤岛"，信息没有得到深层次的充分利用，为各行业信息集成带来了极大的困难，也极大地降低了系统建设及投资的效益。以我国交通信息化发展为例，我国交通系统具有异构、时空分布和支持单一业务的特征，基本处于"各自为政"的局面，没有形成面向全局的业务支撑和面向全局应用的信息集成，不仅造成了资源的巨大浪费和全局效率的低下，而且还不能满足社会和经济发展对运输业越来越高的安全、效率和服务品质的要求。

以上问题的出现，归根结底是信息处理技术的不足，信息处理技术的提高与发展对解决以上问题有着重大而又深远的意义。

## 1.2 智能运输信息处理

### 1.2.1 数据与信息

**1. 数据**

数据（data）是对客观事物的符号表示，是用于表示客观事物的、未经加工的原始素材，如图形符号、数字、字母等。或者说，数据是通过物理观察得来的事实和概念，是关于现实世界中的地方、事件、其他对象或概念的描述，是进行各种统计、计算、科学研究或技术设计等所依据的数值（是反映客观事物属性的数值），在计算机科学中是指所有能输入到计算机并被计算机程序处理的符号的介质的总称。

**2. 信息**

美国信息管理专家霍顿（F. W. Horton）给信息下的定义是："信息是为了满足用户决策的需要而经过加工处理的数据。"简单地说，信息是有新内容、新知识的消息，是经过加工以后对客观世界产生影响的数据，即信息是数据处理的结果。它是可以用于通信的知识，能对接受者的行为产生影响，对接受者的决策具有价值。通常所说的声音、数字、文字、符号、图像等都是信息的载体，也是信息的一种表现形式。它们之间有着天然的联系，语言和数字的产生都是为了同一个目的——传播和记录信息。

信息与数据既有联系，又有区别，主要表现在以下几方面。

（1）信息是加工后的数据，是一种经过选摘、分析、综合的数据，它使用户可以更清楚地辨识正在发生什么事。所以，数据是原材料，本身无意义，具有客观性。信息是产品，是数据的含义，具有主观性。

（2）数据和信息是相对的。表现在一些数据对某些人来说是信息，而对另外一些人而言则可能只是数据。例如，在运输管理中，运输单对司机来说是信息，这是因为司机可以从该运输单上知道什么时候要为什么客户运输什么物品。而对负责经营的管理者来说，运输单只是数据，因为从单张运输单中，他无法知道本月经营情况，他并不能掌握现有可用的司机、运输工具等。

（3）信息是观念上的。因为信息是加工了的数据，所以采用什么模型（或公式）、多长的信息间隔时间来加工数据以获得信息，是受人对客观事物变化规律的认识制约且由人确定的。

1948年，信息论奠基人，美国科学家香农（C. E. Shannon）在《通信的数学理论》一文中，把信息定义为"熵的减少"，即"能够用来消除不定性的东西"。根据香农对信息的定义可看出，信息是在传递过程中，人们对系统认识的不确定性的减少，即一条信息的信息量与其不确定性有着直接的关系。那么如何量化信息量的度量呢？

为了减少信息与过程联系的紧密性，人们建立了信息熵的概念。信息熵是用来描述在信息传输过程开始系统所拥有的不确定性。香农提出了用"比特"这个概念来度量信息熵。一个比特是一位二进制数，在计算机中，一个字节就是8比特，而信息量的比特数和所有可能情况的对数函数有关。对于任何一个随机变量 $X$，它的熵定义如下：

$$H(X) = -\sum_{x \in X} P(x)\log_2 P(x) \quad (1-1)$$

举个例子来说，假设有一个骰子，每面的点数均为 1，则每投掷一次骰子，其信息熵为 0。因为点数为 1 的概率为 1，则该信息的不确定性为 0。而如果该骰子的每面点数均不同，且骰子分布均匀，即每面向上的概率相等，则每投掷一次骰子的信息熵为：

$$H = -6 \times \frac{1}{6}\log_2 \frac{1}{6}$$

通过这个简单的例子可看出，变量的不确定性越大，熵也就越大，要把它搞清楚，所需信息量也就越大。

信息一般具有如下特征。

（1）依附性。信息必须有依附性，如图 1-5 所示。如书刊上的信息依附于纸张，短信信息依附于网络，交通路网信息依附于导航软件等，当然，同一信息可以有不同的载体。

图 1-5　信息的依附性——狼烟载体

（2）共享性。区别于物质和能量的一个重要特征，信息的共享不仅不会产生损耗，而且还可以广泛地传播和扩散，使更多的人共享。

萧伯纳对信息的共享性有一个形象的比喻：你有一个苹果，我有一个苹果，彼此交换一下，我们仍然是各有一个苹果。如果你有一种思想，我也有一种思想，我们相互交流，我们就都有了两种思想，甚至更多。这个例子说明了信息不会像物质一样因为共享而减少，反而可以因为共享而衍生出更多。

（3）价值性。只有对人们有价值的数据才叫作信息。数据本身没有意义，它是对事实、概念或指令的一种客观表达形式，需要被人们通过一定的算法或装置进行加工、处理和交换，从而得到对人们有用的、具有价值的信息。

（4）时效性。信息要能够反映事物的最新变化状态。只有既准确又及时的信息才有价值。一旦过时，就会变成无效的信息，如图 1-6 所示。

信息强调时间价值。随着通信技术的发展，信息交流在速度和数量方面快速提高，谁首

图 1-6　信息的时效性——天气预报

先获得信息，谁将掌握竞争的主动权。信息价值的时间性有短期和长期的区别，信息价值的短期性表现为信息出现后，必须在一到两天或更短的时间内作出决策，而超过有效期，信息价值将为零。如证券市场信息的价值持续时间一般都较短。

(5) 真伪性。信息并非都是对事物的真实反映，如图 1-7 所示。只有真实而准确的信息才可以帮助人们作出正确的决策，从而实现信息的价值。

图 1-7　信息的真伪性——电话诈骗

(6) 传递性。信息可以在不同的个体与群体之间传递，实现了文化的传承，打破了时间和空间的限制。人们往往通过声音、文字、图像或者动作相互沟通消息，传递信息。

(7) 可处理性。信息需要按照某种需求进行处理和存储，经过分析处理后，又会产生新的信息，使信息得到增值，如图 1-8 所示。

智能运输信息也有其独有的特征，具体表现为信息多源性、信息异构性和信息层次性。

(1) 信息多源性。信息种类繁多，来源广泛，分布分散。由于智能运输系统中充分利用了当前迅速发展的信息技术，信息的来源渠道和种类很多，例如，来自传感器的交通流量信息，来自摄像机的视频信息，来自自动车辆定位系统探测车辆的行程时间与平均行驶速度信息，来自定位系统的车辆方位信息，来自电子交警的车辆违章信息，来自报警电话的交通事故信息，等等。表现形式包含数据、图像、声音、视频等，而且这些信息都是实时获取

图1-8 信息的可处理性——课堂笔记与总结

的,在较短的时间内信息量将会迅速膨胀。

(2) 信息异构性。主要体现在其信息的表现形式、确定性、标准格式的不同上。信息的表现形式不同,有定量信息,如流量、车速、各种信号配时参数;定性信息,如交通拥挤程度、服务水平;存在性信息,如车辆、行人有无;多媒体信息,如交通语言、文字、图像、视频等。信息的确定性不同,既有如停车泊位数、路网密度等确定性信息,也有交通需求、突发事件、环境变化等不确定性信息。由于信息来自不同的应用系统或平台,信息的标准格式不同,存在接口标准不统一、粒度及存储格式各异的情况。

(3) 信息层次性。在智能运输系统中,信息可以分为采集、融合、决策、协作和服务这几个层次,这些不同层次上的信息的特性是各不相同的,用途也不同。

综上所述,可以看出信息是消除系统不确定性的唯一办法(在没有获得任何信息之前,一个系统就像是一个黑盒子,引入信息,就可以了解黑盒子系统的内部结构)。如果没有信息,任何公式或者数字等都无法排除不确定性。信息越多,随机事件的不确定性就越小。

对于交通系统来说,信息是智能运输系统中最为重要的内容之一,信息的采集、加工和共享,实现了交通管理从简单静态管理到智能动态管理的转变,满足了人们对实时、动态及历史交通信息的需求。

## 1.2.2 智能运输信息处理技术与模式

依据1.1.1节中已构建的智能运输信息系统结构框架,各环节中的信息处理技术如图1-9所示。

**1. 智能运输信息处理技术**

智能运输系统与传统运输系统的显著区别在于智能运输系统将先进的科学技术(信息技术、计算机技术、数据通信技术、传感器技术、电子控制技术、自动控制理论、运筹学、人工智能等)有效地综合运用于交通运输、服务控制和车辆制造。"信息"成为智能运输系统的关键所在。智能运输系统通过各种手段来获取交通运输系统的状态信息,并为系统的用户和管理者提供经过分析处理的、有针对性的有效信息和决策结果,整个过程称为智能运输信息处理,其中应用的技术称为智能运输信息处理技术。

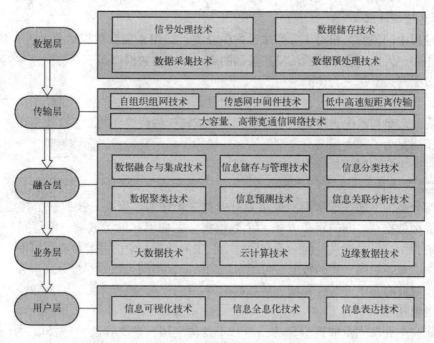

图 1-9 智能运输信息处理环节

1）数据预处理技术

数据预处理是指在主要的处理环节之前对所收集数据进行分类或分组所做的审核、筛选、排序等必要的处理。

现实世界中数据大体上都是不完备、不一致的，无法直接进行数据挖掘，或挖掘结果差强人意。高质量的决策必须依赖于高质量的数据，高质量的数据依赖于数据的采集与处理。而通过数据预处理，可以改进数据的质量，有助于提高其后决策的精度和性能，检测异常数据，尽早地调整数据并归约待分析的数据，可以在决策过程中得到高回报。

数据预处理主要包括数据描述、数据清洗、数据变换、数据离散化、数据集成、数据归约等内容。这些数据处理技术在数据挖掘之前使用，大大提高了数据挖掘的质量，缩短了实际挖掘所需要的时间。

2）信息分类技术

分类是一种重要的数据挖掘技术，具体来说就是把具有某种共同属性或特征的数据归并在一起，通过其类别的属性或特征来对数据进行区别。也就是将具有相同内容、相同性质的信息及要求统一管理的信息集合在一起，把相异的和需要分别管理的信息区分开来，然后确定各个集合之间的关系，形成一个有条理的分类系统。信息的分类是在有指导的情况下进行的，也就是说在进行信息分类之前就已经获知类别的数目和特点。使用训练好的分类器对未知分类数据进行分类的过程实际上就是预测，因此分类器也常常发挥着信息预测、预警的功能。

使用分类器进行数据分类和进一步预测的原理是根据数据集的特点构造一个分类函数或分类模型（也就是分类器），该函数或模型能够把未知类别的样本映射到若干给定类别的某一个中，这些给定类别的特征各不相同，进行分类后可以对未经训练的数据进行预测。

3) 信息预测技术

数据挖掘中的预测是相对于分类来说的，分类可以用来预测数据对象的类标签。然而，在某些应用中，人们可能希望预测某些遗漏的或不知道的数据值而不是类标签，当被预测的值是数值数据时通常称之为预测。

在掌握现有信息的基础上，根据客观事物过去和现在的发展规律，借助于科学的方法对其未来的发展趋势和状况进行描述和分析，并形成科学的假设和判断，这便是预测。人们对未来进行预测是为了探索预测对象发展的客观规律，揭示其发展方向和趋势，分析其发展的途径和条件，为研究制订最佳方案提供依据。

4) 信息聚类技术

聚类与分类的不同在于聚类所要求划分的类是未知的。聚类是按照某个特定标准（如距离准则，即数据点之间的距离）把一个数据集分割成不同的类或簇，使得同一个簇内的数据对象的相似性尽可能大，同时不在同一个簇中的数据对象的差异性也尽可能大。可以具体地理解为，聚类后同一类的数据尽可能聚集到一起，不同类数据尽量分离。聚类技术正在蓬勃发展，对此有贡献的研究领域包括数据挖掘、统计学、机器学习、空间数据库技术、生物学及市场营销等。

目前研究中存在大量的聚类算法，而对于具体应用，聚类算法的选择取决于数据的类型、聚类的目的。主要的聚类算法可以划分为这几类：划分方法、层次方法、基于密度的方法、基于网格的方法及基于模型的方法。

5) 关联分析技术

关联分析是一种简单、实用的分析技术，其描述的是两个或多个变量之间的某种潜在关系的特征规则，就是从给定的数据集（如交易数据、关系数据或其他信息载体）中，查找存在于项目集合或对象集合之间的频繁模式、关联、相关性或因果结构，能够展示属性值频繁地在给定数据集中一起出现的条件。实际上，对于任何存在一定关联的两个或多个事物，都可以通过其他事物推测另外一个事物的某些特征。

挖掘关联规则的基本任务就是通过用户指定最小支持度和最小置信度，挖掘出大型数据库中的强关联规则。从广义上讲，关联分析是数据挖掘的本质，其任务分为两大类：①预测任务，其任务的主要目标是根据其他属性的值，预测特定属性的值，被预测属性一般称为目标变量或因变量，而用来做预测的属性称为说明变量或自变量；②描述任务，其任务的主要目标是导出概况数据中潜在的模式（关联、趋势、聚类、轨迹和异常）。

目前，关联分析已广泛应用于 Web 挖掘、文档分析、通信警告分析、网络入侵检测、生物信息学和地球科学等领域，以及其他类型的学习问题，如分类、回归和聚类等。对于交通运输领域，关联分析的应用还不多，主要在事故分析、运输经济评价、交通流空间分析等方面有所涉及。

6) 信息可视化技术

数据在日常生活中发挥着不可替代的重要作用，在如今的信息化社会中，数据影响着每一次决策。测量的自动化、网络传输过程的数字化和大量的计算机仿真产生了海量数据，超出了人类分析处理的能力，部分数据在经过必要的处理后，其背景和含义变得难以理解，很难将数据正确地表达给用户。对于属性值多、关联属性抽象的数据，其结果反映的信息往往难以正确表达。信息可视化为解决这种问题提供了一种新工具。

信息可视化是计算机科学的新兴分支之一。该技术主要利用图形图像技术对大规模数据进行可视化表示，以增强用户对数据更深层次的认知。信息可视化就是把数据、信息和知识转化为可视的表示形式并获得对数据更深层次认识的过程。其目的是更好地将数据和数据分析结果的含义传达给用户，方便用户理解，并辅助决策。信息可视化能把多属性的数据整理在同维度中，给用户更形象具体的展示，根据数据的关联属性，形象地表示出其变化规律以及属性，得到其他表示方法难以得到的结论。

**2. 智能运输信息处理模式**

1）智能运输信息处理流程

智能运输信息处理流程大致如图 1-10 所示。

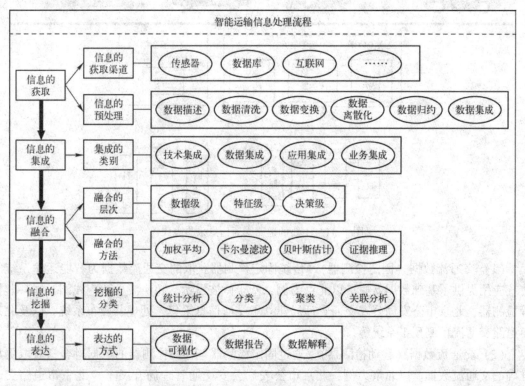

图 1-10　智能运输信息处理流程

2）信息的获取

信息的获取是智能运输信息处理流程中的第一个步骤。主要包括从各种渠道获取信息和对原始数据进行预处理。经过信息的获取之后才可对得到的信息进行下一步的挖掘和处理。

道路交通流中的信息通常获取的渠道很多，如图 1-11 所示。以传感器为例，传感器是一种检测装置，能感受到被测量的信息，并能将感受到的信息，按一定规律变换成为电信号或其他所需形式的信息输出，以满足信息的传输、处理、存储、显示、记录和控制等要求。交通中的大多数信息均通过各种布置在路面、路侧等各个部位的传感器（如感应线圈、微波雷达、地磁传感器等）采集得到。

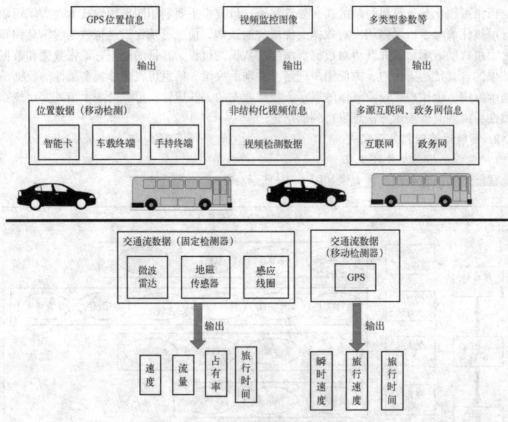

图 1-11 主要的道路交通信息采集方式

(1) 交通流数据（固定检测器）。传统固定检测器获取的交通流数据为智能运输系统的传统应用提供了基础数据支撑。以北京为例，基于微波雷达、超声波、感应线圈、视频监控等检测器，北京市公安局公安交通管理局建立了交通信息采集、处理、发布系统，以及北京市道路交通流预测预报系统等。

(2) 交通流数据（移动检测器）。通过固定检测器与移动检测器的数据融合，获取更加准确的交通流数据。以北京为例，北京市公安局公安交通管理局开展了"北京市道路交通流综合分析与数据质量评价体系研究"的项目，对固定检测器、移动检测器等获取的多源数据进行研究，优化交通数据质量。

(3) 位置数据（移动检测）。先进的移动通信技术拓展了交通移动检测的应用范围，由传统的交通流数据获取推广到位置数据的获取，使得基于位置的服务成为可能。基于公交智能卡的数据，实现出行者出行行为的分析，为公交基础设施建设和运营服务管理提供支持。基于出租车车载终端的数据，研究出行距离、出行时间和道路偏好对驾驶员路径选择的影响，进而实现路径的预测。应用智能手机，可实现出行轨迹、出行方式、出行范围、出行总量等数据的获取。此外，车联网的出现大大提高了城市交通信息综合获取的水平，丰富了交通数据的来源和发布途径。海量位置数据的处理和分析，为交通出行行为分析、公交系统优化、车辆优先控制等提供了支撑。

(4) 非结构化视频信息。非结构化视频信息一方面可用于宏观态势监控，以广西柳州为例，建设高空高清视频监控系统，掌控多交叉口或较大区域的交通宏观态势。另一方面，通过视频处理模块，提供交通流特征参数及其他参数，以卡口系统、电子警察系统等为例，还可应用于车辆类型识别、交通状态识别等。

（5）多源的互联网信息。互联网为智能运输系统提供了广泛的信息来源与发布途径。以社交网络为代表的互联网可为智能运输系统提供交通事件的视频等信息。另外，互联网也可成为交警非现场执法、公交系统优化等的重要信息来源，为城市决策者和管理者提供了安全稳定的信息交互平台。通过互联网，可为智能运输系统接入城市路网结构、气象变化、特大活动、突发事件、应急救援等信息。

（6）从数据库中获取数据。信息的获取有多种渠道，除以上提到的从传感器、视频监控、互联网政务网中获取数据之外，还可将采集的数据存入数据库，需要时从数据库中获取。数据库是按照数据结构来组织、存储和管理数据的建立在计算机存储设备上的仓库。在日常工作中，常常需要把某些相关的数据放进这样的"仓库"，并根据管理的需要进行相应的处理。在不同的业务中，会根据处理要求，从数据库中获取需要的数据，这样就减少了数据的重复存储，也便于增加新的数据结构，维护数据的一致性。

信息获取的一般流程如图 1-12 所示。

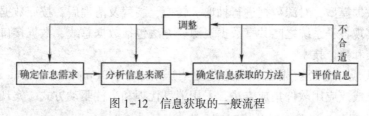

图 1-12 信息获取的一般流程

① 确定信息需求。首先明确要获取什么信息，表现在时间范围、地域范围、内容范围这三个方面，即在什么时间，什么地方，获取什么样的信息。

② 分析信息来源。分析自己想要获取的信息可能来自于什么地方。例如，直接从传感器获取，从政务网中查找或从数据库中获取等。

③ 确定信息获取的方法。由于信息来源的多样性，决定了信息获取方法的多样性。有现场观察采集法、问卷调查法、检索法（查询数据库、网页）、阅读法、视听法等。

④ 评价信息。以先前确定的信息需求为依据，对获取的信息进行评价，如不符合需求就重新做调整。

3）信息的预处理

信息预处理主要是对信息中所包含的数据进行处理，在保证原始信息完整性和准确性的基础上，以提高信息处理的质量，降低信息处理所需时间为目标。数据预处理（data preprocessing）是信息预处理的主要手段，指在主要的处理以前对所收集数据进行分类或分组前所做的审核、筛选、排序等必要的处理。

现实世界的数据一般都是不完备的，无法直接用于数据的挖掘。高质量的决策必须依赖于高质量的数据，数据仓库需要对高质量的数据进行一致的集成。因此，没有高质量的数据就没有高质量的挖掘结果。而通过数据预处理，可以改进数据的质量，有助于提高其后决策的精度和性能，检测异常数据，尽早地调整数据并归约待分析的数据，可以在决策过程中得到高回报。统计发现，在整个数据挖掘过程中，数据预处理要花费 60% 左右的时间，而后的挖掘工作仅占总工作量的10%左右。对数据进行预处理,不但可以节约大量的空间和时间,而且得到的挖掘结果能更好地起到决策和预测的作用。数据预处理主要包括数据描述、数据清洗、数据变换、数据离散化、数据集成、数据规约等内容。

4) 信息的集成

集成即集合、组合、一体化,以有机组合、协调工作、提高效率和创造效益为目标的将各个部分组合成为具有全新功能的、高效的和统一的有机整体。信息集成是指系统中各子系统和用户的信息采用统一的标准、规范和编码,实现全系统信息共享,进而实现相关用户软件间的交互和有序工作。

根据集成对象不同,可将信息集成分为技术集成、数据集成、应用集成和业务集成。

(1) 技术集成。技术集成是利用虚拟化技术,对信息系统的底层基础设施进行集成,包括机房基础设施、服务器、网络、存储、安全设备和系统软件等内容。技术平台集成目的是通过有效组织和调度现有技术设施资源,提高资源共享利用效率,降低成本,提高平台支撑和服务能力。技术集成成为类似云计算的平台即服务(platform-as-a-service, PaaS)和基础设施即服务(infrastructure-as-a-service, IaaS)应用。

(2) 数据集成。数据集成目的是解决分散数据综合利用问题,包括对数据标识、注册、管理,确定元数据模型,对源数据进行抽取、转换、装载及清理后,按照数据利用要求加载到数据仓库,实现各子系统之间共享数据资源。方法包括数据总线、数据接口适配器、数据仓库等数据封装和聚合技术。

(3) 应用集成。应用集成也称企业应用集成(enterprise application integration, EAI),通过用户界面集成或应用软件集成方法,采用消息代理和事件驱动方式,实现多个系统对数据资源的共享。

(4) 业务集成。业务集成是根据企业发展目标要求,建立基于信息系统支撑的新企业体系架构,通过对企业制度、组织、人员、过程调整,优化业务流程,促进信息共享,提高业务效率和质量。

5) 信息的融合

信息融合是智能运输信息处理过程中的重要步骤,是完成原始数据到分析结果转变的重要节点,极大程度上提高了信息处理的精度、实时性和稳健性。随着人工智能技术的发展,信息融合技术正朝着智能化、集成化的趋势发展。基于前人的研究,给出以下两个方面关于信息融合的定义解释。

(1) 信息融合是一种处理过程。

本质上来说,信息融合的目的是将多源信息或同源多个传感器获取的信息进行有目的的组合。将多种信息源(如传感器、数据库、知识库和人本身等)组合并进行滤波、相关和集成,从而形成一个适合信息选择、达到统一目的(如目标识别跟踪、态势估计、传感器管理和系统控制等)的过程。

(2) 信息融合是一门技术或理论方法和工具。

信息融合是一门解决来自多源数据与信息的关联、相关和组合等的处理技术,用以实现对研究实体的精确定位及其特性估计。或者说是协同利用多源信息(如传感器、数据库和人为获取的信息等)进行决策和行动的理论、技术和工具,旨在比仅利用单信息源或非协同利用部分多源信息的方法获得更精确和更稳健的性能。典型的信息融合模型有Boyd控制网络、JDL 模型、Dasarathy 模型。

信息融合是个多层次问题，并且不同层次对原始的数据进行了不同级别的抽象。按照信息表征层次可以将信息融合分为三个层级：数据层融合、特征层融合和决策层融合。Dasarathy 模型融合级别如表 1-1 所示。

表 1-1  Dasarathy 模型融合级别

| 输　入 | 输　出 | 融　合　描　述 |
|---|---|---|
| 数据 | 数据 | 数据层融合 |
| 数据 | 特征 | 特征选择和特征提取 |
| 特征 | 特征 | 特征层融合 |
| 特征 | 决策 | 模式识别和模式处理 |
| 决策 | 决策 | 决策层融合 |

数据层融合，又称像素级融合，是在最低层次上完成的数据融合处理，通常用于多元图像复合、图像分析和理解等方面，采用经典的检测和估计方法。数据层融合是对传感器的原始数据及预处理各阶段上产生的信息进行融合处理。由于数据层融合尽可能多地保持了原始信息，所以能够提供其他两个层次融合所难以包含的细节。但由于数据层融合是在信息的底层完成的，而传感器原始数据具有不确定性、不完全性和不稳定性等特性，所以融合算法对纠错能力有较高要求，且由于要求各传感器信息之间具有精确到像素的配准精度，所以要求原始数据的标度和粒度尽量统一。

特征层融合可划分为两大类：一是目标状态信息融合，主要应用于多传感器目标跟踪领域，融合系统在对传感器数据进行预处理和数据配准后，融合处理完成参数相关和状态矢量估计；二是目标特性融合，这一类实质上是模式识别问题，但在融合之前必须先对特征矢量进行分类组合，在这方面已经有许多成熟度模式识别、特征提取方法可以借鉴。

决策层融合是在信息表示的最高层次上完成的融合处理，指不同类型的传感器观测同一个目标，每个传感器在本地完成处理，包括预处理、特征抽取、识别或判断、建立对所观察目标的初步结论，最后对各个传感器产生的决策进行关联处理、决策层融合判断得到联合决策推断结果，直接为决策提供依据。决策层融合的实时性是三种层次的融合中最优的。

6) 信息的挖掘

信息挖掘是为了从大量的、不完全的、有噪声的、模糊的、随机的数据中，提取隐含在其中的、人们事先不知道的而又潜在有用的信息和知识的过程和方法。原始数据只是未被开采的矿山，需要挖掘和提取才能获得有用的规律性知识。

信息挖掘的主要目的是发掘数据中的隐含规律，通过分析、预测发现事物未来的发展趋势，为问题的决策提供参考。所以信息挖掘发现的知识都是相对的，并且对特定的行为才有指导意义，因此信息挖掘应该结合应用背景，对结果进行合理的解释。

信息挖掘的结果具有非平凡性、隐含性、新奇性和价值性，结果蕴含丰富的内涵。信息挖掘知识的非平凡性是指所挖掘出来的知识是不简单、非常识的知识。信息挖掘知识的隐含性是指要发现深藏在数据内部的知识，而不是那些直接浮现在数据表面的信息。信息挖掘知识的新奇性是指挖掘出来的知识是以前未知的，不是验证经验，而是新生的具有创造性的发现。信息挖掘知识的价值性是指挖掘的结果能够指导实际，具有实际用途，带来直接的或间接的效益。

信息挖掘的应用领域广泛，其本质是一种新的商业信息处理技术，把人们对数据的应用，从底层次的联机查询操作，提高到决策支持、分析预测等更高级的应用上。它通过对这些数据进行微观、中观以至宏观的统计、分析、综合和推理，发现数据间的关联性、未来趋势及一般性的概括知识等，这些知识性的信息可以用来指导高级商务活动。

信息挖掘主要有两大类任务：分类预测型任务和描述型任务。

分类预测型任务是从已知的已分类的数据中学习模型，并对新的未知分类的数据使用该模型进行解释，得到这些数据的分类。根据类标签的不同，分别称为分类任务和预测任务。如果类标签是离散的，称为分类任务；如果类标签是连续的，则称为预测任务。

典型的分类型任务如下：

（1）给出一个司机的驾驶行为特征，判断是否会违章；

（2）给出地铁进站人数的时空规律，判断车站是否需要限流；

（3）给出一辆车的故障表现，判断其可能发生的故障零件；

（4）给出地磁传感器的车辆信号，判断其车型。

描述型任务根据给定数据集中数据内部的固有联系，生成对数据集中数据关系或整个数据集的概要描述，主要包括聚类、摘要、依赖分析等几种子任务。聚类任务把没有预定义类别的数据划分成几个合理的类别，摘要任务形成数据集高度浓缩的子集及描述，依赖分析任务发现数据项之间的关系。

典型的描述型任务如下：

（1）给出一组车辆事故数据，将事故分为几个相似致因的类别；

（2）给出一组车辆事故与天气数据，分析发生这些事故与天气状况之间是否存在某些联系。

信息挖掘效果的好坏，主要依赖于其评价函数。人们在经典的启发式搜索算法中引入了评价函数的概念，但它的构造都是和所要解决的问题本身密切相关的。建立或构建评价函数是信息挖掘方法应用的关键之一。

例如，$Y=aX+b$ 就是一种模型结构，其中 $a$ 和 $b$ 是参数。如果确定了模型或者模式结构，就必须根据数据评价不同的参数设定，以便能够选择出一个好的参数集，采用最小平方原理，从不同的参数值中选取最优的参数，包括寻找参数 $a$ 和 $b$ 的值使得函数 $Y$ 的预测值与实际观察值之间的差异平方和最小化。在这个例子中，评价函数就是模型的预测值与实际观察值之间的差异平方和。对于预测型问题，重复交叉验证在实践中或许是适合大部分有限数据情形的评估方法。

7）信息的表达

通过将数据分析得到的结论进行展示，可以帮助人们更好地理解数据并进行相关决策。信息的表达常常利用可视化技术将数据集中的数据以图形、图像的形式表示，更好地将数据和数据分析结果的含义传达给用户，方便用户理解，并辅助决策。可视化能把多属性的数据整理在同维度中，给用户更形象具体的展示，根据数据的关联属性，形象地表示出其变化规律及属性，得到其他表示方法难以得到的结论。

## 1.2.3 智能时代的信息——大数据的重要性与必要性

近些年来,随着互联网的发展特别是云计算的兴起、商务贸易电子化,以及企业和政府事务电子化的迅速普及都产生了大规模的数据源,同时日益增长的科学计算和大规模的工业生产过程也提供了海量数据。比如当今智能运输系统中遍布着各种用于交通信息采集、传输和处理的信息检测和采集等系统,日益成熟的数据库系统和数据库管理系统都为这些数据的存储和管理提供了技术保证。此外,计算机网络技术的长足进步和规模的爆炸性增长,也为数据传输和远程交互提供了技术手段。这些都表明人们生成、采集、传输数据的能力都有了巨大增长。人们逐渐从大量的数据中发现了很多原本难以找到的规律性,越来越多的人认识到了数据的重要性,于是,从 2010 年开始,出现了一个新的概念——"大数据"。

**1. 智能交通大数据**

智能交通大数据如图 1-13 所示,应用实例如图 1-14 所示。

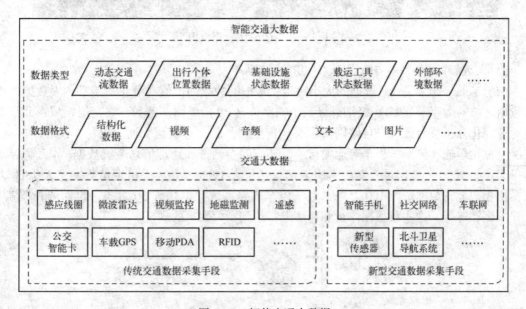

图 1-13 智能交通大数据

1) 什么是大数据?

对于"数据",其含义可以很广泛,包括任何形式的信息,比如互联网上全部的内容、档案资料、设计图纸、病例、影像资料等,这些都可以算作广义上的数据。通过对数据的分析研究,可以帮助人们作出更好的决策。如果数据具有代表性,统计量又足够,那么从这些数据中得到的统计结果,对所作的工作就具有了非常大的指导意义。

"大数据"是由数量巨大、结构复杂、类型众多的数据构成的数据集合,其无法在可承受的时间范围内用常规软件工具进行捕捉、管理和处理,需要基于云计算的数据处理与应用模式才能具有更强的决策力、洞察发现力和流程优化能力处理海量、高增长率和多样化的信息资产。

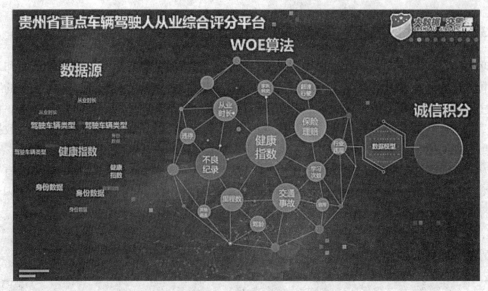

图 1-14 贵阳交通大数据应用

2) 大数据的特点——5V 特性（如图 1-15 所示）

（1）Volume（数量）。数据的大小决定所考虑的数据的价值和潜在的信息；大数据的数据量由之前的太字节（TB）级别升级到了拍字节（PB）级别。例如，在交通领域，北京市交通智能化分析平台数据来自路网摄像头、传感器、公交、轨道交通、出租车及省际客运、旅游、危化运输、停车、租车等运输行业，还有问卷调查和地理信息系统数据。4 万辆浮动车每天产生 2000 万条记录，交通卡刷卡记录达每天 1900 万条，手机定位数据每天 1800 万条，出租车运营数据每天 100 万条，电子停车收费系统数据每天 50 万条，定期调查覆盖 8 万户家庭，等等。这些数据在体量和速度上都达到了大数据的规模。

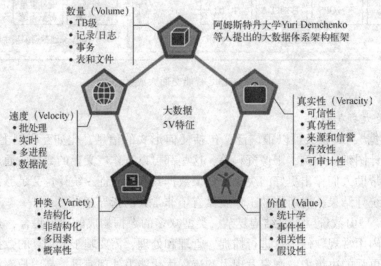

图 1-15 大数据的 5V 特性

（2）Velocity（速度）。很多大数据需要在一定的时间限度下得到及时处理。大数据存取速度快，可以最快速度获取所需信息，这种超快计算速度也正是区别于传统数据挖掘技术的最大不同点。而且，对于交通来说，交通流具有时变性，交通管理与服务具有时效性，需要较快的数据处理速度。

（3）Variety（种类）。随着传感器、智能设备及社交协作技术的飞速发展，组织中的数据也变得更加复杂。因为它不仅包含传统的关系型数据，还包含来自网页、互联网日志文件（包括点击流数据）、搜索索引、社交媒体论坛、电子邮件、文档、主动和被动系统的传感器数据等原始、半结构化和非结构化数据。数据格式也变得越来越多样，涵盖了文本、音频、图片、视频、模拟信号等不同的类型；数据来源也越来越多样，不仅产生于组织内部运作的各个环节，也来自于组织外部。

（4）Value（价值）。即大数据包含时间、空间、历史等多维特征，是多元服务的基础，且有很多深度的价值，大数据分析挖掘和利用将带来巨大的商业价值。

（5）Veracity（真实性）。大数据中存在缺失、错误、冗余等异常现象。需要经过处理，保证结果具有一定的准确性。

**2. 大数据的重要性**

云计算可以存储和处理大量关系很复杂甚至是原本看似无用的数据，除了使用数据验证已有的结论外，还可以从这些数据本身出发，不带任何固有的想法，看看数据本身能够给出什么新的结论，这样一来，就可能会发现很多新的规律，发掘各种形态各异、快慢不一的数据流之间的相关性，是大数据做前人之未做、能前人所不能的机会。

大数据的数据量自然是非常大的，这一点毫无疑问，但大数据更重要的在于它的多维度和完备性，有了这两点才能将原本看似无关的事件联系起来，恢复出对事物全方位完整的描述。因此，大数据不仅是处理巨量数据的利器，更为处理不同来源、不同格式的多元化数据提供了可能。例如，交通状况与其他领域的数据都存在较强的关联性，可以从供水系统数据中发现早晨洗澡的高峰时段，加上一个偏移量（通常是 40~45 min）就能估算出交通早高峰时段，同样可以从电网数据中统计出傍晚办公楼集中关灯的时间，加上偏移量估算出晚间的交通高峰时段。

随着智能交通的快速发展，大数据的应用和管理在交通领域也显得尤为重要。目前，各行各业都在利用大数据进行更科学的建设，智能交通也需要将信息技术、数据传输技术和计算机等各种先进技术有效地集成运用于智能交通管理系统来发挥全方位的作用。它可以有效解决跨区域的行政壁垒，实现数据信息的共享，能够充分挖掘利用"沉睡数据"的价值，并且可以将大量工作人员从纷繁复杂的监控画面中解放出来，提高车辆通行的安全性和交通资源配置的效率。

从国内大数据研究的热点即关键词分析来看，大数据研究与数据挖掘、物联网、云计算、信息技术、图书馆、信息服务等关系密切，Hadoop、MapReduce、FPGA 等技术都是大数据管理和利用的重要支撑。在互联网+时代背景下，大数据研究的热点已经深入到互联网、金融、社交网络、电子政务、社交媒体和智能电网等行业。

**3. 大数据技术**

大数据带来的不仅是机遇，同时也是挑战。传统的数据处理手段已经无法满足大数据的海量实时需求，需要采用新一代的信息技术来应对大数据的爆发。大数据技术可以分为五大类，如表1-2所示。

表1-2 大数据技术的分类

| 大数据技术类别 | 大数据技术与工具 |
| --- | --- |
| 基础架构支持 | 云计算平台 |
| | 云存储设备及技术 |
| | 虚拟化技术 |
| | 网络技术 |
| | 资源监控技术 |
| 数据采集 | 数据总线 |
| | ETL（extract-transform-load）工具 |
| 数据存储 | 分布式文件系统 |
| | 关系型数据库 |
| | NoSQL（not only SQL）技术 |
| | 关系型数据库与非关系型数据库融合 |
| | 内存数据库 |
| 数据计算 | 数据查询、统计与分析 |
| | 数据预测与挖掘 |
| | 图谱处理 |
| | BI（business intelligence）商业智能 |
| 数据展现与交互 | 图形与报表 |
| | 可视化工具 |
| | 增强现实技术 |

1) 基础架构支持

基础架构支持技术主要包括支撑大数据处理的云计算平台、云存储设备及技术、虚拟化技术、网络技术、资源监控技术等。大数据处理需要拥有大规模物理资源的云数据中心和具备高效的调度管理功能的云计算平台的支撑。

2) 数据采集

数据采集技术是数据处理的必备条件。数据的采集有基于物联网传感器的，也有基于网络信息的。例如，在智能交通中，数据的采集有基于GPS的定位信息采集，基于交通摄像头的视频采集，基于交通卡口的图像采集，基于路口的线圈信号采集等。而在互联网上的数据采集是对各类网络媒介，如搜索引擎、新闻网站、论坛、微博、博客、电商网站等的各种页面信息和用户访问信息进行采集，采集的内容主要有文本信息、URL、访问日志、日期和图片等。之后需要把采集到的各类数据进行清洗、过滤、去重等各项预处理并分类归纳存储。

首先需要有数据采集的手段，把信息收集上来，才能应用上层的数据处理技术。数据采集除了各类传感设备等软硬件设施之外，主要涉及的是数据的ETL（采集、转换、加载）工具，能对数据进行清洗、过滤、校验、转换等各种预处理，将有效的数据转换成适合的格式和类型。ETL工具负责将分布的、异构数据源中的数据如关系数据、平面数据文件等抽取到临时中间层后进行清洗、转换、集成，最后加载到数据仓库或数据集市中，成为联机分析处理、数据挖掘的基础。针对大数据的 ETL 工具同时又有别于传统的 ETL 处理过程，因为一方面大数据的体量巨大；另一方面数据的产生速度也非常快，比如一个城市的视频监控头、智能电表每一秒钟都在产生大量的数据，对数据的预处理需要实时快速，因此在 ETL 的架构和工具选择上，也会采用如分布式内存数据库、实时流处理系统等现代信息技术。

同时，为了支持多源异构的数据采集和存储访问，还需要设计企业的数据总线，方便企业各个应用和服务之间的数据交换和共享。

3) 数据存储

数据经过采集和转换之后，需要存储归档。针对海量的大数据，一般可以采用分布式文件系统和分布式数据库的存储方式，把数据分布到多个存储节点上，同时还需提供备份、安全、访问接口及协议等机制。大数据每年都在激增庞大的信息量，加上已有的历史数据信息，给整个业界的数据存储、处理带来了很大的机遇与挑战。

为了满足快速增长的存储需求，云存储需要具备高扩展性、高可靠性、高可用性、低成本、自动容错和去中心化等特点。常见的云存储形式可以分为分布式文件系统和分布式数据库。其中，分布式文件系统采用大规模的分布式存储节点来满足存储大量文件的需求，而分布式的 NoSQL 数据库则为大规模非结构化数据的处理和分析提供支持。

4) 数据计算

与数据查询、统计、分析、预测、挖掘、图谱处理、BI 商业智能等各项相关的技术统称为数据计算技术。数据计算技术涵盖数据处理的方方面面，也是大数据技术的核心。Hadoop 是一个能够对大量数据进行分布式处理的软件框架，而且是以一种可靠、高效、可伸缩的方式进行处理，依靠横向扩展，通过不断增加廉价的商用服务器来提高计算和存储能力。用户可以轻松地在上面开发和运行处理海量数据的应用程序。以 Hadoop 为代表的大数据处理平台技术包括 MapReduce、HDFS、HBase、Hive、Zookeeper、Avro 和 Pig 等，已经形成了一个 Hadoop 生态圈。

5) 数据展现与交互

数据展现与交互在大数据技术中也至关重要，因为数据最终需要为人们所使用，为生产、运营、规划提供决策支持。选择恰当的、生动直观的展示方式能够帮助更好地理解数据及其内涵和关联关系，也能够更有效地解释和运用数据，发挥其价值。在展现方式上，除了传统的报表、图形之外，还可以结合现代化的可视化工具及人机交互手段，甚至是基于大数据的如云计算、标签云、关系图等增强现实手段，来实现数据与现实的无缝接口。

**4. 交通大数据带来的问题**

1) 数据安全问题

交通大数据具有"Value（价值）"特征，蕴含了众多的信息，有些信息涉及国家安全，例如，公安网传输的数据；有些信息涉及个人隐私，例如，卡口系统检测的车辆轨迹数据。在交通大数据采集、传输、存储、处理、应用等过程中，数据安全问题非常重要。智能运输系统依托智能交通专网进行系统内部的数据传输，以及与外网之间的数据交互时，必须符合相关规范和标准，保证网络安全。另外，在数据处理过程中，需要遵循隐私保护机制，应用隐私保护方法。

交通大数据具有"Veracity（真实性）"特征，去伪存真是数据安全的另一重要问题。大量的冗余数据和错误数据不仅占据大量的存储空间，浪费存储资源，还会大大降低数据分析的有效性和稳定性。因此，进行异常数据识别，缺失数据补充，错误数据修正，冗余数据消除具有非常重要的意义。

2）网络通信问题

交通大数据具有"Volume（数量）""Velocity（速度）"特征，要求网络通信要满足大容量数据的快速、稳定传输，特别是高清视频图像数据。交通大数据的"Variety（种类）"特征决定网络通信方式的多样化。目前，城市建立智能运输系统多采用自建专网、租用城市公网相结合的模式，具备有线通信与无线通信并存且互通特征。智能运输系统常用的网络通信技术包括：有线电缆、光纤通信网络、无线传感网络、移动通信系统、卫星定位系统等。

3）计算效率问题

交通大数据具有"Velocity（速度）"特征，要求智能运输系统具备较高的计算效率，例如，交通数据预处理，交通状态识别，短时交通流预测，实时交通流控制，动态交通诱导，实时公交调度等均具有时效性要求。云计算技术的发展带来了新的解决方案，智能交通云的概念由此提出。基于云计算技术，使得计算机硬件和软件得到有效利用，提高了智能运输系统的计算效率。

4）数据存储问题

交通大数据具有"Volume（数量）"特征，特别是长时间序列的非结构化数据积累，给数据存储带来了巨大的压力。存储技术的发展远赶不上数据增长的速度，大量存储服务器的购买提高了智能运输系统的建设成本，并占用了数据中心的建筑面积。当前智能运输系统均采取缩短数据保存时限，降低数据存储质量的方式来减少存储成本，影响了大数据的价值。云存储技术的发展带来了新的解决方案，基于云存储与智能压缩算法可以初步解决大数据的存储问题。

**5. 大数据时代智能交通发展的需求和机遇**

随着科技的发展，大数据理论和应用的发展出现了以下几大趋势。

1）趋势一：数据的资源化

大数据成为企业和社会关注的重要战略资源，并已成为大家争相抢夺的新焦点。数据的价值被逐渐发现，"数据资产是企业核心资产"的观念将深入人心。

2）趋势二：与云计算的深度结合

云处理为大数据提供了弹性可拓展的基础设备，是产生大数据的平台之一。自2013年开始，大数据技术已开始和云计算技术紧密结合，预计未来两者关系将更为密切。

3）趋势三：科学理论的突破

大数据很有可能像计算机和互联网一样成为新一轮的技术革命，随之兴起的数据挖掘、机器学习和人工智能等相关技术，可能会改变数据世界里的很多算法和基础理论，实现科学技术上的突破。

4）趋势四：数据科学和数据联盟的成立

未来，数据科学将成为一门专门的学科，被越来越多的人所认知。与此同时，基于数据这个基础平台，也将建立起跨领域的数据共享平台，之后数据共享将扩展到企业层面，并且成为未来产业的核心一环。

5) 趋势五：数据泄露泛滥，数据管理成为核心竞争力

未来几年数据泄露事件的发生率将显著增高，安全的定义需要重新被审视，企业需要从新的角度来确保自身及客户数据的安全，所有数据在创建之初便需要获得安全保障，而并非在数据保存的最后一个环节，仅仅加强后者的安全措施已被证明于事无补。数据管理成为核心竞争力，直接影响财务表现。

6) 趋势六：数据生态系统复合化程度加强

大数据的世界不只是一个单一的、巨大的计算机网络，而是一个由大量活动构件与多元参与者元素所构成的生态系统，终端设备提供商、基础设施提供商、网络服务提供商、网络接入服务提供商、数据服务使能者、数据服务提供商、触点服务零售商、数据服务零售商等一系列的参与者共同构建的生态系统。

智能交通的发展离不开强大的数据分析功能。一方面，交通数据采集的范围、深度和广度急剧增加，随着智能运输系统建设规模的扩大，各种微波、线圈、GPS的交通流数据，交通视频监控数据及系统数据和服务数据等海量存在；另一方面，面对海量存在的交通数据，如何通过智能的信息处理技术将其变成有价值的信息，发挥数据的潜在价值，这是要进一步研究和开发的核心内容。

同时，大数据时代也为智能交通的发展带来了前所未有的机遇。第一，大数据的海量数据存储和计算能力，将实现交通管理系统跨区域和部门的整合，将更加有效地配置交通资源，大大提高通行效率、安全水平和服务能力；第二，交通大数据分析将为交通管理、规划、运营和服务及安全防范提供技术支持，为下一步的分析、研判和决策提供有力保障；第三，基于交通大数据的分析思路将为公共安全和社会管理提供新的思路和方法。

## 小结

本章首先从常见的智能运输信息系统入手，使读者对智能交通中的信息系统和信息有一个直观的印象和理解。信息是智能运输系统中最为重要和核心的内容之一，智能运输系统功能的正常使用是建立在各种静态和动态交通信息的采集、传输、处理和发布之上的。因此，本章详细地介绍了数据和信息的含义和特征，从信息的获取、信息的集成、信息的融合、信息的挖掘和信息的表达五个方面介绍了智能运输信息处理模式，使读者对智能运输信息处理的流程和内容有了初步的认识和了解。最后介绍了大数据与智能交通的结合，包括交通大数据的特点、重要性及应用中带来的问题、需求和机遇等。

学习本章后读者应了解智能运输系统中所涉及信息的来源、传播方式及信息处理的必要性和重要性。掌握一般数据处理问题的处理思路、一般流程、常用方法。对于复杂的交通系统，可以发现数据处理问题的本质，从合理的角度切入问题，对数据进行有侧重点的操作，得到满意的结论。

## 习题 1

1.1 简述什么是智能运输信息系统，说说其由哪几部分构成。并列举几个典型的交通信息智能化系统。

1.2 列举你身边的交通大数据,并阐述该信息的处理流程。

1.3 阐述你认为我国交通大数据未来的发展趋势和可能会遇到的问题。

1.4 信息集成一般过程分几个阶段,分别是什么?请按顺序简写内容。

1.5 关于信息集成,以下说法中不正确的是(　　)。

A. 信息集成的一般过程是:选题立意、设计规划、开发制作、评估测试
B. 信息集成就是把各种各样的信息分类存放在不同的文件夹中
C. 信息集成是一个复杂的过程,包括人们日常学习和生活中对各种信息的组织、规划和提炼
D. 信息集成的过程涉及技术、语言、艺术、心理等方面的知识

1.6 分析数据层融合、特征层融合、决策层融合三者之间的联系与区别,并举出相应信息融合实例。

# 第 2 章 数据预处理方法

## 2.1 概述

数据预处理（data preprocessing）是指之前对所收集数据进行分类或分组所做的审核、筛选、排序等必要的处理。

现实世界的数据一般都是不完备的，无法直接用于数据的挖掘，一般包含以下几个问题。

(1) 不完整：缺少属性值或某些感兴趣的属性，或仅包含聚集数据。

(2) 含噪声：数据中存在错误或异常（偏离期望值）的数据，数据采集设备可能有问题。

(3) 不一致：数据内涵出现不一致情况，由于命名规则或数据代码不同而引起的不一致。

(4) 冗余：重复数据，属性之间可以互相导出。

(5) 数据维度过高。

统计发现，在整个数据挖掘过程中，数据预处理要花费 60% 左右的时间，而后的挖掘工作仅占总工作量的 10% 左右。对数据进行预处理，不但可以节约大量的空间和时间，而且可以改进数据的质量，有助于提高其后决策的精度和性能，检测异常数据，尽早地调整数据并归约待分析的数据，可以在决策过程中得到高回报。

如图 2-1 所示，数据预处理主要包括数据描述、数据清洗、数据变换、数据离散化、数

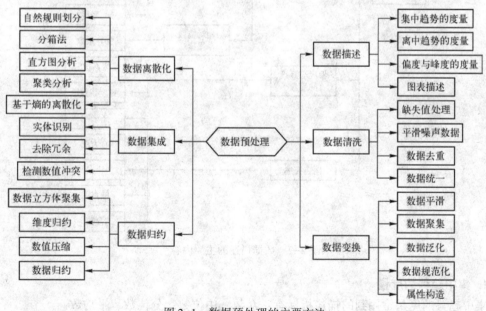

图 2-1　数据预处理的主要方法

据集成、数据归约。

## 2.2 数据预处理的方法

### 2.2.1 数据描述

数据描述是研究如何收集数据和如何整理分析数据。从数据中提取信息，关键是提取信息的过程，能够获得对数据的总体印象，这对于成功的数据预处理是至关重要的。描述性数据汇总技术可以用来识别数据的典型性质，凸显哪些数据值应视为噪声或离群点。主要内容有：集中趋势的度量、离中趋势的度量、偏度与峰度的度量、图表描述四部分，如图2-2所示。

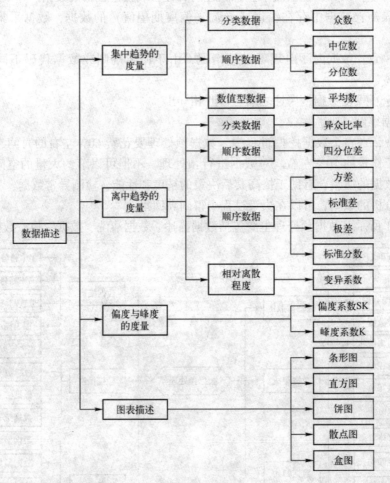

图 2-2 数据描述的主要内容

**1. 集中趋势的度量**

集中趋势的度量常用到的描述指标有：众数、中位数、分位数、平均数。

众数、中位数和平均数是集中趋势的三个主要测度值，它们具有不同的特点和应用场合。

平均数是针对数值型数据计算的，而且利用了全部数据信息，是实际中应用最广泛的集中趋势测度值。当数据呈对称分布或接近对称分布时，三个主要测度值相等或接近相等，这时应选择平均数作为集中趋势的代表值。平均数的主要缺点是更容易受少数极端数值的影响，对于严重偏态分布的数据，平均数的代表性较差。因此，当数据偏态分布，特别是偏斜程度较大时，可以考虑选择中位数或众数。

众数是一组数据分布的峰值，不受极端值的影响。其缺点是具有不唯一性，一组数据可能有不止一个众数，也可能没有众数。众数只有在数据量较多时才有意义，主要适合作为分类数据的集中趋势测度值。

中位数是一组数据中间位置上的代表值，不受数据极端值的影响。当一组数据的分布偏斜程度较大时，可以使用中位数，主要适合作为顺序数据的集中趋势测度值。

**2. 离中趋势的度量**

由于分布的离散程度可以从不同角度、用不同方法去考察，故描述分布离中趋势的变异指标有多种。常见的反映各变量值离散趋势的变异指标有：异众比率、四分位差、方差、标准分数、变异系数等。

1) 异众比率

异众比率是指非众数组的频数占总频数的比例，用 $V_r$ 表示，其计算公式为：

$$V_r = \frac{\sum f_i - f_m}{\sum f_i} = 1 - \frac{f_m}{\sum f_i} \tag{2-1}$$

式中：$\sum f_i$ 为变量值的总频数，$i$ 为数组编号；$f_m$ 为众数组的频数，$m$ 为众数组编号。

异众比率主要用于衡量中位数对一组数据的代表程度，主要适合测度分类数据的离散程度。

2) 四分位差

四分位差也称为内距或四分间距，它是上四分位数与下四分位数之差，用 $Q_d$ 表示。其计算公式为：

$$Q_d = Q_U - Q_L \tag{2-2}$$

式中：$Q_U$ 为上四分位数；$Q_L$ 为下四分位数。

四分位差反映了中间 50% 数据的离散程度，其数值越小，说明中间的数据越集中；其数值越大说明中间的数据越分散。它主要用于测度顺序数据的离散程度，不适合分类数据。

3) 方差

方差是各变量值与其平均数离差平方的平均数。方差的平方根称为标准差。方差（或标准差）能较好地反映出数据的离散程度。

设样本方差为 $s^2$，根据未分组数据和分组数据计算样本方差的公式分别为：

未分组数据：
$$s^2 = \frac{\sum_{i=1}^{n}(x_i - \bar{x})^2}{n-1} \tag{2-3}$$

式中：$x_i$ 为样本数据值；$\bar{x}$ 为样本数据平均数。

分组数据：
$$s^2 = \frac{\sum_{i=1}^{k}(M_i - \overline{x})^2 f_i}{n-1} \tag{2-4}$$

式中：$f_i$ 为 $i$ 数组频数；$M_i$ 为 $i$ 数组数值。样本数据个数减 1 即 $(n-1)$ 为自由度。

方差开方后得到标准差。标准差有量纲，它与变量值的计量单位相同。

4）标准分数

标准分数是变量值与其平均数的离差除以标准差后的值，也称为标准化分数或 $z_i$ 分数。它可用以测度每个数据在该组数据中的相对位置，并可以用它来判断一组数据是否有离群数据。设某个数值的标准分数为 $z_i$，则有

$$z_i = \frac{x_i - \overline{x}}{s} \tag{2-5}$$

例如，如果某个数值的标准分数为-1.5，就知道该数值低于平均数 1.5 倍的标准差。在对多个具有不同量纲的变量进行处理时，常常需要用 $z$ 分数对各变量进行标准化处理。

5）变异系数

变异系数用于更准确地反映研究现象的差异程度，它反映的是单位均值上的离散程度。变异系数大，说明数据的离散程度大；变异系数小，说明数据的离散程度小。变异系数常用在两个总体均值不等的离散程度的比较上。若两个总体的均值相等，则比较标准差系数与比较标准差是等价的。对于样本数据 $x$，其变异系数的计算公式为：

$$v_s = \frac{s}{\overline{x}} \tag{2-6}$$

式中：$s$ 为 $x$ 的标准差；$\overline{x}$ 为 $x$ 的均值。

**3. 偏度与峰度的度量**

1）偏度

偏度是对数据分布对称性的测度。测度偏度的统计量是偏度系数，记作 SK。偏度系数的计算方法有很多，在根据未分组的原始数据计算偏度系数时，通常采用下面的公式：

$$SK = \frac{n\sum_{i=1}^{n}(x_i - \overline{x})^3}{(n-1)(n-2)s^3} \tag{2-7}$$

式中：$s^3$ 是样本标准差的三次方。

如果一组数据的分布是对称的，则偏度系数等于 0。如果偏度系数明显不等于 0，表明分布是非对称的。若偏度系数大于 1 或小于-1，称为高度偏态分布；若偏度系数在 0.5~1 或-1~-0.5 之间，被认为是中等偏态分布；偏度系数越接近 0，偏斜程度就越低。

根据分组数据计算偏度系数，可采用下面的公式：

$$SK = \frac{\sum_{i=1}^{k}(M_i - \overline{x})^3 f_i}{ns^3} \tag{2-8}$$

从式（2-8）可看出，它是离差三次方的平均数再除以标准差的三次方。当分布对称时，离差三次方后正负差可以相互抵消，因而 SK 的分子等于 0，则 SK=0；当分布不对称

时，正负离差不能抵消，就形成了正或负的偏度系数。当 SK 为正值时，表示正离差值较大，可以判断为正偏或右偏；反之，当 SK 为负值时，表示负离差值较大，可判断为负偏或左偏。

2) 峰度

峰度是对数据分布平峰或尖峰程度的测度。测度峰度的统计量是峰度系数，记作 $K$。峰度通常是与标准正态分布相比较而言的。如果一组数据服从标准正态分布，则峰度系数的值等于 0；若峰度系数的值明显不等于 0，则表明分布比正态分布更平或更尖，通常称为平峰分布或尖峰分布。在根据未分组数据计算峰度系数时，通常采用下面的公式：

$$K = \frac{n(n+1)\sum_{i=1}^{n}(x_i - \bar{x})^4 - 3\left[\sum_{i=1}^{n}(x_i - \bar{x})^2\right]^2 (n-1)}{(n-1)(n-2)(n-3)s^4} \tag{2-9}$$

根据分组数据计算峰度系数是用离差四次方的平均数再除以标准差的四次方，其计算公式为：

$$K = \frac{\sum_{i=1}^{k}(M_i - \bar{x})^4 f_i}{ns^4} - 3 \tag{2-10}$$

用峰度系数说明分布的尖峰和扁平程度，是通过与标准正态分布的峰度系数进行比较来实现的。由于正态分布的峰度系数为 0，当 $K>0$ 时为尖峰分布，数据分布更集中；当 $K<0$ 时为平峰分布，数据的分布越分散。

**4. 图表描述**

通过图形可描述基本的数据汇总情况。一些常用于显示数据汇总和分布的图有条形图、直方图、饼图、散点图、盒图。对于数据的直观观察，这些图是非常有帮助的。本书第 7 章会详细讲到。

## 2.2.2 数据清洗

数据清洗（data cleaning）是对数据进行重新审查和校验的过程，目的在于删除重复信息，纠正存在的错误，并提供数据一致性。主要通过填写缺失的值、平滑噪声数据、识别或删除离群点并解决不一致性来"清理"数据，如图 2-3 和图 2-4 所示。

**1. 处理空缺值**

数据并不总是完整的，在数据库表中，很多条记录的对应字段没有相应值，比如销售表中的顾客收入。引起空缺值可能是因为设备异常或与其他数据不一致。空缺值在数据处理中常常会影响数据处理结果，造成程序运行错误。

处理空缺值的方法主要为以下几种：

（1）人工填写空缺值，但该方法工作量大，可行性低；

（2）使用全局变量填充空缺值，如 NA，None 等；

（3）使用属性的平均值或中值等统计数据代替空缺值；

（4）使用与给定元组属于同一类的所有样本的平均值填充各类空缺数据；

（5）使用最可能的值填充空缺值，如使用贝叶斯公式或判定数等基于推断的方法。

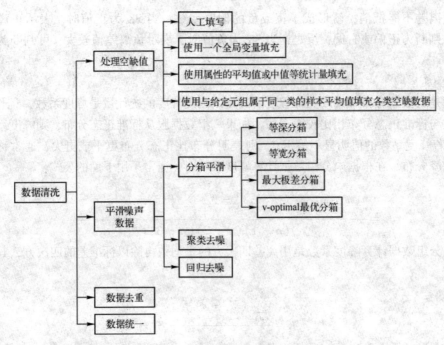

图 2-3　数据清洗的内容与任务

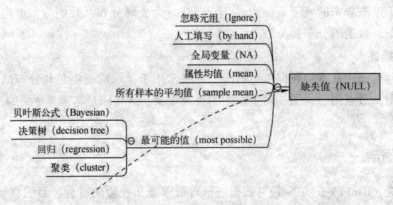

图 2-4　缺失值的处理方法

对空缺值处理有如下几个实例：

"年收入"：商品推荐场景下填充平均值，借贷额度场景下填充最小值。

"行为时间点"：填充众数。

"价格"：商品推荐场景下填充最小值，商品匹配场景下填充平均值。

"人体寿命"：保险费用估计场景下填充最大值，人口估计场景下填充平均值。

"驾龄"：没有填写这一项的用户可能是没有车，将它填充为 0 较为合理。

"本科毕业时间"：没有填写这一项的用户可能是没有上大学，为它填充正无穷比较合理。

"婚姻状态"：没有填写这一项的用户可能对自己的隐私比较敏感，应单独设为一个分类，如已婚 1、未婚 0、未填 -1。

**2. 平滑噪声数据**

噪声是指一个测量变量中的随机误差或偏差，可能是由数据收集工具的问题、数据输入错误、数据传输错误、技术限制、命名规则的不一致等原因导致的。常用于平滑噪声数据的方法有分箱平滑、聚类去噪、回归去噪等。

1）分箱平滑

分箱平滑方法是通过考察相邻数据来确定最终值，是一种简单常用的预处理方法。所谓"分箱"，就是把待处理的数据（某列属性值）按照一定的规则放进一些箱子中，考察每一个箱子中的数据，采用某种方法分别对各个箱子中的数据进行处理。分箱的方法有四种：等深分箱法、等宽分箱法、最大极差分箱法和 v-optimal 分箱法。通过分箱之后，对每箱内的数据进行平滑处理。平滑数据的方法一般有箱中值平滑和箱边界值平滑两种，箱中值平滑是将每箱内的所有数据用该箱的均值替代，箱边界值平滑对箱内靠近左边界的数据用箱的左边界值替代，对箱内靠近右边界的数据用箱的右边界值替代。

等深分箱法将数据集按照记录行数分箱，使每个箱内有相同的记录数，每箱内的记录数成为箱子的深度。如图 2-5 所示。

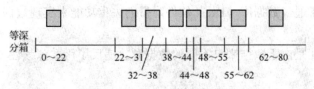

图 2-5 等深分箱法示意图

等宽分箱法使数据集在整个属性值的区间上平均分布，即每个箱的区间范围是一个常量，成为箱子的宽度。如图 2-6 所示。

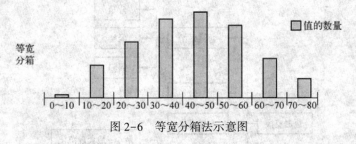

图 2-6 等宽分箱法示意图

最大极差分箱法的最终目的是使分箱之后，每两个相邻的箱之间的极差（即左边箱内数据的最大值与右边箱内数据的最小值的差）的和最小。一般通过穷举法得到。

v-optimal 分箱法的目的是使分箱之后，每个箱内的方差加权和达到最小。

2）聚类去噪

聚类去噪主要是通过检测并去除孤立点来消除噪声，其示意图如图 2-7 所示。

3）回归去噪

回归去噪通过让数据适应回归函数来平滑数据，其示意图如图 2-8 所示。一般是通过构造函数来符合数据变化的趋势，这样可以用一个变量预测另一个变量，并且将距离预测值较远的数据剔除，消除噪声。一般用线性回归和非线性回归两种方式。

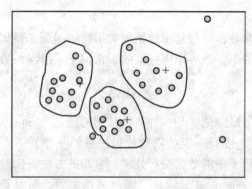
图 2-7 聚类去噪示意图
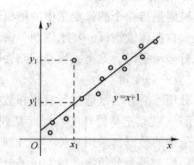
图 2-8 回归去噪示意图

**3. 数据去重**

数据去重又称重复数据删除,是指在一个数据文件集合中,找出重复的数据并将其删除,只保存唯一的数据单元。在删除的同时,要考虑数据重建,即虽然文件的部分内容被删除,但当需要时,仍然可将完整的文件内容重建出来,这就需要保留文件与唯一数据单元之间的索引信息。通常通过数据库、Excel 软件附带的去重功能来实现数据去重。

**4. 数据统一**

数据不一致可能是由于数据来自不同的数据源,违反了函数依赖性。

### 2.2.3 数据变换

数据变换是通过平滑、聚集、泛化、规范化等方式将数据转换成适用于数据挖掘的形式。如图 2-9 所示,数据变换包括以下几种。

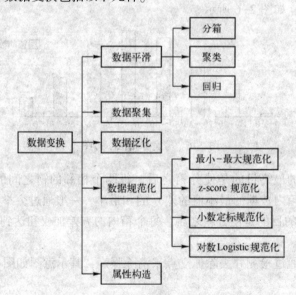
图 2-9 数据变换的内容与任务

**1. 数据平滑**

去除数据中的噪声,其技术包括分箱、聚类和回归。

**2. 数据聚集**

对数据进行汇总和聚集。例如可以聚集日数据,计算年总数据,通常用来为多粒度数据分析构造数据立方体。

**3. 数据泛化**

数据泛化是将数据库中数据集从较低的概念层抽象到较高的概念层的过程。

**4. 数据规范化**

数据规范化处理主要包括数据同趋化处理和量纲归一化处理两个方面。数据同趋化处理主要解决不同性质数据问题,对不同性质指标直接加总不能正确反映不同作用力的综合结果,须先考虑改变逆指标数据性质,使所有指标对测评方案的作用力同趋化,再加总才能得出正确结果。数据量纲归一化处理是消除变量间的量纲关系,从而使数据具有可比性,即将数据按比例缩放,使之落入一个小的特定区间。在某些比较和评价的指标处理中经常会用到,去除数据的单位限制,将其转化为量纲归一的纯数值,便于不同单位或量级的指标能够进行比较和加权。

数据规范化的方法有很多种,常用的有"最小-最大规范化""z-score 规范化""小数定标规范化"等。经过上述规范化处理,原始数据均转换为量纲归一指标测评值,即各指标值都处于同一个数量级别上,可以进行综合测评分析。

1)最小-最大规范化

最小-最大规范化是对原始数据进行线性变换。设$\min_A$和$\max_A$分别为属性$A$的最小值和最大值,$new\_max_A$为属性$A$要变换为的最大值,其规范化通过计算下式得到:

$$v' = \frac{v - \min_A}{\max_A - \min_A}(new\_max_A - new\_min_A) + new\_min_A \tag{2-11}$$

式中:$v$为属性$A$的原始值。

将属性$A$的一个原始值$x$通过最小-最大规范化映射成在区间$[0,1]$中的值$x'$,其公式为:

$$x' = \frac{x - \min_A}{\max_A - \min_A} \tag{2-12}$$

2)z-score 规范化

在 z-score 规范化方法中,属性$A$的值基于平均值$\overline{A}$和标准差$\sigma_A$进行规范化。$v$被规范化为$v'$,由下式计算:

$$v' = \frac{v - \overline{A}}{\sigma_A} \tag{2-13}$$

z-score 规范化方法适用于属性$A$的最大值和最小值未知的情况,或有超出取值范围的离群数据的情况。SPSS("统计产品与服务解决方案"软件)默认的规范化方法就是 z-score 规范化。

3)小数定标规范化

小数定标规范化这种方法通过移动数据的小数点位置来进行规范化。小数点移动多少位取决于属性$A$的取值中的最大绝对值。将属性$A$的原始值$v$使用小数定标规范化到$v'$的计算方法为

$$v' = \frac{v}{10^j} \tag{2-14}$$

式中：$j$ 是满足条件的最小整数。

例如，假定属性 $A$ 的值由 $-986$ 到 $917$，其最大绝对值为 $986$，为使用小数定标规范化，用 $1000$（即，$j=3$）除以每个值，这样，$-986$ 被规范化为 $-0.986$。

注意，规范化会对原始数据作出改变，因此需要保存所使用的规范化方法的参数，以便对后续的数据进行统一的规范化处理。

4）对数 Logistic 规范化

对数 Logistic 规范化可用下式计算得到：

$$v' = \frac{1}{1+e^{-v}} \tag{2-15}$$

**5. 属性构造**

由给定的属性构造和添加新的属性，帮助提高精度和对高维数据结构的理解。例如，可以根据属性长度和宽度添加属性面积，通过生日属性构造年龄属性等。

通过组合属性，属性构造可以发现关于数据属性间联系的丢失信息，这对知识发现是有用的。

### 2.2.4 数据离散化

数据的特征按照其取值可以分为连续型和离散型。

连续型数据也叫定量特征，通常用间隔的尺度和比例尺度来衡量，其值取自于某个连续的区间，通常具有较多或者无穷多个可能的取值，例如气温、身高、价格等。

离散型数据也叫定性特征，一般以名义尺度或者有序尺度定义，其值取自于某个有限的集合当中，如人的性别只能在 {男,女} 中取值。此类特征的值域只限定于较少的取值。

数据离散化作为训练集的预处理过程，用于将连续的数值属性范围划分区间转化为离散的数值属性，通过离散化可有效地归约数据，其输出值直接被用作随后进行的数据挖掘算法，如分类和预测算法的输入。这些算法大多数是针对离散型数据的，对于连续型数据不适用；有些算法即使能够处理连续型数据，效果也不如处理离散型数据好。在数据库系统中连续型数据占多数，要更好地分析处理这些数据就有必要对这些数据进行离散化处理。使用离散化进行数据归约适用于三类属性值：名称型（无序集合中的值，如颜色、职业）、序数（有序集合中的值，如军衔、职称）、连续值（如实数）。

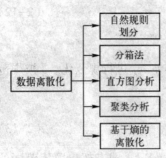

图 2-10 数据离散化典型方法

离散化的典型方法有：自然规则划分、分箱法、直方图分析、聚类分析及基于熵的离散化等多种方法，如图 2-10 所示。

**1. 自然规则划分**

通常，用户更希望分层具有自然的、易于记忆的、符合人类思维习惯的边界。因此，通过自然划分分段可将数值区域划分为相对一致的、易于阅读的、看上去更直观自然的区间。自然划分有如下规则：

如果一个区间最高有效位上包含 3，6，7 或 9 个不同的值，就将该区间划分为 3 个等宽子区间；如果一个区间最高有效位上包含 2，4 或 8 个不同的值，就将该区间划分为 4 个等宽子区间；如果一个区间最高有效位上包含 1，5 或 10 个不同的值，就将该区间划分为 5 个等宽子区间；在每个子区间上递归地应用 3-4-5 规则，产生给定数值属性的概念分层，直到满足预先设定的终止条件。

**2. 分箱法**

分箱技术递归用于结果划分，可以产生概念分层。

**3. 直方图分析**

直方图分析方法递归用于每一部分，可以自动地产生多级概念分层。

**4. 聚类分析**

基于聚类分析的离散化方法一般包含两个步骤。首先是将某特征的值用聚类算法（如 K-means 算法）通过考虑特征值的分布及数据点的邻近性，划分成簇或组。然后是将聚类得到的簇进行再处理，可分为自顶向下的分裂策略和自底向上的合并策略。分裂策略是将每一个初始簇进一步分裂为若干子簇，合并策略则是反复地对邻近簇进行合并。聚类分析的离散化方法也需要用户指定簇的个数，从而决定离散产生的区间数。

**5. 基于熵的离散化**

熵（Entropy）是最常用的离散化度量之一。基于熵的离散化是一种监督的、自顶向下的分裂技术。它在计算和确定分裂点时利用分布信息。例如，为了离散化属性 $A$，该方法选择 $A$ 的具有最小熵的值作为分裂点，并递归地划分结果区间，得到分层离散化。这种离散化形成 $A$ 的概念分层。

设 $D$ 由属性集和类标号属性定义的数据元组组成。类标号属性提供每个元组的类信息。该集合中属性 $A$ 的基于熵的离散化基本方法如下：$A$ 的每个值都可以看作一个划分 $A$ 的值域的潜在的区间边界或分裂点（记作 split\_point）。也就是说，$A$ 的分裂点可以将 $D$ 中的元组划分成分别满足条件 $A \leqslant$ split\_point 和 $A \geqslant$ split\_point 的两个子集，这样就创建了一个二元离散化。选择分裂点对数据集进行划分的目的是将数据更清晰地分类。理想的状态下，希望每一个分类中的元组所属类别尽可能地少，即分类后各类中的元组的类别尽可能地一致，也就是说在属性 $A$ 上按照 split\_point 划分 $D$ 后为了得到完全的分类所需要的信息越少。为了度量某一划分之后得到完全的分类还需要的信息量，引入期望信息需求的概念，期望信息需求由下式给出：

$$\text{Info}_A(D) = \frac{|D_1|}{|D|}\text{Entropy}(D_1) + \frac{|D_2|}{|D|}\text{Entropy}(D_2) \tag{2-16}$$

式中：$D_1$ 和 $D_2$ 分别对应于 $D$ 中满足条件 $A \leqslant$ split\_point 和 $A \geqslant$ split\_point 的元组；$|D|$ 是 $D$ 中的元组的个数。集合中的熵函数根据式（2-17）来计算，假设集合 $D_1$ 中的元素分别属于 $m$ 个类，它们分别为 $C_1, C_2, \cdots, C_m$，$D_1$ 的熵为：

$$\text{Entropy}(D_1) = - \sum_{i=1}^{m} p_i \log_2(p_i) \tag{2-17}$$

式中：$p_i$ 是 $D_1$ 中元组属于 $C_1$ 的概率，由 $D_1$ 中的 $C_1$ 类元组数除以 $D_1$ 中的元组总数 $|D_1|$ 确定。这样在选择属性 $A$ 的分裂点时，希望产生使得期望信息需求最小的属性值 split\_point 作为分裂点，使得用 $A \leqslant$ split\_point 和 $A \geqslant$ split\_point 划分之后，对元组完全分类还需要的信息

量最小。

确定分裂点的过程递归地作用于所得到的每个划分,直到满足某个终止标准,如当所有候选点上的最小信息需求小于一个阈值,或者当区间的个数大于阈值 max_interval 时终止。

### 2.2.5 数据集成

在分析中经常包含来自多个数据源的数据,这就需要把来自多个数据库、数据立方体或文件的数据结合起来存放在一个一致的数据存储中,即数据集成。

**1. 数据集成的功能**

(1) 将来自不同数据源的数据整合成一致的数据存储。
(2) 数据集成合并多个数据源中的数据,存放在一个一致的数据库(如数据仓库)中。
(3) 源数据可能包含多个数据库、数据立方体或一般文件。
(4) 数据变换将数据转换或统一成适合于挖掘的形式。

**2. 数据集成通常需要考虑的问题**

1) 实体识别问题

匹配来自多个信息源的现实世界的实体。例如要确信数据库中的 customs 和另一个数据库中的 customs_n 指的是同一个实体。通常数据库和数据仓库客户中有元数据(关于数据的数据),这种元数据可以帮助避免数据集成时实体匹配的错误。元数据又称中介数据、中继数据,是关于数据的组织、数据域及其关系的信息,主要是描述数据属性的信息,用来支持如指示存储位置、历史数据、资源查找、文件记录等功能。

2) 冗余问题

如果一个属性能由别的属性导出,则该属性是冗余的。属性或维的命名的不一致也可能导致数据的冗余。有些冗余可以用相关分析方法检测。如给定两个属性,根据可用的数据,相关分析可以度量一个属性能在多大程度上蕴含另一个。属性 $A$ 和 $B$ 之间的相关性可用式(2-18) 度量:

$$r_{A,B} = \frac{\sum(A-\bar{A})(B-\bar{B})}{(n-1)\sigma_A \sigma_B} \quad (2-18)$$

式中:$n$ 是元组个数;$\bar{A}$ 和 $\bar{B}$ 分别是 $A$ 和 $B$ 的平均值;$\sigma_A$ 和 $\sigma_B$ 分别是 $A$ 和 $B$ 的标准差。如果 $r_{A,B}$ 大于 0,则 $A$ 和 $B$ 是正相关的,意味着 $A$ 值随着 $B$ 值的增加而增加。该值越大,则一个属性蕴含另一个属性的可能性越大。因此,一个很大的值表明 $A$ 或 $B$ 可以作为冗余而被去掉;如果结果值等于 0,则 $A$ 和 $B$ 是独立的,它们之间不相关;如果结果值小于 0,则 $A$ 和 $B$ 是负相关的,意味着一个属性值将随另一个属性值的减少而增加,这表明这个属性阻止另一个属性的出现。如图 2-11 (a) 中的两个图显示两个属性之间有较强的相关性,图 2-11 (b) 显示两个属性之间相关性较弱或不相关。

3) 数值冲突的检测与处理问题

对于现实世界的同一个实体,由于表示、比例或编码不同,来自不同数据源的属性值可能不同。例如重复属性可能在一个系统中以公制单位存放,而在另一个系统中以英制单位存放。

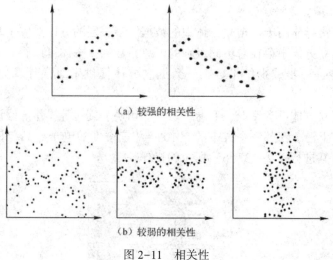

(a) 较强的相关性

(b) 较弱的相关性

图 2-11　相关性

## 2.2.6　数据归约

数据挖掘时往往数据量非常大，在大量数据上进行挖掘分析需要很长的时间，数据归约技术可以用来得到数据集的归约表示，它小得多，但仍然接近于保持原数据的完整性，并且结果与归约前的结果相同或几乎相同。数据归约的内容和任务如图 2-12 所示。

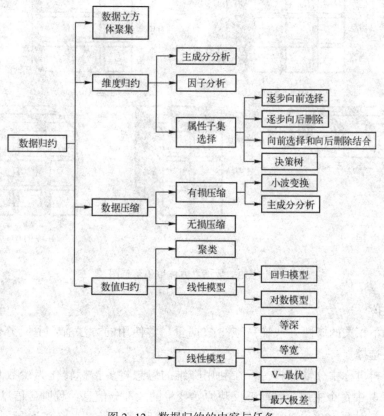

图 2-12　数据归约的内容与任务

**1. 数据立方体聚集**

数据立方体聚集操作用于数据立方体中的数据。最底层的方体对应于基本方体，即感兴趣的实体。在数据立方体中存在着不同级别的汇总，数据立方体可以看成立方体的格，每个较高层次的抽象将进一步减少结果数据。数据立方体提供了对预计算的汇总数据的快速访问。

如对一个数据立方体可有钻取、上卷、切片、切块、旋转等操作。假设图2-13（a）所示立方体为浙江、上海、江苏三个省市的2010年前三季度的电子产品、日用品、书籍的销量立方体图，可对其进行图2-13（b）所示的操作。

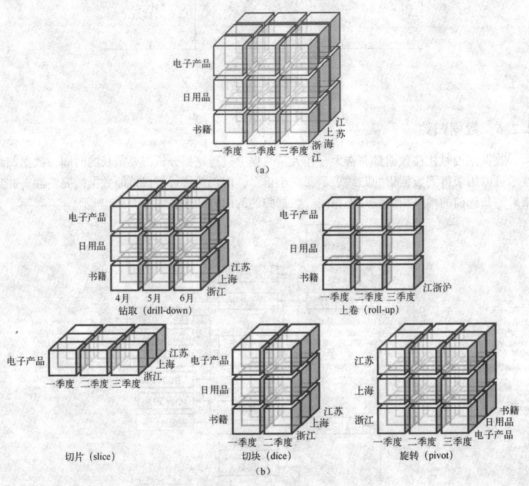

图2-13 数据立方体聚集示意图

**2. 维度归约**

通过删除不相关的属性（或维）减少数据量。常使用的方法有：主成分分析、因子分析、属性子集选择。

主成分分析也称主分量分析，旨在利用降维的思想将多指标转化为少数几个综合指标（即主成分），其中每个主成分都能够反映原始变量的大部分信息，且所含信息互不重复。

案例描述：根据1996—2013年铁路客运量、公路客运量、水路客运量及民航客运量、国家铁路机车的数量、铁路营业里程、人口年末数量、国内生产总值等数据，研究铁路客运量的变化规律，以及与各指标之间的关系，通过因子分析方法来达到研究目的。

部分数据如表2-1所示。

表2-1 1996—2013年客运量数据（部分）

| 指　　标 | 铁路客运量/万人 | 公路客运量/万人 | 水路客运量/万人 | 民航客运量/万人 |
|---|---|---|---|---|
| 2013年 | 210596.92 | 1853463 | 23535 | 35396.63 |
| 2012年 | 189336.85 | 3557010 | 25752 | 31936.05 |
| 2011年 | 186226.07 | 3286220 | 24556 | 29316.66 |
| 2010年 | 167609.02 | 3052738 | 22392 | 26769.14 |
| 2009年 | 152451.19 | 2779081 | 22314 | 23051.64 |
| 2008年 | 146192.85 | 2682114 | 20334 | 19251.12 |
| 2007年 | 135670 | 2050680 | 22835 | 18576.21 |
| 2006年 | 125655.8 | 1860487 | 22047 | 15967.84 |
| 2005年 | 115583 | 1697381 | 20227 | 13827 |
| 2004年 | 111764 | 1624526 | 19040 | 12123 |
| 2003年 | 97260 | 1464335 | 17142 | 8759 |
| 2002年 | 105606 | 1475257 | 18693 | 8594 |
| 2001年 | 105155 | 1402798 | 18645 | 7524 |
| 2000年 | 105073 | 1347392 | 19386 | 6721.66 |
| 1999年 | 100164 | 1269004 | 19151 | 6094 |
| 1998年 | 95085 | 1257332 | 20545 | 5755 |
| 1997年 | 93308 | 1204583 | 22573 | 5630 |
| 1996年 | 94797 | 1122110 | 22895 | 5555 |

通过SPSS提取主成分，得到下列结果，如表2-2所示。

表2-2 解释的总方差

| 成分 | 初始特征值 | | | 提取平方和载入 | | |
|---|---|---|---|---|---|---|
| | 合计 | 方差的百分比 | 累计的百分比 | 合计 | 方差的百分比 | 累计的百分比 |
| 1 | 5.888 | 84.112 | 84.112 | 5.888 | 84.112 | 84.112 |
| 2 | 0.807 | 11.535 | 95.647 | | | |
| 3 | 0.281 | 4.018 | 99.665 | | | |
| 4 | 0.011 | 0.159 | 99.824 | | | |
| 5 | 0.008 | 0.112 | 99.936 | | | |
| 6 | 0.004 | 0.050 | 99.986 | | | |
| 7 | 0.001 | 0.014 | 100.000 | | | |

这就是主成分分析的结果,表 2-2 中第一列为 7 个成分;第二列为对应的"特征值",表示所解释的方差的大小;第三列为对应的成分所包含的方差占总方差的百分比;第四列为累计的百分比。一般来说,选择"特征值"大于 1 的成分作为主成分,这也是 SPSS 默认的选择。

在本例中,成分 1 的特征值大于 1,能解释 84.12% 的方差。所以可以提取 1 作为主成分,抓住了主要矛盾,其余成分包含的信息较少,故弃去。画出碎石图如图 2-14 所示。

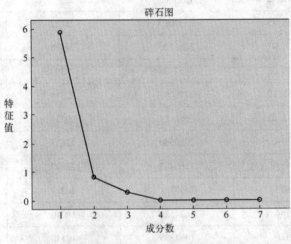

图 2-14 主成分分析碎石图

碎石图来源于地质学的概念。在岩层斜坡下方往往有很多小的碎石,其地质学意义不大。碎石图以特征值为纵轴,成分为横轴。前面陡峭的部分特征值大,包含的信息多,后面平坦的部分特征值小,包含的信息也小。

由图 2-14 直观地看出,成分 1 包含了大部分信息,从 2 开始就进入平台了。

输出提取的成分矩阵,如表 2-3 所示

表 2-3 成分矩阵

| 名 称 | 成 分 |
|---|---|
| | 1 |
| 公路客运量/万人 | 0.988 |
| 水路客运量/万人 | -0.542 |
| 民航客运量/万人 | 0.966 |
| 铁路营业里程/万公里 | 0.992 |
| 国家铁路机车拥有量/台 | 0.964 |
| 国内生产总值/亿元 | 0.956 |
| 年末总人口/万人 | 0.926 |

表 2-3 中的数值为公因子与原始变量之间的相关系数,绝对值越大,说明关系越密切。

**3. 数据压缩**

数据压缩分为有损压缩和无损压缩。小波变换和主成分分析均为有损压缩方法。字符串压缩通常是无损压缩,音频/视频压缩通常是有损压缩,压缩精度可以递进选择。数据压缩示意图如图 2-15 所示。

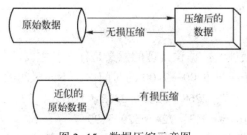

图 2-15　数据压缩示意图

**4. 数值归约**

数值归约是通过选择替代的、较小的数据表示形式来减少数据量。常用的方法有多元回归法、对数线性模型法。即使用一个参数模型估计数据，最后只要存储参数即可，不用存储数据（除了可能的离群点）。

线性回归是将数据拟合为一条直线：$Y=wX+b$。通常使用最小二乘法确定这条直线。多元回归是线性回归的补充，允许因变量 $Y$ 被建模为多个预测变量的线性函数 $Y=b_0+b_1X_1+b_2X_2+\cdots$。多元回归可拟合多种非线性函数。对数线性模型是近似离散的多维分布概率。

## 小结

数据质量用准确性、完整性、一致性、时效性、可信性和可解释性定义。质量基于数据的应用目的评估。

数据清洗试图填补缺失的值，平滑噪声，同时识别离群点，并纠正数据的不一致性，数据清洗通常是一个两步的迭代过程，包括偏差检测和数据变换。

数据变换将数据变换成适用于挖掘的形式。规范化中，属性数据可以缩放，使得它们可以落在较小的区间。

数据离散化通过将值映射到区间或概念标号变换数值数据，这种方法可以用来自动地产生数据的概念分层，而概念分层允许在多个粒度层进行挖掘。离散化技术包括分箱、直方图分析、聚类分析、决策树分析和相关分析。对于标称数据，概念分层可以基于模式定义及每个属性的不同值个数产生。

数据集成将来自多个数据源的数据整合成一致的数据存储。语义异种性的解决、元数据、相关分析、原组重复检测和数据冲突检测都有助于数据的顺利集成。

数据归约得到数据的归约表示，而使信息内容的损失最小化。数据归约方法包括维度归约、数值归约和数据压缩。维度归约减少所考虑的随机变量或维度的个数，方法包括小波变换、主成分分析、因子分析、属性子集选择和属性创建。数值归约方法使用参数或非参数模型。非参数方法包括直方图、聚类、抽样和数据立方体聚集。数据压缩方法使用变换，得到原数据的归约或压缩表示。如果原数据可以有压缩后的数据重构，而不损失任何信息，则数据压缩是无损的；否则，它是有损的。

## 习题 2

2.1 什么是数据预处理？数据预处理的意义是什么？主要的内容有哪些？

2.2 以下是地铁某条线早 6:00—7:00 的时间内，不同区间的断面客流量：

1278、1808、2028、2267、2268、2249、2312、2107、2227、2048、2041、1485、1394、1254、1078、983、777、1046、943、724、529、199。

试分别按照等宽、等深的方法对数据进行分箱操作，并按照均值与边界方法对数据进行平滑。

# 第 3 章　智能运输信息分类技术

分类是一种重要的信息处理技术，具体来说就是把具有某种共同属性或特征的数据归并在一起，通过其类别的属性或特征来对数据进行区别。也就是将相同内容、相同性质的信息及要求统一管理的信息集合在一起，而把相异的和需要分别管理的信息区分开来，然后确定各个集合之间的关系，形成一个有条理的分类系统。信息的分类是在有指导的情况下进行的，也就是说在进行信息分类之前就已经获知类别的数目和特点。使用训练好的分类器对未知分类数据进行分类的过程实际上就是预测，因此分类器也常常发挥着信息预测预警的功能。

使用分类器进行数据分类和进一步预测的原理是根据数据集的特点构造一个分类函数或分类模型（也就是分类器），该分类器能够把未知类别的样本映射到若干给定类别的某一个中，这些给定类别的特征各不相同，进行分类后可以对未经训练的数据进行预测。

信息分类技术在交通运输行业中也有着广泛应用，比如无人驾驶技术中需要对路面交通状况和交通指示标志进行准确的感知和辨识分类，以便针对实时路况给出最精准和安全的驾驶决策。

分类器的构造和实施大体会经过以下几个步骤。

（1）选定样本，将所有样本随机分成训练样本和测试样本两部分。

（2）在训练样本上执行分类器算法，生成分类模型。

（3）在测试样本上执行分类模型，生成预测结果。

（4）根据预测结果，计算必要的评估指标，评估分类模型的性能。

对于分类器的评估方法，一般采用分类错误率来进行评价，主要方法有以下两种，值得注意的是它们都假定待预测记录集和训练集取自同样的样本分布。

（1）保留方法（holdout）：记录集中的一部分（通常是 2/3）作为训练集，保留剩余的部分用作测试集。生成器使用 2/3 的数据来构造分类器，然后使用这个分类器来对测试集进行分类，得出的错误率就是评估错误率。虽然这种方法速度快，但由于仅使用 2/3 的数据来构造分类器，因此它没有充分利用所有的数据来进行学习。如果使用所有的数据，可能会构造出更精确的分类器。

（2）交叉纠错方法（cross validation）：数据集被分成 $k$ 个没有交叉数据的子集，所有子集的大小大致相同。生成器训练和测试共 $k$ 次；每一次，生成器使用去除一个子集的剩余数据作为训练集，然后在被去除的子集上进行测试。把所有得到的错误率的平均值作为评估错误率。交叉纠错方法可以被重复多次，对于一个 $t$ 次 $k$ 分的交叉纠错法，$k \cdot t$ 个分类器被构造并被评估，这意味着交叉纠错方法的时间是分类器构造时间的 $k \cdot t$ 倍。增加重复的次数意味着运行时间的增长和错误率评估的改善。可以对 $k$ 的值进行调整，将它减少到 3 或 5，这样可以缩短运行时间。然而，减小训练集有可能使评估产生更大的偏差。通常保留方法被用在最初试验性的场合，或者多于 5000 条记录的数据集；交叉纠错法被用于建立最终的分类器，或者很小的数据集。

影响一个分类器错误率的因素主要有以下四种，在设计分类器时应从以下这四个方面入手，尽量减少错误率。

（1）训练集的记录数量。生成器要利用训练集进行学习，错误率随训练集规模的增大而降低。因而训练集越大，分类器也就越可靠。然而，训练集越大，生成器构造分类器的时间也就越长。

（2）属性的数目。更多的属性数目对于生成器而言意味着要计算更多的组合，使得生成器难度增大，需要的时间也更长。有时随机的关系会将生成器引入歧途，结果可能构造出不够准确的分类器（这在技术上被称为过分拟合）。因此，如果通过常识可以确认某个属性与目标无关，则将它从训练集中移走。

（3）属性中的信息。有时生成器不能从属性中获取足够的信息来正确地、低错误率地预测标签（如试图根据某人眼睛的颜色来决定他的收入）。加入其他的属性（如职业、每周工作小时数和年龄），可以降低错误率。

（4）待预测记录的分布。如果待预测记录来自不同于训练集中记录的分布，那么错误率有可能很高。例如，从包含家用轿车数据的训练集中构造出分类器，那么试图用它来对包含许多运动用车辆的记录进行分类可能没多大用途，因为数据属性值的分布可能是有很大差别的。

本章中将介绍三种比较有代表性的分类器，并以 MATLAB 为工具介绍分类器在智能运输信息处理技术中的应用。

## 3.1 决策树分类器

### 3.1.1 决策树的基本原理与特点

决策树（decision tree）也被称作判定树，决策树分类器是一种常用于分类和预测的树结构分类器，它具有良好的可解释性、分类速度快、分类性能优越等优点。决策树学习是以实例为基础的归纳学习算法，着眼于从一组无次序、无规则的实例中推理出决策树表示形式的分类规则。它采用自顶向下的递归方式，在决策树的内部结点进行属性值的比较并根据不同属性判断从该结点向下的分支，从而在决策树的叶结点得到结论。

一般情况下，一棵决策树的基本组成部分包含一个根结点、若干个内部结点和若干个叶结点。其中每个内部结点对应着对某一属性的一次测试，每条边对应着一个测试结果，叶结点对应着某个类或类的分布。每个叶结点包含的样本集合根据属性测试的结果被划分到子结点中，而根结点包含样本全集。从根结点到每个叶结点的路径对应了一个测试判定序列，整棵树就对应着一组析取表达式规则。决策学习的目的是力图产生一棵泛化能力强，即处理未见示例能力强的决策树，基本流程遵循简单直观的"分而治之"（Devide-and-Conquer）策略。图 3-1 所示为一个识别交通状况时对交通数据进行分类的决策树，使用它可以对当前交通状况（阻塞/均衡）进行分类和预测。

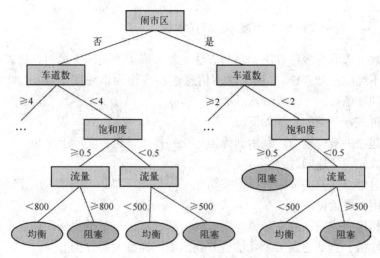

图 3-1 识别交通状况时对交通数据进行分类的决策树

决策树中的每个方形框为一个内部结点，代表对某个属性的一次检测。每个圆形框为一个叶结点，代表一个类：（交通状况）阻塞或者均衡。在图 3-1 中，样品向量为 {是否闹市区车道数；饱和度；流量；交通状况}，待测样本向量为 {是否闹市区；车道数；饱和度；流量}。输入新的待测样品记录可以预测该待测样品隶属于哪个类。

与其他分类器分类方法相比，决策树分类器有如下优点。

(1) 易于理解和实现，容易转化为分类规则。在学习过程中不需要使用者了解很多的背景知识，对于分类结果和规则较易理解其实际含义。

(2) 分类速度快，计算量相对较小，只需要沿着根结点向下一直走到叶结点，沿途的分类条件就能够唯一确定一条分类的路径和结果。

(3) 分类准确性高，分类可信度较大。

当然，一般决策树方法也存在缺乏伸缩性、处理大训练集时算法的额外开销大的问题，在处理连续型字段和分类较多的样本时，分类错误率可能上升。同时在处理有时间顺序的数据时，需要花费大量时间进行预处理工作。

## 3.1.2 决策树分类基本步骤

最早的决策树算法起源于 Hunt、Marin 和 Stone 提出的概念学习系统（concept learning system，CLS）。它是早期出现和使用的决策树构建方法，今后许多算法的发展都是在此基础上建立的。之后，Quinlan 提出了经典的决策树算法——ID3 算法。Breiman 等人提出 CART 算法。之后，Quinlan 又对 ID3 算法的一些局限性作出改进，提出了 C4.5 算法。

决策树思想，实际上就是寻找最纯净的划分方法，这个最纯净在数学上叫纯度，纯度通俗点理解就是目标变量要分得足够开（$y=1$ 的和 $y=0$ 的混到一起就会不纯）。另外一种理解是分类误差率的一种衡量。实际决策树算法往往用到的是，纯度的另一面，即不纯度，式 (3-1) 为不纯度函数公式。

不纯度函数：$$i(t)=i\left(\frac{|t,c(t)\in c_1|}{|T|},\cdots,\frac{|t,c(t)\in c_k|}{|T|}\right) \tag{3-1}$$

式中：$\dfrac{|t, c(t) \in c_k|}{|T|}$ 表示在样本 $T$ 中属于 $c_k$ 的样本数。

不纯度函数的选取有多种方法，每种方法也就形成了不同的决策树，比如 ID3 算法使用信息增益作为不纯度函数；C4.5 算法使用信息增益率作为不纯度函数；CART 算法使用基尼系数作为不纯度函数。

使用决策树进行分类的步骤如下。

**第 1 步** 建立决策树模型。利用训练集建立一棵决策树，实际上这是一个进行机器学习并从数据中获取知识的递归过程。

**第 2 步** 对建立好的决策树进行剪枝精化，降低由于训练集存在的噪声而造成的起伏，即得到一棵可用的决策树。

**第 3 步** 利用生成完毕的决策树对输入的待测样本进行分类。从根结点依次测试，记录待测样品的属性值，直到达到某个叶结点并找出测试样品所属分类。

上述第 2 步中所提到的剪枝是指后剪枝。实际上剪枝分预先剪枝和后剪枝两种。预先剪枝是在树的生长过程中设定一个指标，当达到该指标时就停止生长，这样做容易产生"视界局限"，即一旦停止分支，使得该结点成为叶结点，就断绝了其后继结点进行"更好"的分支操作的任何可能性。这些已停止的分支会在某种程度上误导学习算法，导致产生的树不纯度降差最大的地方过分靠近根结点。后剪枝中树首先要充分生长，然后对所有相邻的成对叶结点考虑是否消去它们，如果消去能引起令人满意的不纯度增长，那么执行消去，并令它们的公共父结点成为新的叶结点。这种"合并"叶结点的做法和结点分支的过程恰好相反，经过剪枝后叶结点常常会分布在很宽的层次上，树也变得非平衡。后剪枝技术的优点克服了"视界局限"效应，而且无须保留部分样本用于交叉验证，所以可以充分利用全部训练集的信息。但后剪枝的计算量比预先剪枝方法大得多，特别是在大样本集中，不过对于小样本的情况，后剪枝方法还是优于预剪枝方法的。

### 3.1.3 ID3 算法

ID3（Iterative Dichotomiser 3）算法是最为典型的决策树分类器学习算法，具有描述简单、分类速度快的优点，大多数决策数算法都是在 ID3 算法的基础上加以改进而实现的。它是基于奥卡姆剃刀原理的，即尽量用较少的东西做更多的事，同时认为越是小型的决策树越优于大的决策树。ID3 算法采用自顶向下分而治之的策略，通过选择窗口形成决策树，利用信息增益的标准选择训练集数据库中具有最大信息量的分裂属性，建立决策树的一个结点，再根据该属性的不同取值建立树的分枝，在每个分支子集中重复建立树的下层结点和分支过程。ID3 算法建立的决策树不一定是最小的树形结构，而是一个启发式算法。

从信息论中可知，期望信息越小，信息增益越大，从而纯度越高。所以 ID3 算法的核心思想就是以信息增益来度量属性选择，选择分裂后信息增益最大的属性进行分裂，该算法采用自顶向下的贪婪搜索遍历可能的决策空间。

在信息增益中，重要性的衡量标准就是看特征能够为分类系统带来多少信息，能够带来的信息越多，该特征越重要。下面引入信息熵的概念来描述信息增益。

熵的概念最早起源于物理学，在物理学中是用来度量一个热力学系统的无序程度，而在信息学里面，熵是对不确定性的度量。在 1948 年，香农引入了信息熵，将其定义为离散型随机事件出现的概率，一个系统越是有序，信息熵就越低，反之一个系统越是混乱，它的信息熵就越高。所以信息熵可以被认为是系统有序化程度的一个度量。

在分类系统中，设 $D$ 为训练集分类结果，其取值集合是 $\{D_1, D_2, \cdots, D_i, \cdots, D_n\}$，其中 $D_i$ 表示分类集中的数据属于第 $i$ 类，共有 $n$ 类，则每个类在整个训练集中出现的概率为 $P(D_1), P(D_2), \cdots, P(D_n)$，则此时分类系统的熵值可以表示为

$$H(D) = -\sum_{i=1}^{n} P(D_i) \log_2 P(D_i) \tag{3-2}$$

式中：$P(D_i)$ 可以用属于此类别元素的数量除以训练元组元素总数量作为估计。熵的实际意义是 $D$ 中元组的类标号所需要的平均信息量。

信息增益是针对一个一个特征而言的，即针对被观察的特征，系统在未确定此信息时和确定此信息时的信息量分别如何，二者差值就是这个特征给系统带来的信息量，也就是这个特征的信息增益。

现在假设将训练元组 $D$ 按属性 $A$ 进行重新划分，属性 $A$ 的取值集合为 $\{a_1, a_2, \cdots, a_j, \cdots, a_k\}$，也就是说属性 $A$ 可以把全体训练集重新分成 $k$ 个子集合，设 $N_j$ 为第 $j$ 个分类的样本数量，$N = \sum_{j=1}^{k} N_j$ 为训练集样本总数。$P(D_{ij})$ 为重新分类后第 $j$ 个分类中样本属于原第 $i$ 类的概率。则根据属性 $A$ 所划分的系统熵值为

$$H(D \mid A) = -\sum_{j=1}^{k} \frac{N_j}{N} \left[ -\sum_{i=1}^{n} P(D_{ij}) \log_2 P(D_{ij}) \right] \tag{3-3}$$

则在属性 $A$ 上建立分支所获得的信息增益可表示为：

$$\text{Gain}(A) = H(D \mid A) - H(D) \tag{3-4}$$

$\text{Gain}(A)$ 是指由于知道属性 $A$ 的值而导致熵的期望压缩，是一个衡量系统混乱程度的统计量，熵越大表示系统越混乱。分类的目的是提取系统信息，使系统向更加有序、有规则、有组织的方向发展，所以最佳的分裂方案是使熵减少量最大的分裂方案，即使 $\text{Gain}(A)$ 最大的分裂方案。

ID3 算法就是在每次需要分裂时，计算每个属性的增益率，然后选择增益率最大的属性进行分裂。它也有一定的缺陷，比如只能处理枚举型属性，不能解决过适应问题，但作为最原始、应用最普遍的决策树分类算法，ID3 算法仍是非常重要的决策树分类算法。

### 3.1.4　C4.5 算法

ID3 算法存在一个问题，就是偏向于多值属性，例如，如果存在唯一标识属性 ID，则 ID3 会选择它作为分裂属性，这样虽然使得划分充分纯净，但这种划分对分类几乎毫无用处。在这一点上，其后继算法 C4.5 使用增益率（gain ratio）的信息增益扩充，试图克服这个偏倚。可以说 C4.5 算法在以下四个方面很好地扩展了 ID3 算法。

（1）用信息增益率来选择属性，克服了用信息增益选择属性时偏向选择取值多的属性的不足。

（2）在树构造过程中进行剪枝。

(3) 能够完成对连续属性的离散化处理。

(4) 能够对不完整数据进行处理。

目前 C4.5 算法已成为现在公认的性能较优的决策树分类器算法。

增益率采用前面的增益度量 $\mathrm{Gain}(A)$ 和分裂信息 $\mathrm{Split}H(D\mid A)$ 来共同定义的，表达式为

$$\mathrm{GainRatio}(A) = \frac{\mathrm{Gain}(A)}{\mathrm{Split}H(D\mid A)} \tag{3-5}$$

其中分裂信息用来衡量属性分裂数据的广度和均匀程度，表达式为

$$\mathrm{Split}H(D\mid A) = -\sum_{i=1}^{n}\frac{|D_i|}{|D|}\log_2\frac{|D_i|}{|D|} \tag{3-6}$$

C4.5 算法选择具有最大增益率的属性作为分裂属性，其具体应用与 ID3 算法类似，在此不再赘述。C4.5 算法有如下优点：产生的分类规则易于理解，准确率较高。其缺点是：在构造树的过程中，需要对数据集进行多次的顺序扫描和排序，因而导致算法的低效。此外，C4.5 算法适合于能够驻留于内存的数据集，当训练集大得内存无法容纳时程序无法运行。

### 3.1.5 决策树分类器在智能运输信息处理中的 MATLAB 应用实例

目前 MATLAB 自带的统计工具箱中有函数可以实现 ID3 算法，而 C4.5 算法则需要读者自己编程实现，网络上也有许多各不相同的版本用自己的方法实现 C4.5 算法，感兴趣的读者可以自行下载学习。这里重点介绍一下 MATLAB 自带的统计工具箱中的决策树分类器应用。

目前 MATLAB 中常用的决策树分类器构造函数是 classregtree，具体语句如下。

**1. 构造并训练决策树分类器**

t = classregtree(train_X, y, 'name', value);

其中，$m\times n$ 的矩阵 train_X 表示 $m$ 个样本各自的 $n$ 个特征值；$m$ 维向量 y 表示 $m$ 个样本的分类结果。name \ value 是成对出现的可选项，具体参见表 3-1。

表 3-1 classregtree 函数中的可选项含义说明

| name | value | 说明 |
| --- | --- | --- |
| method | 'classification', 'regression' | 分类树/回归树 |
| names | {'name1', 'name2', …} | 数组定义每个特征的特征名，这样可以在树图中显示出来 |
| prune | 'on'（默认），'off' | 是否剪枝 |
| minparent | k（默认 10） | 至少有 k 个样本值才进行分枝 |
| minleaf | k（默认 1） | 叶结点至少要有 k 个。如果和 minparent 合用以确保产生更多的叶结点，方法是 minparent = max(minparent, 2 * minleaf) |
| mergeleaves | 'on'（默认），'off' | 将来自同一个结点的叶结点合并，风险值总和不小于不合并的情况 |
| nvartosampe | （默认所有） | 分枝时随机选择的样本数量 |
| stream | | 随机数流。默认是 MATLAB 的随机数流 |
| surrogate | 'on', 'off'（默认） | 设置为 on，会在要分枝的结点处寻找代理分割，将会占用更多内存，耗用更多时间 |

续表

| name | value | 说明 |
|---|---|---|
| weight | 权重向量（默认1） | 观测值的权重向量 |
| cost | 比如 C | 代价矩阵 C，其值 $c(i,j)$ 是把 $i$ 错分为 $j$ 的代价 |
| splitcriterion | 'gdi', 'twoing', 'deviance' | 选择分枝准则，gdi（默认）为基尼多样性指数，twoing 为二分准则，deviance 为最大偏差减小 |
| priorprob | | 每个类别的先验概率 |

**2. 画出决策树**

view(t, param1, val1, param2, val2, …);

其中 t 是训练好的决策树分类器，param 和 val 的取值和意义参见表 3-2。

表 3-2 view 函数中的可选项含义说明

| param | val | 说明 |
|---|---|---|
| names' | {'name1', 'name2', …} | 指定特征名，如果在没有指定特征名，在画图时可用这个函数指定 |
| prunelevel | | 显示最初的剪枝层次 |

画出的决策树如图 3-2 所示。

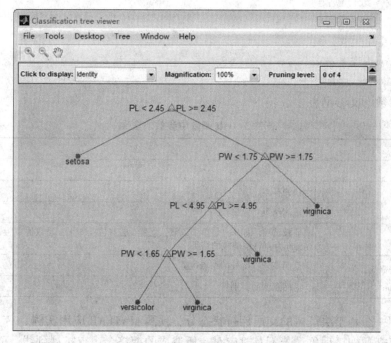

图 3-2 MATLAB 画出的决策树可视图

**3. 决策树剪枝**

使用 prune 函数，语句如下：

t2 = prune(t1, 'level', level); %剪掉 t1 中的后 level 层，0 表示不剪枝，1 表示最底层，2 表示最深的两层，以此类推。

```
        t2 = prune(t1,'nodes',nodes);        %剪掉第 nodes 个分枝结点后的所有枝,如果 nodes 不是分枝
                                              结点就不剪枝。
```

对图 3-2 以 level=1 或 2 进行的剪枝结果如图 3-3 所示：

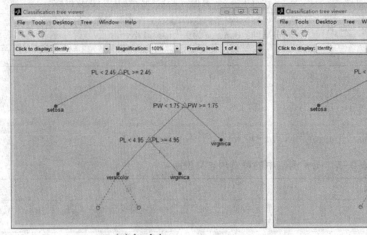
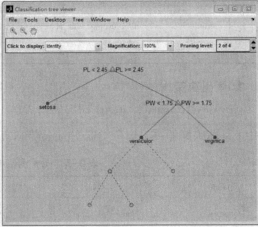

图 3-3　对决策树进行的剪枝结果示意图

**4. 用决策树进行预测**

```
    yfit = eval(t, X);
    yfit = eval(t, X, s);
    [yfit, nodes] = eval(...);
    [yfit, nodes, cnums] = eval(...);
```

其中各参数含义参见表 3-3。

表 3-3　yfit 函数中参数的含义

| 参　数 | 含　义 |
| --- | --- |
| t | 决策树模型 |
| X | 预测样本 |
| yfit | 预测结果 |
| s | 剪枝选项。如果 s 是单个数值,就是 s 层剪枝;如果 s 是数值数组,那么返回矩阵 yfit(i) 为 s(i) 层剪枝的结果 |
| nodes | 返回该样本所处的结点位置 |
| cnums | 返回预测的类别号 |

下面介绍一个基于决策树的交通拥挤状态分类预测 MATLAB 应用实例。

对于城市交通拥挤现象,若不及时应对,所造成的拥挤会由点扩展到线、面,直至引起交通瘫痪。若能可靠地预测出即将形成的交通拥挤状态,分析影响交通拥挤状态的环境因素,利用数据挖掘中的决策树方法对大量已有历史交通数据进行挖掘可以确立交通拥挤发生模式,从而利用发生模式与当前数据来预测交通流拥挤状态,并采取及时、有效的交通管理措施,可以避免交通拥堵的产生或减轻其严重程度。因此,可靠地预测出即将形成的交通拥挤,对于提高道路交通的运行效率和安全性具有非常重要的实际意义。

使用决策树进行交通拥挤状态预测主要步骤如下。

**第1步** 属性选取与数据准备。

判决类别为拥挤状态，分为 smooth（畅通）、mild_congestion（轻度拥挤）、congestion（拥挤）、severe_congestion（严重拥挤）。数据属性如表 3-4 所示。

表 3-4 基于决策树的交通拥挤状态预测数据属性表

| 属 性 名 称 | 属 性 值 |
| --- | --- |
| weather（天气） | sunny、foggy、rainy、snowy（晴、雾、雨、雪） |
| periods_of_time（时间段） | peak_hour、non_peak_hour（高峰时段、一般时段） |
| holiday（节假日） | yes、no（是、否） |
| special_condition（特殊路况） | false、true（无、有） |
| quality_of_road（道路设施质量） | ok、bad（可以、差） |

以从交通管理部门获取的某路段的 890 组数据为例，将交通状态划分为 smooth、mild_congestion、congestion、severe_congestion 四个状态。数据表格如表 3-5 所示。

表 3-5 基于决策树的交通拥挤状态预测数据表

| weather | periods_of_time | holiday | quality_of_road | special_condition | levels_of_congestion |
| --- | --- | --- | --- | --- | --- |
| sunny | peak_hour | yes | ok | false | mild_congestion |
| sunny | non_peak_hour | yes | bad | true | congestion |
| sunny | non_peak_hour | no | ok | true | mild_congestion |
| sunny | non_peak_hour | no | ok | false | smooth |
| rainy | non_peak_hour | no | ok | false | smooth |
| rainy | non_peak_hour | no | ok | true | mild_congestion |
| foggy | non_peak_hour | no | ok | true | congestion |
| snowy | non_peak_hour | no | bad | true | severe_congestion |
| …… | …… | …… | …… | …… | …… |

使用这 890 组数据对决策树分类器进行训练。

**第2步** 训练分类器。

使用 classregtree 函数训练分类器构建分类树，即

  t=classregtree(train_X, levels_of_congestion, 'names', {'weather', 'periods_of_time', 'holiday','Quality_of_road','special_condition'})

得到的决策树一共有 61 个结点，对应 32 条规则，对应 severe_congestion 的规则有 7 条，对应 congestion 的规则有 12 条，验证得到预测正确率为 94.4944%。其中在被预测为 severe_congestion 的样本中，有 177 个是正确的预测，有 11 个为误报，严重拥挤的正确率为 94.15%。

**第3步** 使用分类器预测交通状态。

以上生成的决策树对应着一组析取表达式规则，根据生成的规则和获得的实时数据即可预测实时的交通拥挤状态。例如，实时数据为 weather=snowy and quality_of_road=bad 时，根

据生成的决策树，道路交通状态将是 severe_congestion，这时应即时发出预警并采取相应措施；实时数据为 weather = sunny and periods_of_time = peak hour and quality_of_road = ok 时，根据生成的决策树，道路交通状态将是 mild_congestion，这时应重点关注该路段交通状态的发展变化。

## 3.2 SVM 分类器

支持向量机（Support Vector Machine，SVM）通俗来讲它是一种二类分类模型，其基本模型定义为特征空间上的间隔最大的线性分类器，其学习策略便是间隔最大化，最终可转化为一个凸二次规划问题的求解。SVM 通过寻求结构化风险最小来提高学习机泛化能力，实现经验风险和置信范围的最小化，从而达到在统计样本量较少的情况下，亦能获得良好统计规律的目的。

### 3.2.1 线性核近似线性可分 SVM

以二维平面为例，如图 3-4 所示，平面上有两种不同的数据，分别用圆和三角表示。由于这些数据是线性可分的，所以可以用一条直线将这两类数据分开，这条直线就相当于一个超平面，超平面一边的数据点所对应的 $y$ 全是 -1，另一边所对应的 $y$ 全是 1。

这个超平面可以用分类函数 $f(x) = w \cdot x + b$ 表示，当 $f(x)$ 等于 0 的时候，$x$ 是位于超平面上的点，而 $f(x)$ 大于 0 的点对应 $y = 1$ 的数据点，$f(x)$ 小于 0 的点对应 $y = -1$ 的点。即在进行分类的时候，遇到一个新的数据点 $x$，将 $x$ 代入 $f(x)$ 中，若 $f(x)$ 小于 0 则将 $x$ 的类别赋为 -1，若 $f(x)$ 大于 0 则将 $x$ 的类别赋为 1。用分类函数表示的超平面分类示意图如图 3-5 所示。

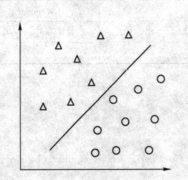

图 3-4 二维空间使用超平面进行分类

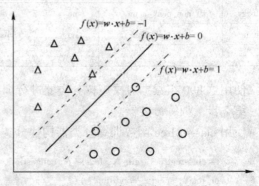

图 3-5 用分类函数表示的超平面

从直观上而言，在二维空间中这个超平面应该是最适合分开两类数据的直线。而判定"最优秀"的标准就是这条直线离直线两边的样本的间隔最大。所以应当寻找有着最大间隔的超平面。对于这个"间隔"的定义有两种常用的概念。

**1. 函数间隔（functional margin）**

在超平面 $w \cdot x + b = 0$ 确定的情况下，$|w \cdot x + b|$ 能够表示点 $x$ 到距离超平面的距离，而通过观察 $w \cdot x + b$ 的符号与类标记 $y$ 的符号是否一致可判断分类是否正确，所以可以用 $f$ ·

($w·x+b$)的正负性来判定或表示分类的正确性。因此，定义函数间隔（用$\hat{\gamma}$表示）为

$$\hat{\gamma}=f·(w·x+b)=y·f(x) \tag{3-7}$$

而超平面$(w,b)$关于$T$中所有样本点$(x_i,y_i)$的函数间隔最小值（其中，$x$是样本特征，$y$是结果标签，$i$表示第$i$个样本）便为超平面$(w,b)$关于训练数据集$T$的函数间隔：

$$\hat{\gamma}=\min\hat{\gamma}_i(i=1,2,\cdots,n) \tag{3-8}$$

但对于这样定义的函数间隔，如果将$w$和$b$改变为$2w$和$2b$，则尽管此时超平面和样本都没有改变，而函数间隔的值$f(x)$却变成了原来的2倍。因此，函数间隔在某些情况下是不够精确和客观的，可以对向量$w$提出一些约束条件，从而得到几何间隔的概念。

**2. 几何间隔（Geometrical Margin）**

对于一个样本点$x$，称其垂直投影到超平面上的对应点为$x_0$，$w$是垂直于超平面的一个法向量，$\gamma$为样本点$x$到超平面的距离，如图3-6所示。

则可将样本点$x$表示为

$$x=x_0+\gamma\frac{w}{\|w\|} \tag{3-9}$$

同时可知$x_0$是超平面上的点，满足$f(x_0)=0$，代入超平面的方程$w·x+b=0$，即可得

$$\gamma=\frac{w·x+b}{\|w\|}=\frac{f(x)}{\|w\|} \tag{3-10}$$

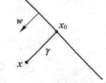

图3-6 超平面距离

为取得$\gamma$的绝对值，令$\gamma$乘上对应的类标记$y$，即可得几何间隔（用$\tilde{\gamma}$表示）的定义，即

$$\tilde{\gamma}=y\gamma=\frac{\hat{\gamma}}{\|w\|} \tag{3-11}$$

从上述函数间隔和几何间隔的定义可以看出：几何间隔就是函数间隔除以$\|w\|$，而函数间隔实际上就是$|f(x)|$，只是人为定义的一个间隔度量，而几何间隔$\frac{|f(x)|}{\|w\|}$才是客观上的点到超平面的距离。对一个数据样本点进行分类，当超平面离数据点的"间隔"越大，分类的确信度也越大。因此为了使得分类的确信度尽量高，需要让所选择的超平面能够最大化这个"间隔"值，因此SVM的学习任务可形式化地描述为以下的被约束的凸优化问题：

$$\begin{cases}\min\dfrac{1}{2}\tilde{\gamma}\\ \text{s. t. } y_i(w·x_i+b)\geqslant 1 \quad i=1,2,\cdots,n\end{cases} \tag{3-12}$$

这是一个有不等式约束的二次规划问题，因此存在唯一解，参数$b$可由下式计算：

$$b=\frac{1}{N_{\text{NSV}}}\sum_{x_i\in JN}\left[y_i-\sum_{x_i\in J}\alpha_j y_j(x_i·x)\right] \tag{3-13}$$

式中：$\alpha_i$为与第$i$个样本相对应的拉格朗日乘子。最后得到的最优分类函数为

$$f(x)=\text{sgn}\{(w·x)+b\}=\text{sgn}\{\sum_{i=1}^n\alpha_i y_i(x_i·x)+b\} \tag{3-14}$$

## 3.2.2 非线性 SVM

上述 SVM 是基于线性划分的,但实际应用中并非所有数据都可以线性划分。如二维空间中的两个类别的点可能需要一条曲线来划分它们的边界。在解决此类不可线性划分的问题时,SVM 的原理是将低维空间中的点映射到高维空间中,使它们成为线性可分的,再使用线性划分的原理来判断分类边界。因此,引入核函数将 SVM 推广到非线性分类问题,核函数的优秀价值在于它虽然进行从低维到高维的转换,但本质上来说是事先在低维上进行计算的,而将实质上的分类效果表现在了高维上,避免了直接在高维空间中的复杂计算。

也就是说在线性不可分的情况下,SVM 首先在低维空间中完成计算,然后通过核函数将输入空间内的样本 $(x_1,y_1),\cdots,(x_n,y_n)$ 映射为高维特征空间的样本 $(\phi(x_1),y_1),\cdots,(\phi(x_n),y_n)$,最终在高维特征空间中构造出最优分离超平面,从而把平面上本身不好分的非线性数据分开。如图 3-7 所示,一堆数据样本在二维空间无法划分,从而映射到三维空间里划分。

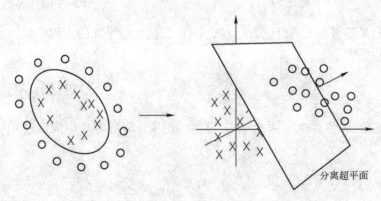

图 3-7 非线性 SVM 映射到高维空间的工作原理示意图

在计算过程中只需要把原来现行情况下的内积运算 $(x_i \cdot x_j)$ 换成 $(\phi(x_i) \cdot \phi(x_j))$ 即可,实际上需要定义的就是变换后的内积运算,而并不需要知道具体的变换形式。通常人们会从一些常用的核函数中选择(根据问题和数据的不同,选择不同的参数,实际上就是得到了不同的核函数),常用核函数有以下三种。

(1) 多项式核函数:

$$K(x_i,x_j) = (x_i^T x_j + r)^d \tag{3-15}$$

(2) 高斯径向基核函数(RBF 核):

$$K(x_i,x_j) = \exp(-\gamma \|x_i - x_j\|^2) \tag{3-16}$$

(3) Sigmoid 线性核函数:

$$K(x_i,x_j) = \tanh(k x_i^T x_j - \delta) \tag{3-17}$$

式中:$r>0$,$d>0$,$\gamma>0$,$k>0$,$\delta>0$,称为核参数。

## 3.2.3 SVM 分类器在智能运输信息处理中的 MATLAB 应用实例

在这里介绍两个 MATLAB 工具包中常用的关于 SVM 分类器的函数:svmtrain 和 svmpredict。

## 1. svmtrain

svmtrain 是使用训练数据训练相应 SVM 分类器的函数，调用语句为：

model = svmtrain(train_label, train_matrix, ['libsvm_options']);

其中 train_label 是训练集的标签；train_matrix 是训练集的属性矩阵；libsvm_options 是需要设置的一系列参数，svmtrain 中各参数对应含义参见表 3-6。

**表 3-6　svmtrain 函数中的可选项含义说明**

| 参　数 | 参　数　说　明 | 取　值　说　明 | |
|---|---|---|---|
| -s | 设置 SVM 模型类型（默认值为 0） | 0 | C-SVC |
| | | 1 | nu-SVC |
| | | 2 | one-class SVM |
| | | 3 | epsilon-SVR |
| | | 4 | nu-SVR |
| -t | 核函数设置类型（默认值为 2） | 0 | 线性核函数：$u'*v$ |
| | | 1 | 多项式核函数：$(gamma*u'*v+coef0)\^{}degree$ |
| | | 2 | RBF 核函数：$\exp(-gamma*\|u-v\|\^{}2)$ |
| | | 3 | sigmoid 核函数：$\tanh(gamma*u'*v+coef0)$ |
| | | 4 | 预定义核函数（指定核矩阵） |
| -d | 核函数中的 degree 设置（针对多项式核函数）（默认值为 3） | | |
| -g | 核函数中的 gamma 函数设置（针对多项式/rbf/sigmoid 核函数）（默认值为 1/num_features，即属性数目的倒数） | | |
| -r | 核函数中的 coef0 设置（针对多项式/sigmoid 核函数）（默认值为 0） | | |
| -c | 设置 C-SVC, epsilon-SVR 和 nu-SVC 的参数（损失函数）（默认值为 1） | | |
| -n | 设置 nu-SVC, one-class SVM 和 nu-SVR 的参数（默认值为 0.5） | | |
| -p | 设置 epsilon-SVR 中损失函数 epsilon 的值（默认值为 0.1） | | |
| -m | 设置 cache 内存大小，以 MB 为单位（默认值为 100） | | |
| -e | 设置允许的终止判据（默认值为 0.001） | | |
| -h | 是否使用启发式，0 或 1（默认值为 1） | | |
| -wi | 设置第几类的参数 C 为 weight * C（C-SVC 中的 C）（默认值为 1） | | |
| -v | n-fold 交互检验模式，n 为 fold 的个数，必须大于或等于 2 | 参数 -v 随机地将数据剖分为 n 部分并计算交互检验准确度和均方根误差 | |

以上这些参数设置可以按照 SVM 的类型和核函数所支持的参数进行任意组合，如果设置的参数在函数或 SVM 类型中没有也不会产生影响，程序不会接受该参数；如果应有的参

数设置不正确,参数将采用默认值。

### 2. svmpredict

svmpredict 是使用训练好的 SVM 分类器模型进行分类预测的函数,调用语句为

[predicted_label, accuracy/mse, decision_values] = svmpredict(test_label, test_matrix, model, ['libsvm_options']);

其中参数含义参见表 3-7。

表 3-7 svmpredict 函数中的可选项含义说明

| 参　　数 | 参　数　说　明 |
| --- | --- |
| test_label | 测试集的标签 |
| test_matrix | 测试集的属性矩阵 |
| model | 训练好的 SVM 分类器模型 |
| libsvm_options | 需要设置的一系列参数(内容同表 3-6) |
| predicted_label | 预测得到的标签 |
| accuracy/mse | 一个 3×1 的列向量(第 1 个数字用于分类问题,表示分类准确率;后两个数字用于回归问题,第 2 个数字表示 mse,第三个数字表示平方相关系数) |
| decision_values | 决策值 |

下面介绍一个使用 SVM 分类器进行交通视频分类的 MATLAB 应用实例。

随着城市的快速路发展,城市公路交通拥堵及运营效率不高等已成为城市发展面临的共同问题。城市交通相关的数据挖掘技术的研究是数据挖掘技术领域最活跃的研究方向之一。交通数据挖掘的主要目的是寻找交通数据中的规律,为智能运输系统的设计提供技术支持,有利于缓解交通拥挤、优化交通路网运行,促进交通健康稳定发展。

随着图像处理技术的不断发展,利用机器视觉相关技术来进行车辆检测有望取代传统方式成为现代智能运输系统的重要组成部分。传统的方法大部分是基于对个别车辆的检测和计算,也就是说每辆车是被隔离跟踪的,通过分析它的运动轨迹来估算交通流量、车辆速度和停放的车辆。然而,大多数的现有工作通常会在拥挤的情况下(例如交通拥堵)失效,原因是运动对象有严重的闭塞性。基本上,在传统方法中,交通是通过在情景中被检测车辆的数量分类的,但是在非常拥堵的情景中,两个或两个以上的车辆的斑点可能会重叠,这会造成车辆计数错误。因此,当运动对象(例如人或车辆)的密度增加时,传统方法的精确度趋于下降。

在本案例中,采用视频采集与分析技术来获得平均人群密度 $\rho_i$ 和平均人群速度 $v_i$,并由此构建交通状态的特征向量 $f_i = (\rho_i, v_i)$,并与表 3-8 所示的三种交通状态一一对应,用来训练 SVM 分类器。

表 3-8 交通状态分类及特征描述

| 交 通 状 态 | 特 征 描 述 |
| --- | --- |
| 轻型拥堵 | 人群密度低,人群速度高 |
| 中型拥堵 | 人群密度中等,人群速度中等 |
| 重型拥堵 | 人群密度高,人群速度低 |

## 第 3 章 智能运输信息分类技术

数据处理与操作步骤如下。

**第 1 步** 数据集获取与预处理。

该数据集包含了 254 个白天西雅图高速公路监控视频。所有的视频都是由一个单一的固定摄像头所记录的,共计 20 分钟。该数据集包含了多样性的交通模型,例如轻型、中型和重型拥堵,而且有各种天气条件下的(如晴天、下雨、阴天)。每个视频有 42~52 帧,这些帧的分辨率为 320 像素×240 像素,是按每秒 10 帧录制的。该数据集还提供了描述每个视频序列的手工标记的地面实况。

要进行交通拥堵分类,将所有提取的特征,即人群速度和人群密度,进行归一化处理。得到数据集共包含 254 组数据,在每个实验中 75%(191 组)的数据集用作训练和交叉验证,25%(63 组)的数据集用作测试。

**第 2 步** 训练 SVM 分类器模型。

分别使用线性核函数、多项式核函数、径向基核函数和 S 型核函数训练 SVM 分类器模型,其中参数 c 取值为 2;参数 g 取值为 1。

**第 3 步** 使用测试集数据进行测试。

使用四种训练好的 SVM 分类器模型对测试数据进行测试,得到结果如表 3-9 所示。

表 3-9 四种 SVM 分类器模型测试结果

| 核函数 | Test1 | Test2 | Test3 | Test4 | 平均准确率 |
| --- | --- | --- | --- | --- | --- |
| 线性 | 92.06% | 93.65% | 96.87% | 92.06% | 93.66% |
| 多项式 | 92.06% | 88.88% | 89.06% | 92.06% | 90.51% |
| 径向基 | 95.23% | 96.82% | 96.87% | 95.23% | 96.03% |
| S 型 | 87.30% | 92.06% | 96.87% | 87.30% | 92.16% |

其中准确率最高的是使用径向基核函数的 SVM 分类器模型,其实际测试集分类和预测测试集分类图如图 3-8 所示。

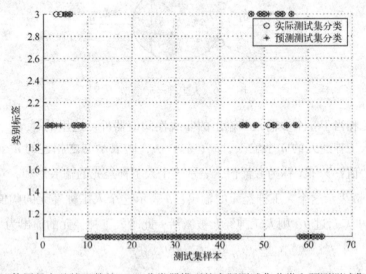

图 3-8 使用径向基核函数的 SVM 分类器模型的实际测试集分类和预测测试集分类图

## 3.3 人工神经网络分类器

### 3.3.1 人工神经网络的基本构成和原理

人工神经网络（或称"神经网络"）分类器是非常典型的非线性分类器，具有人工智能（更接近人脑的自组织）和并行处理功能。人工神经网络的结构和原理基本是模仿人脑神经元网络的组织结构和工作机理，它模仿了人脑的某些基本特征，但并不是对人类大脑神经网络的真实再现。它在模式识别和分类聚类等方面显示出了一定优势。神经网络可以看成从输入空间到输出空间的一个非线性映射，通过调整权值和阈值来"学习"或发现变量间的关系，实现对事物的分类。

今天"人工神经网络"已经是一个相当大的、多学科交叉的学科领域。各相关学科对神经网络的定义多种多样，这里采用目前使用最为广泛的一种，即在 1988 年由 Kohonen 提出的"神经网络是由具有适应性的简单单元组成的广泛并行互连的网络，它的组织能够模拟生物神经系统对真实世界物体所作出的交互反应"。尽管蓬勃发展的人工神经网络已经有很多类型，但它们的基本单元——神经元（neuron）的结构是基本相同的。神经元即上述定义中的"简单单元"。

在生物神经网络中，每个神经元与其他神经元相连，当它"兴奋"时，就会向与之相连的神经元发送一定化学物质，从而改变这些神经元的内在电位，当某神经元电位超过一个阈值时，它就会被激活并继续向与其相连的其他神经元发送化学物质来传递这种"兴奋"。人工神经元模型是对生物神经元从数学角度进行抽象和模拟的产物，图 3-9 所示是一种典型的人工神经元模型，它是由模拟生物神经元的细胞体、树突、轴突、突触等主要部分而构成的。

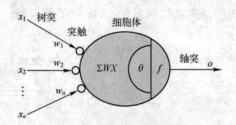

图 3-9 人工神经元模型

人工神经元相当于一个多输入单输出的非线性阈值器件。这里的 $x_1$, $x_2$, …, $x_n$ 表示它来自其他 $n$ 个人工神经元的 $n$ 个输入，$w_1$, $w_2$, …, $w_n$ 表示与之相连的 $n$ 个突触的连接强度，其值成为权值；$\sum WX$ 称为激活值，表示这个人工神经元的输入总和，对应于生物神经细胞的膜电位；$o$ 表示这个人工神经元的输出；$\theta$ 表示这个人工神经元的阈值。若输入信号的加权总和 $\sum WX$ 超过 $\theta$，则人工神经元被激活，此时人工神经元的输出为

$$o = f(\sum WX - \theta) \tag{3-18}$$

式中：$f$ 为神经元输入/输出关系函数，被称为激活函数或输出函数；$W$ 为权矢量，$X$ 为输入矢量；阈值 $\theta$ 一般不是一个常数，而是随神经元兴奋程度而变化的变量。设 net 为权与输入

的矢量积（一个标量），相当于生物神经元由外加刺激引起的膜内电位的变化，则激活函数可记为$f(\text{net})$。常用的激活函数（激励函数）可归结为三种形式：阈值函数、Sigmoid 函数和分段线性函数，三者的相关特征如表 3-10 所示。

表 3-10 常用的激活函数

| 名 称 | 表 达 式 | 图 示 | 特 征 |
|---|---|---|---|
| 阈值函数 | 阶跃函数 $f(x)=\begin{cases}1, t\geq 0\\0, t<0\end{cases}$ | | 不可微分；对应值为 0, 1 两点 |
| | 符号函数 $f(x)=\begin{cases}1, t\geq 0\\-1, t<0\end{cases}$ | | 不可微分；对应值为 -1, 1 两点 |
| Sigmoid 函数 | $f(t)=\dfrac{1}{1+e^{-at}}$ | | 可微分；对应值为 [0, 1] 连续区域 |
| 分段线性函数 | $f(t)=\begin{cases}1, t\geq 1\\t, -1<t<1\\-1, t\leq -1\end{cases}$ | | 在线性区间 [-1, 1] 内放大系数是一致的，可视为非线性放大器的近似 |

综上所述，在人工神经网络中，抽象简化后的人工神经元具有以下特征。

（1）它是多输入、单输出元件。

（2）它具有非线性的输入、输出特性。

（3）它具有可塑性，可塑性反映在新突触的产生和现有神经突触的调整上，可塑性使神经网络能够适应周围的环境。其塑性变化的部分主要是权值$w_i$的变化，这相当于生物神经元突触部分的变化。对于激发状态，$w_i$取正值；对于抑制状态，$w_i$取负值。

（4）神经元的输出是各个输入值的综合作用结果。

（5）它具有时空整合功能，其中时间整合功能具体表现在不同时间、同一突触上；空间整合功能具体表现在同一时间、不同突触上。

根据神经网络之间连接的拓扑结构上的不同可生成不同类型、不同功能的人工神经网络，大致可分为分层网络和相互连接型网络。

分层网络是将一个神经网络中所有神经元按功能分为若干层,比如输入层、隐含层和输出层等,隔层顺序连接。分层网络又可细分为三种互连形式:简单的前向网络、具有反馈的前向网络和层内有相互连接的前向网络。对于简单的前向网络,给定一个输入模式,网络能产生一个相应的输出模式并保持不变。

相互连接型网络是指网络中任意两个单元之间都是可以相互连接的。对于给定的输入模式,相互连接型网络由某一初始状态出发开始运行,在一段时间内网络处于不断更新输出状态的变化过程中。如果网络设计的好,最终可能会产生某一稳定的输出模式;如果网络设计的不好,网络也有可能进入周期性振荡或发散状态。

本节将介绍 BP 神经网络、径向基函数神经网络两种较为典型的神经网络在分类器的设计和分类预测方面的应用。

### 3.3.2 BP 神经网络分类器

BP(back propagation)神经网络是 1986 年由 Rumelhart 和 McCelland 为首的科学家小组提出的,是一种按误差逆传播算法训练的多层前馈网络,是目前应用最广泛的神经网络模型之一。BP 神经网络能学习和存储大量的输入-输出模式映射关系,而无须事前揭示描述这种映射关系的数学方程。其网络模型拓扑结构包括输入层(input layer)、隐含层(hidden layer)和输出层(output layer),如图 3-10 所示,它的左、右各层之间的各个神经元实现了全连接,即左层的每一个神经元与右层的每个神经元都有连接,而每一层内部的各神经元无连接。

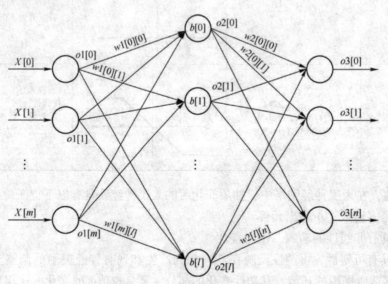

图 3-10 三层 BP 神经网络拓扑结构图

BP 神经网络采用有导师的学习方式进行训练,当一对学习模式提供给网络后,其神经元的激活值将从输入层经各隐含层向输出层传播,在输出层的各神经元输出对应于输入模式的网络响应。按照减少希望输出和实际输出误差的原则,从输出层经各隐含层,最后回到输出层逐层修正各连接权,计算新的连接权及阈值,然后反复训练直到网络输出误差达到要求结束训练。

由于这种修正过程是从输出到输入逐层进行的，所以称它为"误差逆传播算法"。随着这种误差传播训练的不断进行，网络对输入模式响应的正确率也将不断提高。

BP 神经网络可以实现多维单位立方体 $\mathbf{R}^m$ 到 $\mathbf{R}^n$ 的映射，既能够逼近任何有理函数，这也是设计 BP 神经网络分类器的基本原则。输入层的 $m$ 个元素对应着每个分类数据样本的 $m$ 个特征值，输出层的 $n$ 个元素对应着若干分类结果，比如可以考虑使用 $n$ 个元素分别对应 $n$ 个分类，也可以考虑使用 $n$ 个元素的 0/1 取值对应 $2^n$ 个分类。在设计 BP 神经网络分类器时，应从以下几方面进行考虑。

**1. 网络的层数**

增加网络层数可以进一步降低分类误差、提高精度，但同时也会使网络复杂化，从而增加网络权值的训练时间。

**2. 隐含层的神经元数**

网络训练精度的提高，除了可以通过增加网络层数来调整，也可以通过增加隐含层的神经元数来获得。这在结构的实现上比增加网络层数要简单得多，同时其训练结果也比增加网络层数更容易观察和调整，因此一般情况下优先考虑增加隐含层中的神经元数。在具体设计时，比较实际的做法是隐含层的神经元数取输入层的两倍，然后适当的增加一些余量。

**3. 初始权值**

由于系统是非线性的，初始值的选取对于学习是否达到局部最小，是否能够收敛，以及训练时间的长短有很大关系。初始值过大、过小都会影响学习速度，因此权值的初始应选为均匀分布的小数经验值，一般初始权值在 $(-1, 1)$ 之间的随机数，也可选在 $[-2.4/n, 2.4/n]$ 之间的随机数，其中 $n$ 为输入特征个数。为避免每一步权值的调整方向是同向的，应将初始值设为随机数。

**4. 学习速率**

学习速率决定每次循环训练中所产生的权值变化量。高的学习速率可能导致系统的不稳定，但低的学习速率导致较长的训练时间，可能收敛很慢，不过能保证网络的误差值跳出误差表面的低谷而最终趋于最小误差值。在一般状况下倾向于选取较小的学习速率以保证系统的稳定性。在实际设计中，常通过几个不同学习速率的训练后误差平方下降率来判断合适的学习速率。对于比较复杂的网络，在误差曲面不同部位可能需要不同的学习速率。

**5. 期望误差**

在网络的训练过程中，期望误差值也应当通过对比训练后确定一个合适的值。所谓"合适"，是相对于所需要的隐含层的结点数来确定的，因为较小的期望误差要靠增加隐含层的结点及训练时间来获得。

### 3.3.3 径向基函数神经网络（RBF）

BP 神经网络用于函数逼近时，权值的调节采用的是负梯度下降法，这种调节权值的方法具有局限性。本节主要介绍逼近能力、分类能力和学习速度等方面都优于 BP 神经网络的另一种网络——径向基函数（radial basis function，RBF）神经网络。

RBF 神经网络具有单隐含层的三层前向网络，除了输入层和输出层之外仅有一个隐含层，隐含层中的转换函数是局部响应的高斯函数，而其他前向型网络，转换函数一般都是全局响应函数。由于这样的不同，要实现同样的功能，RBF 神经网络需要更多的神经元,这也是 RBF 神经网络不能取代标准前向型神经网络的原因。但是 RBF 神经网络的训练时间更短。它对函数的逼近是最优的,目前已经证明这种神经网络能够以任意精度逼近任意连续函数,且隐含层中的神经元越多,逼近越精确。RBF 神经网络主要用于解决非线性可分问题,用隐含层单元先将非线性可分的输入空间设法变换到线性可分的特征空间(通常是高维空间),然后用输出层来进行线性划分,完成分类功能。

用 RBF 作为隐含层单元的"基"构成隐含层空间,这样就可以将输入矢量直接(即不通过权连接)映射到隐含层空间。当 RBF 的中心点确定后,这种映射关系也就确定了。而隐含层空间到输出空间的映射是线性的,即网络的输出是隐含层单元输出的线性加权和,此处权值即为网络可调参数。以上便是构成 RBF 神经网络的基本思想。从整体上看,网络由输入到输出的映射是非线性的,而网络输出对可调参数而言又是线性的;这样网络的权就可由线性方程组直接解出或用 RLS 方法递推计算,从而大大加快学习速度并避免局部极小问题。典型的 RBF 神经网络拓扑结构如图 3-11 所示。

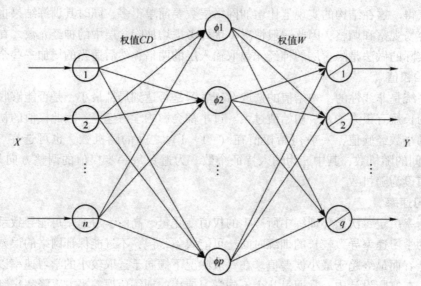

图 3-11 典型的 RBF 神经网络拓扑结构

图 3-11 为一个输入层有 $n$ 个神经元、隐含层有 $p$ 个神经元、输出层有 $q$ 个神经元的 RBF 神经网络。输入层由信号源结点构成,仅起到数据信息的传递作用,对输入信息不进行任何变换。第二层为隐含层,结点数视需要而定。隐含层神经元的核函数对输入信息进行空间映射变换。第三层为输出层,它对输入模式作出响应。输出层作用函数为线性函数,对隐含层神经元输出的信息进行线性加权后输出,作为整个神经网络的输出结果。输入向量为 $\boldsymbol{X}=[x_1,x_2,\cdots,x_n]^{\mathrm{T}}$;输入层与隐含层间的权值包括隐含层各神经元的中心参数 $\boldsymbol{C}_j=[c_{j1},c_{j2},\cdots,c_{jn}]^{\mathrm{T}}(j=1,2,\cdots,p)$ 和初始化宽度向量 $\boldsymbol{D}_j=[d_{j1},d_{j2},\cdots,d_{jn}]^{\mathrm{T}}(j=1,2,\cdots,p)$,其中,中心参数 $\boldsymbol{C}_j$ 使得不同的输入信息特征能被不同的隐含层神经元最大程度反映出来,而宽度向量 $\boldsymbol{D}_j$ 影响着神经元对输入信息的作用范围;隐含层与输出层之间的连接权值为 $\boldsymbol{W}_k=[w_{k1},w_{k2},\cdots,w_{kp}]^{\mathrm{T}}(k=1,2,\cdots,q)$;输出向量为 $\boldsymbol{Y}=[y_1,y_2,\cdots,y_q]^{\mathrm{T}}$。

隐含层径向基神经元模型如图 3-12 所示。

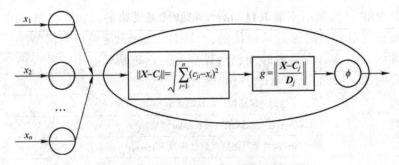

图 3-12 隐含层径向基神经元模型结构

由图 3-12 可知，径向基网络传递函数是以输入向量与阈值向量之间的距离 $\|X-C_j\|$ 作为自变量的，其中 $\|X-C_j\|$ 是通过输入向量和加权矩阵 $C$ 的行向量的乘积得到的。径向基神经网络传递函数可以取多种形式，最常用的有以下三种：

（1）Gaussian 函数

$$\phi_i(t) = e^{-\frac{t^2}{\delta_i^2}} \tag{3-19}$$

（2）Reflected sigmoidal 函数

$$\phi_i(t) = \frac{1}{1+e^{\frac{t^2}{\delta_i^2}}} \tag{3-20}$$

（3）逆 Multiquadric 函数

$$\phi_i(t) = \frac{1}{(t^2+\delta_i^2)^\alpha} \quad (\alpha>0) \tag{3-21}$$

三种传递函数中，最常用的还是 Gaussian 函数。当输入向量加到网络输入端时，径向基每个神经元都会输出一个值，代表输入向量与神经元权值向量之间的接近程度。如果输入向量与权值向量相差很多，则径向基输出接近于 0，经过第二层的线性神经元，输出也接近于 0；如果输入向量与权值向量很接近，则径向基层的输出接近于 1，经过第二层的线性神经元，输出值就靠近第二层权值。在这个过程中，如果只有一个径向基神经元的输出为 1，而其他神经元输出均为 0 或者接近 0，那么线性神经元的输出就相当于输出为 1 的神经元相对应的第二层权值的值。一般情况下，不止一个径向基神经元的输出为 1，所以输出值也就会有所不同。

## 3.3.4 神经网络分类器在智能运输信息处理中的 MATLAB 应用实例

**1. BP 神经网络分类器的应用**

使用 MATLAB 实现 BP 神经网络分类器的步骤大概如下。
（1）初始化输入、输出矩阵 P、T，用于存放训练样本特征和分类结果；
（2）调用 newff 构建 BP 神经网络，设置参数调整方式。newff 定义语句为

bpnet=newff(PR, [S1 S2 … SN], {TF1 TF2 … TFN}, BTF, BLF, PF)

各参数含义参见表 3-11。

表 3-11 newff 函数的参数说明

| 参 数 | 参 数 说 明 |
|---|---|
| PR | $R×2$ 的矩阵用来定义输入向量的最小值和最大值 |
| Si | 第 $i$ 层神经元个数 |
| TFi | 第 $i$ 层的传递函数（默认函数为 tansig 函数） |
| BTF | 训练函数（默认函数为 trainlm 函数） |
| BLF | 权值/阈值学习函数（默认函数为 learngdm 函数） |
| PF | 性能函数（默认函数为 mse 函数） |

（3）使用 train 函数训练 BP 神经网络：bpnet = train(bpnet, P, T)。其中 bpnet 为已经构建好的 BP 神经网络，P 为训练样本，T 为训练样本所属类别。

（4）输入测试数据样本，调用 sim 函数使用训练好的 BP 神经网络进行分类。

下面介绍一个使用 BP 神经网络分类器识别交通标志的案例。

交通标志识别在车辆视觉导航系统中是一个热门研究课题。为了安全驾驶和高效运输，交通部门在公路道路上设置了各类重要的交通标志，以提醒司机和行人有关道路交通信息，如指示标志、警告标志、禁止标志等。交通标志具有特殊的形状、色彩、符号和尺寸，以区别于环境。交通标志识别需要处理的信息量大，而且由于存在大量干扰因素，如光照条件不同，道路情况复杂等，待识别的图像往往存在噪声干扰。因此，要求交通标志识别方法要有足够的快速性、稳定性。

神经网络具有强大的学习分类以及大规模并行计算能力，被广泛地应用于图像处理、模式识别等领域。人工神经网络由许多具有非线性映像能力的神经元组成，神经元之间通过权系数相连接，其信息分布式存储于连接权系数中，使网络具有很强的容错性和鲁棒性，有效地解决了模式识别中的噪声干扰和输入模式部分损失问题。BP 神经网络是神经网络的一种，在模式识别中应用相当广泛。

应用 BP 神经网络识别交通标志分为以下三个步骤。

**第 1 步** 将图像信息转化成数据信息。

图 3-13 是 11 幅指示标志图像。这些图像是 256 色灰度图像，以 BMP 文件的形式保存。通过数字化处理，求出图像的像素灰度值，得到像素值矩阵（32×32）。由于网络的传输函数采用 S 型函数，其范围限制在 0~1 内，实际上达不到 1，因此可将像素值转化为 0~0.9 之间，然后将归一化处理后的矩阵分别存入数据文件。像素矩阵为 32×32，因此每个待识别的目标交通指示标志输入向量为 $x=[x_1,x_2,\cdots,x_{1024}]$ 作为 BP 网络的输入模式。

图 3-13 交通指示标志图像

**第2步** BP 神经网络分类器训练。

将输入模式作为学习集与期望输出一起送入 BP 网络学习，将信息分布存储于连接权系数中。确定 BP 网络参数。

(1) 输入层结点：1024 个。

(2) 输出层结点：共有 11 类标志，因此输出层结点为 11 个，输出模式为
$$y_j = \begin{cases} 1, x \in j \text{ 类} \\ 0, x \notin j \text{ 类} \end{cases}$$

(3) 隐含层结点：参照经验公式 $n_1 = \sqrt{m+n} + a$ 来确定隐含层的结点数目，其中 $n_1, m, n$ 分别为 BP 神经网络隐含层、输入层、输出层的结点数目，$a$ 为 1~10 间的整数，本例中隐含层结点为 40 个。

(4) 学习速率：BP 网络中影响收敛速度的关键因素之一是学习速率 $\alpha$。学习速率大容易使网络产生振荡，学习速率小收敛速度慢、误差大。所以可以采用变步长法对 $\alpha$ 自适应调整：$\alpha = 0.25 + 0.9^{\frac{c}{10}}$，其中 $c$ 为学习次数。

在 MATLAB 中使用以下语句训练 BP 神经网络分类器，如图 3-14 所示，调试各参数直到误差小于预先给定的误差限直至训练完毕。

```
bpnet=newff(PR,[1024,40,11],{'tansig','tansig','purelin'},'traingd');   %初始化神经网络
net.trainParam.epochs=1000;                                              %设置学习次数
net.trainParam.lr=0.25;                                                  %设置学习速率
net.trainParam.goal=0.0000004;                                           %设置收敛误差
bpnet =train(bpnet,X,Y);                                                 %训练神经网络
```

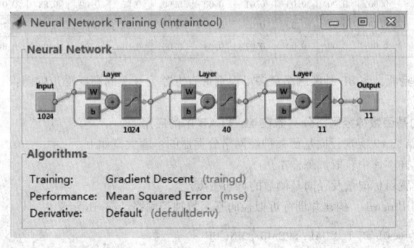

图 3-14 在 MATLAB 中建立并训练 BP 神经网络

**第3步** 测试。

将输入模式加上均值为 0，方差为 0.1 的高斯噪声作为测试集再送入网络测试，得到识别结果，如图 3-15 所示。由于处理的对象是像素值矩阵，此处应用了 MATLAB 语言图像处理工具箱为图像加入噪声。

图 3-15 加入方差为 0.1 的高斯噪声后的交通指示标志图像

将加入噪声后的交通标志图像送入训练好的 BP 神经网络,得到以下输出结果,如表 3-12 所示。

表 3-12 BP 神经网络分类器识别交通标志结果

| 输入\输出 | 1 | 2 | 3 | 4 | 5 | 6 | 7 | 8 | 9 | 10 | 11 |
|---|---|---|---|---|---|---|---|---|---|---|---|
| 1 | **0.83** | 0.00 | 0.00 | 0.00 | 0.03 | 0.02 | 0.01 | 0.00 | 0.00 | 0.01 | 0.01 |
| 2 | 0.01 | **0.80** | 0.00 | 0.00 | 0.03 | 0.00 | 0.00 | 0.00 | 0.01 | 0.05 | 0.15 |
| 3 | 0.02 | 0.00 | **0.81** | 0.04 | 0.02 | 0.00 | 0.09 | 0.00 | 0.01 | 0.00 | 0.00 |
| 4 | 0.00 | 0.00 | 0.03 | **0.70** | 0.00 | 0.00 | 0.07 | 0.02 | 0.02 | 0.02 | 0.01 |
| 5 | 0.01 | 0.01 | 0.01 | 0.01 | **0.93** | 0.00 | 0.00 | 0.00 | 0.03 | 0.00 | 0.00 |
| 6 | 0.04 | 0.00 | 0.03 | 0.05 | 0.11 | **0.82** | 0.02 | 0.01 | 0.02 | 0.00 | 0.00 |
| 7 | 0.00 | 0.00 | 0.00 | 0.00 | 0.00 | 0.00 | **0.78** | 0.00 | 0.04 | 0.00 | 0.00 |
| 8 | 0.00 | 0.00 | 0.01 | 0.00 | 0.00 | 0.00 | 0.00 | **0.76** | 0.03 | 0.01 | 0.01 |
| 9 | 0.00 | 0.00 | 0.03 | 0.00 | 0.00 | 0.00 | 0.00 | 0.00 | **0.88** | 0.00 | 0.00 |
| 10 | 0.00 | 0.02 | 0.03 | 0.03 | 0.00 | 0.00 | 0.02 | 0.00 | 0.01 | **0.78** | 0.02 |
| 11 | 0.01 | 0.00 | 0.00 | 0.00 | 0.02 | 0.03 | 0.06 | 0.01 | 0.00 | 0.01 | **0.73** |

经实验验证,该 BP 神经网络最多可识别带有方差为 0.3 的高斯噪声的图像,识别效果良好。

**2. 径向基函数神经网络分类器在 MATLAB 中的应用**

使用 MATLAB 实现径向基函数神经网络分类器的步骤大概如下。

(1) 从样本库中获取训练样本。
(2) 设置目标向量及径向基函数的分布密度。
(3) 调用 newrb,构建并训练近似径向基函数神经网络。newrb 定义为

　　net = newrb(P, T, GOAL, SPEARD, MN, DF)

各参数含义参见表 3-13。

表 3-13 newrbe 函数的参数说明

| 参　数 | 参　数　说　明 |
|---|---|
| P | $Q$ 组输入向量组成的 $R×Q$ 矩阵 |
| T | $Q$ 组输出向量组成的 $S×Q$ 矩阵 |

续表

| 参　　数 | 参 数 说 明 |
| --- | --- |
| GOAL | 均方误差目标（默认值为0） |
| SPREAD | 径向基函数的扩展速度（默认值为1） |
| MN | 神经元的最大数目 |
| DF | 两次显示之间所添加的神经元数目 |

用 newrb 创建的 RBF 神经网络是一个不断尝试的过程，与严格的 RBF 神经网络 net=newrbe(P，T，SPEARD) 不同，newrb 在创建中不断地增加中间层数目和神经元数目，直到满足输出误差为止，如图 3-16 所示。

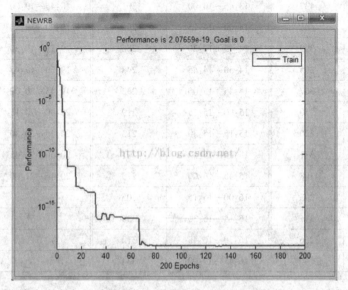

图 3-16　newrb 在创建中误差变化曲线

（4）输入测试数据样本，调用 sim 函数，使用训练好的 RBF 神经网络进行分类。

下面介绍一个使用 RBF 神经网络进行交通流预测的案例。

交通系统是一个复杂的非线性、不确定动态模型，难以用精确的数学模型来表达，它受多种因素如道路、驾驶员行为等多方面的影响，呈现出交通流模式的多态性。从目前来看，要保证驾驶员在道路上安全畅通行驶，对车流量的预测是必不可少的。道路交通流预测对于道路交通部门来说具有重要的决策意义。但由于道路交通受多种因素作用而呈现出较大的复杂性与较强的随机性，对其预测时往往因为考虑不全面而造成较大的偏差。常见的预测方法有基于统计方法的预测、灰度预测、人工神经网络预测等。目前，采用人工神经网络进行道路交通流的预测，是一种较理想的预测方法，下面采用径向基函数神经网络对交通流进行预测。

**第1步**　数据准备。

数据采用一天中 7:00—21:00 统计的车流量如表 3-14 所示，每 15 min 记录一次，共采集了 14×4=56 个数据，记为 $X'=(x'_1,x'_2,\cdots,x'_{56})$，为了避免训练过程中计算的溢出以及加快学习训练过程的收敛速度，对样本进行归一化处理，得到归一化后的实验数据 $X=(x_1,x_2,\cdots,x_{56})$。

表 3-14  车流量统计表

| 时间 | 车流量/PCU | 时间 | 车流量/PCU | 时间 | 车流量/PCU |
|---|---|---|---|---|---|
| 7:00—7:15 | 299 | 12:00—12:15 | 235 | 17:00—17:15 | 392 |
| 7:15—7:30 | 372 | 12:15—12:30 | 296 | 17:15—17:30 | 405 |
| 7:30—7:45 | 354 | 12:30—12:45 | 248 | 17:30—17:45 | 421 |
| 7:45—8:00 | 350 | 12:45—13:00 | 306 | 17:45—18:00 | 440 |
| 8:00—8:15 | 397 | 13:00—13:15 | 274 | 18:00—18:15 | 462 |
| 8:15—8:30 | 429 | 13:15—13:30 | 281 | 18:15—18:30 | 480 |
| 8:30—8:45 | 460 | 13:30—13:45 | 256 | 18:30—18:45 | 468 |
| 8:45—9:00 | 437 | 13:45—14:00 | 301 | 18:45—19:00 | 459 |
| 9:00—9:15 | 405 | 14:00—14:15 | 292 | 19:00—19:15 | 405 |
| 9:15—9:30 | 399 | 14:15—14:30 | 256 | 19:15—19:30 | 266 |
| 9:30—9:45 | 395 | 14:30—14:45 | 248 | 19:30—19:45 | 178 |
| 9:45—10:00 | 367 | 14:45—15:00 | 233 | 19:45—20:00 | 250 |
| 10:00—10:15 | 350 | 15:00—15:15 | 219 | 20:00—20:15 | 230 |
| 10:15—10:30 | 320 | 15:15—15:30 | 212 | 20:15—20:30 | 240 |
| 10:30—10:45 | 311 | 15:30—15:45 | 201 | 20:30—20:45 | 216 |
| 10:45—11:00 | 308 | 15:45—16:00 | 275 | 20:45—21:00 | 199 |
| 11:00—11:15 | 295 | 16:00—16:15 | 305 | | |
| 11:15—11:30 | 311 | 16:15—16:30 | 336 | | |
| 11:30—11:45 | 256 | 16:30—16:45 | 312 | | |
| 11:45—12:00 | 240 | 16:45—17:00 | 334 | | |

将 56 个数据中前 48 个数据 $(x_1, x_2, \cdots, x_{48})$ 作为训练样本,后 8 个数据 $(x_{49}, x_{50}, \cdots, x_{56})$ 作为客流预测的检测样本。进行神经网络训练时,首先以 $(x_1, x_2, \cdots, x_8, x_9)$ 为第一组训练数据,其中 $(x_1, x_2, \cdots, x_8)$ 为输入样本,$x_9$ 为输出样本。然后以 $(x_2, x_3, \cdots, x_9, x_{10})$ 为第二组训练数据,其中 $(x_2, x_3, \cdots, x_9)$ 为输入样本,$x_{10}$ 为输出样本。以此类推将前 48 个数据分为 40 组对神经网络进行训练。

**第 2 步** 参数确定与神经网络训练。

(1) 隐含层神经元个数的确定。

从一个神经元开始训练,通过检查输出误差使网络在训练过程中自动增加神经元,再次循环使用,使网络产生最大误差所对应的输入矢量产生一个隐含层结点,然后检查新网络的误差,重复此过程,直到达到误差要求或最大隐含层神经元数为止。

由此可见,径向基函数神经网络具有结构自适应确定、输出与初始权值无关的特点。网络误差平方和取为 0.001,使用 MATLAB 对采集的数据进行离线仿真,得到训练在 39 步时达到收敛。因此,隐含层神经元选取 39 个。

(2) 核函数选取:选择最为常用的高斯型核函数。

MATLAB 代码如下:

```
err_goal = 0.001;                              %设定均方误差目标
spread = 3;                                    %设定径向基函数的扩展速度
mn = 200;                                      %设定神经元的最大数目
df = 1;                                        %设定两次显示之间所添加的神经元数目
net = newrb(p, t, err_goal, spread, mn, df);   %训练神经网络
```

**第3步** 进行交通流预测。

使用 sim 函数调用训练好的神经网络：

```
forcecast = sim(net, p);
err = (t- forcecast)/t;
figure;
plot(t, '-+');
hold on;
plot(forcecast, 'r: * ');
legend('实际值', '预测值');
title('使用 RBF 神经网络预测交通流');
xlabel('输入样本点');
ylabel('交通流/辆');
```

预测结果如图 3-17 所示。其中，每一时间段为 15 min。期望值 t = [ 405 266 178 250 230 240 216 199]，预测值 forcecast = [ 395 280 191 242 245 261 201 204 ]，最大预测绝对值误差为 8.9%，在要求的误差范围内。

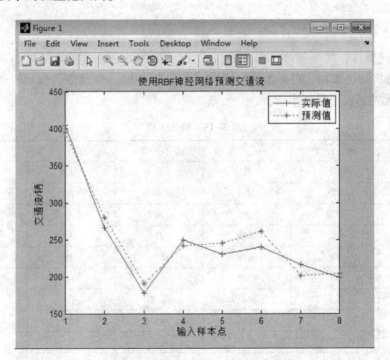

图 3-17　使用 RBF 神经网络预测交通流结果示意图

## 小结

本章中主要介绍和讨论基于分类器的数据分类方法,具体来说就是根据数据集的特点构造分类器,从而能够把未知类别的样本映射到若干给定类别中。本章重点介绍了决策树分类器、SVM 分类器、人工神经网络分类器三种典型分类器。

决策树分类器具有良好的可解释性、分类速度快、分类性能优越等优点。

SVM 分类器是一种二类分类模型,是力求特征空间上的间隔最大化的线性分类器,将各种非线性分类问题转化为高维空间中一个凸二次规划问题的求解。SVM 分类器在统计样本量较少的情况下,亦能达到获得良好统计规律的目的。

人工神经网络分类器是非常典型的非线性分类器,其中 BP 神经网络分类器是最为典型、结构最为简单的神经网络分类器,也是目前应用最广泛的前馈神经网络模型之一;RBF 神经网络在逼近能力、分类能力和学习速度等方面都优于 BP 神经网络,主要是用隐含层单元先将非线性可分的输入空间设法变换到线性可分的特征空间(通常是高维空间),然后用输出层来进行线性划分,完成分类功能。

分类器是进行数据分类和离散数据预测的常用方法,在智能运输信息处理中应用广泛,在实际应用中使用分类器进行数据分类和进一步预测,最重要的是选择合适的分类器并设置合适的参数以训练出优秀的分类器,取得良好的分类效果。同时也可以大胆尝试对既有方法进行改进以获得更好的分类准确性和预测效果。

## 习题 3

3.1 天气条件、气温条件、湿度条件、风力条件和是否出行的结果如表 3-15 所示。使用 ID3 算法构造决策树,对影响出行条件进行分类整理,并预测天气-雨、气温-热、湿度-高、风-无的情况下是否出行。

表 3-15 题 3.1 表

| 序 号 | 天 气 | 气 温 | 湿 度 | 风 | 出 行 |
|---|---|---|---|---|---|
| 1 | 晴 | 热 | 高 | 无 | 否 |
| 2 | 晴 | 热 | 高 | 有 | 否 |
| 3 | 多云 | 热 | 高 | 无 | 是 |
| 4 | 雨 | 温暖 | 高 | 无 | 是 |
| 5 | 雨 | 凉爽 | 正常 | 无 | 是 |
| 6 | 雨 | 凉爽 | 正常 | 有 | 否 |
| 7 | 多云 | 凉爽 | 正常 | 有 | 是 |
| 8 | 晴 | 温暖 | 高 | 无 | 否 |
| 9 | 晴 | 凉爽 | 正常 | 无 | 是 |
| 10 | 雨 | 温暖 | 正常 | 无 | 是 |
| 11 | 晴 | 温暖 | 正常 | 有 | 是 |

| 序号 | 天气 | 气温 | 湿度 | 风 | 出行 |
|---|---|---|---|---|---|
| 12 | 多云 | 温暖 | 高 | 有 | 是 |
| 13 | 多云 | 热 | 正常 | 无 | 是 |
| 14 | 雨 | 温暖 | 高 | 有 | 否 |

3.2 题 3.1 中的问题是否可以用 C4.5 算法来解决？决策树会得到改进吗？预测结果是否有不同？

3.3 简答题

（1）在 SVM 分类器训练好后，可以抛弃非支持向量的样本点，对新样本进行分类吗？为什么？

（2）SVM 分类器对噪声（如来自其他分布的噪声样本）具有鲁棒性吗？为什么？

（3）现有一个点能被正确分类且远离决策边。如果将该点加入到训练集，为什么 SVM 分类器的决策边界不受影响，而已经学习好的 logistic 回归会受到影响？

3.4 试构造一个能解决异或问题的单层 RBF 神经网络。

3.5* 根据表 3-16 中的事故数据，试编程实现标准 BP 算法和累积 BP 算法，在以下数据集基础上分别用这两个算法训练一个单隐含层网络，并进行比较。有兴趣的同学可以查看更多以此数据集为基础展开的算法应用。

表 3-16 题 3.5 表

| 编号 | 路口路段类型 | 发生时间 | 日期 | 天气 | 交通方式 | 驾驶员性别 | 事故类型 |
|---|---|---|---|---|---|---|---|
| 1 | 普通路段 | 白天 | 工作日 | 雪 | 小汽车 | 男 | 一般 |
| 2 | 分叉口 | 夜间 | 工作日 | 晴 | 小汽车 | 男 | 一般 |
| 3 | 分叉口 | 白天 | 双休日 | 晴 | 步行 | 女 | 一般 |
| 4 | 普通路段 | 白天 | 双休日 | 雨 | 电动自行车 | 男 | 严重 |
| 5 | 进出口 | 白天 | 工作日 | 晴 | 步行 | 女 | 一般 |
| 6 | 普通路段 | 夜间 | 工作日 | 晴 | 小汽车 | 男 | 严重 |
| 7 | 分叉口 | 夜间 | 工作日 | 晴 | 小汽车 | 男 | 一般 |
| 8 | 分叉口 | 白天 | 工作日 | 晴 | 小汽车 | 女 | 一般 |
| 9 | 进出口 | 白天 | 双休日 | 雨 | 小汽车 | 男 | 一般 |
| 10 | 普通路段 | 白天 | 工作日 | 雪 | 步行 | 男 | 严重 |
| 11 | 普通路段 | 夜间 | 工作日 | 晴 | 电动自行车 | 男 | 一般 |
| 12 | 进出口 | 白天 | 双休日 | 晴 | 小汽车 | 男 | 一般 |
| 13 | 普通路段 | 夜间 | 工作日 | 雨 | 小汽车 | 男 | 严重 |
| 14 | 进出口 | 白天 | 双休日 | 雨 | 电动自行车 | 男 | 一般 |
| 15 | 分叉口 | 白天 | 工作日 | 雪 | 小汽车 | 女 | 严重 |
| 16 | 普通路段 | 夜间 | 双休日 | 晴 | 电动自行车 | 男 | 一般 |
| 17 | 普通路段 | 白天 | 工作日 | 晴 | 小汽车 | 女 | 一般 |

# 第 4 章　智能运输信息预测技术

## 4.1　概述

分类和预测是两种数据分析形式,可以用于提取描述重要数据类的模型或预测未来的数据趋势。数据挖掘中的预测是相对于分类来说的,分类可以用来预测数据对象的类标签。然而,在某些应用中,人们可能希望预测某些遗漏的或未知的数据值而不是类标签,当被预测的值是数值数据时通常称之为预测。

在掌握现有信息的基础上,根据客观事物过去和现在的发展规律,借助于科学的方法对其未来的发展趋势和状况进行描述和分析,并形成科学的假设和判断,这便是预测。人们对未来进行预测是为了探索预测对象发展的客观规律,揭示其发展方向和趋势,分析其发展的途径和条件,为研究制订最佳方案提供依据。

**1. 数据预测的意义**

伴随着信息的广泛化、经济的全球化,人们开始有意识地加强对风险的管理。而怎样规避风险,将损失控制在可接受的范围呢?这就要求人们能够给出正确的决策。进一步来讲,就是要做好预测。因为预测是决策的前提条件,做好预测才能为管理决策提供科学依据,才能为制订方案、编制计划及检查方案和计划的执行提供科学依据,才能更好地帮助人们规避风险。

科学的预测能使决策者了解未来,把对未来的不确定性通过定时、定性、定量的分析降到最低,为决策提供科学依据。以长途客运行业为例,影响长途客运运输量大小的因素很多,包括运价、旅客满意度、班线情况及站点的布局情况等。通过对这些因素的分析,可以对长途旅客流量作出预测,但由于部分影响因素是定性的,不便于进行定量化分析,在实际预测中存在一定的困难,预测的结果也未必会很好,同时各影响因素之间往往存在多重共线性,在一定程度上也会使客流量的预测产生误差。但随着长途客运信息平台的使用,每天都可以从平台上得到大量的实际客流量数据,通过对这些数据进行分析,运用合理的统计方法,找出其发展规律,就可以对客流量进行较为准确的预测。

客流量预测对于客运行业的资源整合具有非常重要的意义:从宏观层面上看,客流量预测是长途客运系统合理规划的基础,只有在对客流的流量、流向进行合理预测与分析的基础上,才能合理规划未来长途客运系统的设施设备,合理安排运量,合理确定系统各阶段的发展目标,从而使整个长途客运系统与社会经济发展、生产力布局相适应,确保国民经济的正常发展;从微观层面看来,通过对各项客流预测结果的分析,可以合理确定研究线路近期、中期、远期在路网中的功能和作用,为新线建设、旧线改造和相关客运场站技术设备修建与改造提供客观的依据;此外,客流量预测还是编制长途客运计划的基础,准确的客流量预测有助于合理地调配运力,对于运输资源的合理配置有着重要的现实意义。

**2. 数据预测的步骤**

数据预测的步骤主要分为以下六个阶段：①确定预测目标；②数据收集与预处理；③预测方法选择与评价；④预测模型建立；⑤利用预测模型作预测计算；⑥结果分析及检验评价。其流程图如图4-1所示。

**3. 数据预测的方法**

由于预测的对象、时间、范围、性质等不同，预测方法可以形成不同的分类，但可根据方法本身的性质特点，将预测方法大致分为以下几类。

（1）定性预测法：根据人们对系统过去和现在的经验、判断和直觉进行预测，其中以人的逻辑判断为主，仅要求提供系统发展的方向、状态、形式等定性结果。

（2）时间序列分析预测法：也称历史引申预测法，是一种以时间序列所能反映的事物发展过程和规律性进行引申外推，预测其发展趋势的方法。

（3）回归分析预测法：是一种建立统计观测值之间的数学关系的方法，通过自变量的变化来解释因变量的变化，从而由自变量的取值预测因变量的可能值。

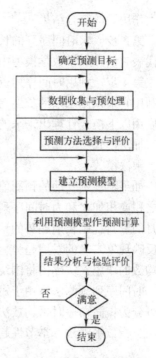

图 4-1　数据预测流程图

（4）灰色预测法：是一种对含有不确定因素的系统进行预测的方法，它利用连续的灰色微分模型，对系统的发展变化进行全面的观察分析，并作出长期预测。

（5）马尔科夫预测法：应用随机过程中的马尔科夫链的理论和方法来研究随机事件的变化规律，并借此分析预测未来变化趋势的一种方法。

本章节将重点介绍三种常见的定量分析预测法，分别为时间序列预测法、回归分析预测法及灰色预测法，并介绍这三种方法在智能运输信息处理中的 MATLAB 应用实例。

## 4.2　时间序列预测法

时间序列，也叫时间数列、历史复数或动态数列。它是指将某种统计指标的数值，按发生时间先后顺序排列所形成的数列。时间序列预测法就是通过编制和分析时间序列，根据时间序列所反映出来的发展过程、方向和趋势，进行类推或延伸，借以预测下一段时间或未来若干年内可能达到的水平。根据系统对象随时间变化的历史资料，只考虑系统变量随时间的变化规律，对系统未来的表现时间进行定量的预测。

### 4.2.1　基本步骤

时间序列预测法的步骤如下。

**第1步**　收集历史资料，加以整理，编成时间序列，并根据时间序列绘成统计图。时间序列分析通常是把各种可能发生作用的因素进行分类，传统的分类方法是按各种因素的特点或影响效果分为四大类：①长期趋势；②季节变动；③循环变动；④不规则变动。

**第2步**　分析时间序列。时间序列中的每一时期的数值都是由许许多多不同的因素同时发生作用后的综合结果。

**第3步** 求时间序列的长期趋势、季节变动和不规则变动的值，并选定近似的数学模型来代表它们。对于数学模型中的诸多未知参数，使用合适的技术方法求出其值。

**第4步** 利用时间序列资料求出长期趋势、季节变动和不规则变动的数学模型后，就可以利用它来预测未来的长期趋势值 $T$ 和季节变动值 $S$，在可能的情况下预测不规则变动值 $I$。然后用以下模式计算出未来的时间序列的预测值 $Y$：

加法模式          $T+S+I=Y$

乘法模式          $T\times S\times I=Y$

如果不规则变动的预测值难以求得，可以只求长期趋势和季节变动的预测值，以两者相乘之积或相加之和为时间序列的预测值。如果事物现象本身没有季节变动或不需要预测分季分月的资料，则长期趋势的预测值就是时间序列的预测值，即 $T=Y$。但要注意这个预测值只反映现象未来的发展趋势，即使很准确的趋势线在按时间顺序观察时，本质上也只是一个平均数的作用，实际值将围绕着它上下波动。

时间序列预测法可用于短期预测、中期预测和长期预测。根据对资料分析方法的不同，又可分为：简单序时平均数法、加权序时平均数法、移动平均法、加权移动平均法、趋势预测法、指数平滑法、季节性趋势预测法、市场寿命周期预测法等。

### 4.2.2 基本特征

不论是经济领域中年产值、国民收入、某一商品在某一市场上的销量、价格变动等，或是社会领域中某一地区的人口数、医院患者人数、铁路客流量等，还是自然领域的太阳黑子数、月降水量、河流流量等，都形成了一个时间序列。根据这些时间序列，较精确地找出相应系统的内在统计特性和发展规律性，从中提取出人类所需要的准确信息的方法就是时间序列分析。它是一种根据动态数据揭示系统动态结构和规律的统计方法。其基本思想是根据系统有限长度的运行记录（观察数据），建立能够比较精确地反映时间序列中所包含的动态依存关系的数学模型，并借以对系统的未来行为进行预测。

时间序列预测法有以下基本特征。

（1）时间序列预测法是根据过去的变化趋势预测未来的发展，它的前提是假定事物的过去延续到未来。

时间序列预测，正是根据客观事物发展的连续规律性，运用过去的历史数据，通过统计分析，进一步推测未来的发展趋势。事物的过去会延续到未来这个假设前提包含两层含义：一是不会发生突然的跳跃变化，以相对小的步伐前进；二是过去和当前的现象可能表明现在和将来活动的发展变化趋向。这就决定了在一般情况下，时间序列预测法对于短、近期预测比较显著，但如延伸到更远的将来，就会出现很大的局限性，导致预测值偏离实际较大而使决策失误。

（2）时间序列数据变动存在规律性与不规律性

时间序列中的每个观察值大小，是影响变化的各种不同因素在同一时刻发生作用的综合结果。从影响因素发生作用大小和方向变化的时间特性来看，这些因素造成的时间序列数据的变动分为四种类型。

① 趋势性：某个变量随着时间进展或自变量变化，呈现一种比较缓慢而长期的持续上

升、下降、停留的同性质变动趋向，但变动幅度可能不相等。

② 周期性：某因素由于外部影响随着自然季节的交替出现高峰与低谷的规律。

③ 随机性：个别为随机变动，整体呈统计规律。

④ 综合性：实际变化情况是几种变动的叠加或组合。预测时设法过滤除去不规则变动，突出反映趋势性和周期性变动。

### 4.2.3 时间序列预测模型

时间序列分析不仅可以从数量上揭示某一现象的发展变化规律，也可以从动态的角度刻画某一现象与其他现象之间的内在数量关系及其变化规律性，从而达到认识客观世界的目的。其基本思想是根据系统有限长度的运行记录（观测数据），建立能够比较精确地反映时间序列中所包含的动态依存关系的数学模型。时间序列建模基本步骤如下。

（1）用观测、调查、统计、抽样等方法取得被观测系统时间序列动态数据。

（2）根据动态数据作相关图，进行相关分析，求自相关函数。

（3）辨识合适的随机模型，进行曲线拟合，即用通用随机模型去拟合时间序列的观测数据。

对于短的或简单的时间序列，可用趋势模型和季节模型加上误差来进行拟合。对于平稳时间序列，可用通用自回归滑动平均模型（ARMA 模型）及其特殊情况的自回归模型、滑动平均模型或组合 ARMA 模型等来进行拟合。当观测值多于 50 个时，一般都采用 ARMA 模型。

本章节将主要介绍四种常见的时间序列模型，即自回归（AR）模型、滑动平均（MA）模型、自回归滑动平均（ARMA）模型和自回归综合滑动平均（ARIMA）模型，以及其在智能运输信息处理中的 MATLAB 应用实例。

时间序列传统上是采用 AR 模型、MA 模型和 ARMA 模型来建模的，参数估计一般采用最小二乘估计。

**1. AR 模型**

时间序列 $\{y(t)\}$ 的 AR 模型的数学表达式为

$$A(B)y(t)=e(t) \tag{4-1}$$

式中：

$$A(B)=1-a_1B-a_2B^2-\cdots-a_pB^p \tag{4-2}$$

式中：$p$ 是 AR 模型的阶数；$e(t)$ 是零均值的白噪声；$B$ 是后移算子，即满足表达式

$$B^n y(t)=y(t-n),\quad n=1,2,\cdots \tag{4-3}$$

则式（4-1）还可以写成

$$y(t)=a_1y(t-1)+a_2y(t-2)+\cdots+a_py(t-p)+e(t) \tag{4-4}$$

**2. MA 模型**

MA 模型的数学表达式为

$$y(t)=C(B)e(t) \tag{4-5}$$

式中：

$$C(B)=1-c_1B-c_2B^2-\cdots-c_qB^q \tag{4-6}$$

式中：$q$ 是 MA 模型的阶数；$e(t)$ 是零均值的白噪声；$B$ 是后移算子。则式（4-5）还可写成

$$y(t)=e(t)-c_1e(t-1)-c_2e(t-2)-\cdots-c_qe(t-q) \qquad (4-7)$$

**3. ARMA 模型**

ARMA 模型的数学表达式为

$$A(B)y(t)=C(B)e(t) \qquad (4-8)$$

式中：$A(B)$ 同式（4-2）；$C(B)$ 同式（4-6）。则式（4-8）还可写成

$$y(t)=a_1y(t-1)+a_2y(t-2)+\cdots+a_py(t-p)+e(t)-c_1e(t-1)-c_2e(t-2)-\cdots-c_qe(t-q) \qquad (4-9)$$

**4. ARIMA 模型**

ARIMA 模型是一个重要的预测工具，是时间序列分析中许多基本思想的基础，它的含义是：如果对原序列经过 $d$ 次差分后得到的新序列的模型为 $ARMA(p,q)$ 模型，则原序列的模型即是 $ARIMA(p,d,q)$ 模型。它的数学表达式为

$$A(B)\nabla^d y(t)=C(B)e(t) \qquad (4-10)$$

式中：$A(B)$ 同式（4-2）；$C(B)$ 同式（4-6）；$\nabla^d=(1-B)^d$ 是 $d$ 阶差分。

$d=1$，进行一次差分处理，即令 $z_1(t)=\nabla y(t)=y(t)-y(t-1)$；$d=2$，进行两次差分处理，$z_2(t)=\nabla^2 y(t)=\nabla z_1(t)=z_1(t)-z_1(t-1)$，依此类推。

这类方法一般称为经典方法，对数据的分析包括：建模、模型识别、模型参数估计。这种模型是确定性的，演化的规律由初始条件决定。模型设计可能是一个迭代、重复的过程，也可能是一个长期过程，常常需要推导、实现和选型，最后才能得到与实际相匹配的模型。

由这类方法所得到的模型的优点是易于理解分析和实施，但缺点是它必须基于两个假设才能成立，也就是线性和静态性，而实际系统具有很强的非线性特点，同时进行参数估计时必须依赖大量的不间断的时间序列，而实际情况中，经常由于各种各样的原因造成数据遗漏，导致模型精度降低，这便限制了 ARIMA 模型的应用范围。

### 4.2.4 模型检验

$ARMA(p,q)$ 模型的建立是一个反复适应的过程，从模型识别和参数估计开始，在进行了参数估计以后，通过假设检验来检查模型的适应性。一般地，与回归分析类似，关于模型的诊断检验有两类：一类是模型的显著性检验，另一类是参数的显著性检验。

$\{\varepsilon_t\}$ 应该满足 $E(\varepsilon_t)=0,V(\varepsilon_t)=\sigma^2$。对于任何已经经过模型识别和参数估计得到的模型，$\hat{\varepsilon}_t$ 是未观测的白噪声 $\varepsilon_t$ 的估计，所以模型的显著性检验就是基于残差序列 $\{\hat{\varepsilon}_t\}$ 的分析得到的。如果残差序列 $\{\hat{\varepsilon}_t\}$ 是白噪声序列，则这样的模型就是有效模型；反之，残差序列 $\{\hat{\varepsilon}_t\}$ 不是白噪声序列，说明这样的模型还不够有效，通常需要选择其他模型，重新拟合。

$ARMA(p,q)$ 模型的残差为 $\hat{\varepsilon}_t=\hat{\Theta}(B)^{-1}\hat{\Phi}(B)X_t$，其中 $\hat{\Phi}(B)=1-\hat{\phi}_1B-\cdots-\hat{\phi}_pB^p$，$\hat{\Theta}(B)=1-\hat{\theta}_1B-\cdots-\hat{\theta}_qB^q$。

样本残差的自相关系数为

$$\hat{\rho}_k = \frac{\sum_{t=k+1}^{T} \hat{\varepsilon}_t \hat{\varepsilon}_{t-k}}{\sum_{t=1}^{T} \hat{\varepsilon}_t^2} \qquad (4-11)$$

构造检验统计量 $Q = T\sum_{k=1}^{m} \hat{\rho}_k^2$，则检验 $\{\hat{\varepsilon}_t\}$ 是否为白噪声样本值的问题可转化为检验统计量 $Q$ 取值的问题。

利用 LB（Ljung-Box）检验统计量 $\mathrm{LB} = T(T+2)\sum_{k=1}^{m}\frac{\hat{\rho}_k^2}{T-k}$，可以证明，$\mathrm{LB} = T(T+2)\sum_{k=1}^{m}\frac{\hat{\rho}_k^2}{T-k} \sim \chi^2(m)$，$m \geq 1$。

因此，对于上述检验统计量，当 LB 的值较大时，拒绝原假设，说明模型拟合不显著。当 LB 的值较小时，说明模型拟合显著有效，检验的临界值可以通过相应的 $\chi^2$ 分布获得。

参数的显著性检验就是检验模型的每一个未知参数是否显著为零，其检验的目的就是使得模型更为精简。如果模型中某个参数不显著，则说明该参数所对应的那个变量的影响不明显，应该将此变量从拟合模型中删除，最终得到的模型将是由一系列非零变量组成的。

考虑假设检验问题

$$H_0: \beta_j = 0 \leftrightarrow H_1: \beta_j \neq 0, \quad 1 < j < m$$

由于极大似然估计 $\hat{\beta}$ 为参数 $\beta$ 的渐近无偏估计，并且具有渐近正态性。因此，记 $\sigma^2 v_{jj}$ 表示 $V(\beta)$ 的第 $j \times j$ 项元素，则 $\hat{\beta}_j$ 渐近分布为 $N(\beta_j, T^{-1}\sigma^2 v_{jj})$。

一般地，可用 $\hat{v}_{jj}$ 代替 $v_{jj}$，$\sigma^2$ 使用残差平方和最小估计

$$\hat{\sigma}^2 = \frac{Q(\hat{\beta})}{T-m} \sim \chi^2(T-m) \qquad (4-12)$$

检验统计量为

$$t = \sqrt{T-m}\,\frac{\hat{\beta}_j - \beta_j}{\sqrt{v_{jj}Q(\hat{\beta})}} \sim t(T-m) \qquad (4-13)$$

取检验水平 $\alpha$，由此可以得到检验的拒绝域为 $\{|t| \geq t_{1-\alpha/2}(T-m)\}$。

模型定阶的 AIC 准则又称 Akaike 信息准则，$\mathrm{ARMA}(p,q)$ 序列 AIC 准则为：选 $p$，$q$，使得 $\mathrm{AIC} = n\ln\hat{\sigma}_\varepsilon^2 + 2(p+q+1)$ 为最小，其中 $n$ 是样本容量，与 $p$ 和 $q$ 有关。若当 AIC 达到最小值时，则认为序列是 $\mathrm{ARMA}(\hat{p},\hat{q})$。

在实际中遇到的时间序列往往有三个特性：趋势性、季节性与非平稳性。本节主要采用 Box-Jenkins 方法，即差分方法，此外，还需要用时间序列的变换方法，消除其趋势性、季节性，使得变换后的序列是平稳序列，并假设为 ARMA 序列再研究。

### 4.2.5 时间序列预测在智能运输信息处理中的 MATLAB 应用实例

MATLAB 中 GARCH 工具箱可以实现时间序列建模的功能。在工具箱中可以通过命令 garchset 指定模型的结构，garchset 的语法为

Spec = garchset('属性1', 属性1的值, '属性2', 属性2的值, …)

常需指定如下属性：

R，M 表示 ARMA(R,M) 模型的阶次；

C 表示模型中的常数；

AR 表示自回归中的 R 个系数向量；

MA 表示滑动平均中的 M 个系数向量；

Regress 表示回归系数 $\beta k$。

在工具箱中可以通过命令 garchfit 对模型中的参数进行估计，garchfit 的语法为

[Coeff, Errors, LLF, Innovations, Sigmas] = garchfit(Spec, Series)

其中，输入参数 Spec 指定模型的结构，Series 为时间序列的样本观测值。输出参数 Coeff 是模型的参数估计值，Errors 是模型参数的标准差，LLF 是最大似然估计法中的对数目标函数值，Innovations 是残差向量，Sigmas 是对应于 Innovations 的标准差。

下面，通过实例说明如何实现时间序列 ARIMA 模型的建模与预测。

**例 4-1** 测得某地区 7 年的快递量数据如表 4-1 所示。试预测第 8 年全年的快递量。

表 4-1 快递量数据　　　　　　　　　　　　　　　（单位：万件）

| | 1月 | 2月 | 3月 | 4月 | 5月 | 6月 | 7月 | 8月 | 9月 | 10月 | 11月 | 12月 |
|---|---|---|---|---|---|---|---|---|---|---|---|---|
| 第1年 | 9.40 | 8.81 | 8.65 | 10.01 | 11.07 | 11.54 | 12.73 | 12.43 | 11.64 | 11.39 | 11.1 | 10.85 |
| 第2年 | 10.71 | 10.24 | 8.48 | 9.88 | 10.31 | 10.53 | 9.55 | 6.51 | 7.75 | 7.8 | 5.96 | 5.21 |
| 第3年 | 6.39 | 6.38 | 6.51 | 7.14 | 7.26 | 8.49 | 9.39 | 9.71 | 9.65 | 9.26 | 8.84 | 8.29 |
| 第4年 | 7.21 | 6.93 | 7.21 | 7.82 | 8.57 | 9.59 | 8.77 | 8.61 | 8.94 | 8.4 | 8.35 | 7.95 |
| 第5年 | 7.66 | 7.68 | 7.85 | 8.53 | 9.38 | 10.09 | 10.59 | 10.83 | 10.49 | 9.21 | 8.66 | 8.39 |
| 第6年 | 8.27 | 8.14 | 8.71 | 10.43 | 11.47 | 11.73 | 11.61 | 11.93 | 11.55 | 11.35 | 11.11 | 10.49 |
| 第7年 | 10.16 | 9.96 | 10.47 | 11.7 | 10.1 | 10.37 | 12.47 | 11.91 | 10.83 | 10.64 | 10.29 | 10.34 |

**解**：(1) 首先进行时间序列模型定阶。因为数据有下降趋势，又有 12 个月的时间差异性，故对数据作下列差分运算

$$Q_t = \nabla\nabla_{12} X_t$$

对 $Q_t$ 进行稀密系数 ARMA 模型拟合。选取 $p$ 和 $q$ 的各种阶数形式进行试算，用 AIC 准则寻求最优模型。求得当 $p=1$，$q=13$ 时模型最优。

计算的 MATLAB 程序如下：

```
clc, clear
load quantity.txt;        %把原始数据按照表中的格式存放在纯文本文件 quantity.txt
quantity = quantity'; x = quantity(:)';
s = 12;                   %周期为 12
n = 12;                   %预报数据的个数
m1 = length(x);           %原始数据的个数
for i = s+1:m1
    y(i-s) = x(i) - x(i-s);
end
```

```
m2 = length(y);           %周期差分后数据的个数
w = diff(y);              %消除趋势性的差分运算
m3 = length(w);           %计算最终差分后数据的个数
for i = 0:3
    for j = 0:s+1
        spec = garchset('R', i, 'M', j, 'Display', 'off');   %指定模型的结构
        [coeffX, errorsX, LLFX] = garchfit(spec, w);          %拟合参数
        num = garchcount(coeffX);                             %计算拟合参数的个数
        %compute Akaike and Bayesian Information Criteria
        [aic, bic] = aicbic(LLFX, num, m3);
        fprintf('R=%d, M=%d, AIC=%f, BIC=%f\n', i, j, aic, bic);   %显示计算结果
    end
end
save bdata x y w n m1 m2 s
```

(2) 建立模型并进行预测。

计算的 MATLAB 程序如下：

```
clc, clear
load bdata
spec2 = garchset('R', 1, 'M', 13, 'Display', 'off');        %指定模型的结构
[coeffX, errorsX, LLFX] = garchfit(spec2, w);               %拟合参数
[sigmaForecast, w_Forecast] = garchpred(coeffX, w, n);      %求 w 的预测值
yhat = y(m2) + cumsum(w_Forecast)                           %求 y 的预测值
for j = 1:n
    x(m1+j) = yhat(j) + x(m1+j-s);
end
x_hat = x(m1+1:end)                                          %复原到原始数据的预测值
```

运行结果为：

```
x_hat =
  10.2296    9.6743   10.5426   11.8618   11.6335   12.2853   13.1986   13.0097   12.5864
  11.9859   11.4426   11.0651
```

第 8 年全年预测值如表 4-2 所示。

表 4-2　第 8 年全年快递量预测值　　　　　　　　（单位：万件）

| 步　数 | 1 | 2 | 3 | 4 | 5 | 6 |
|---|---|---|---|---|---|---|
| 预报值 | 10.2296 | 9.6743 | 10.5426 | 11.8618 | 11.6335 | 12.2853 |
| 步　数 | 7 | 8 | 9 | 10 | 11 | 12 |
| 预报值 | 13.1986 | 13.0097 | 12.5864 | 11.9859 | 11.4426 | 11.0651 |

## 4.3　回归分析预测法

回归分析预测法，是在分析市场现象自变量和因变量之间相关关系的基础上，建立变量

之间的回归方程，并将回归方程作为预测模型，根据自变量在预测期的数量变化来预测因变量。因此，回归分析预测法是一种重要的数据预测方法，当在对某一现象未来发展状况和水平进行预测时，如果能将影响预测对象的主要因素找到，并且能够取得其相关数据，就可以采用回归分析预测法进行预测。它是一种具体的、行之有效的、实用价值很高的常用数据预测方法。

### 4.3.1 基本步骤和应注意的问题

由若干变量的观察值来确定这些变量之间的依赖关系，从而由相关变量的未来值和变量间的依赖关系来对某个变量进行预测，这便是因果关系预测法。回归分析（regression analysis）是因果关系预测法的一个主要类别，也是统计学上分析数据的方法，主要用来探讨数据之间是否有一种特定关系。

**1. 基本步骤**

回归分析预测法的步骤如下。

（1）根据预测目标，确定自变量和因变量。

明确预测的具体目标，也就确定了因变量。如预测具体目标是下一年度的客运量，那么客运量就是因变量。通过市场调查和查阅资料，寻找与预测目标的相关影响因素，即自变量，并从中选出主要的影响因素。

（2）建立回归分析预测模型。

依据自变量和因变量的历史统计资料进行计算，在此基础上建立回归分析方程，即回归分析预测模型。

（3）进行相关分析。

回归分析是对具有因果关系的影响因素（自变量）和预测对象（因变量）所进行的数理统计分析处理。只有当自变量与因变量确实存在某种关系时，建立的回归方程才有意义。因此，作为自变量的因素与作为因变量的预测对象是否有关，相关程度如何，以及判断这种相关程度的把握性多大，就成为进行回归分析必须要解决的问题。进行相关分析，一般要求出相关系数，以相关系数的大小来判断自变量和因变量的相关程度。

（4）检验回归分析预测模型，计算预测误差。

回归分析预测模型是否可用于实际预测，取决于对回归分析预测模型的检验和对预测误差的计算。回归方程只有通过各种检验，且预测误差较小，才能将回归方程作为预测模型进行预测。

（5）计算并确定预测值。

利用回归分析预测模型计算预测值，并对预测值进行综合分析，确定最后的预测值。

**2. 应注意的问题**

应用回归分析预测法时应先确定变量之间是否存在相关关系。如果变量之间不存在相关关系，对这些变量应用回归分析预测法就会得出错误的结果。因此，正确应用回归分析预测法时应注意：

（1）用定性分析判断现象之间的依存关系；

（2）避免回归分析预测的任意外推；

（3）采用合适的数据资料。

回归分析预测法有多种类型。依据相关关系中自变量的个数不同分类，可分为一元回归分析预测法和多元回归分析预测法。在一元回归分析预测法中，自变量只有一个，而在多元回归分析预测法中，自变量有两个或两个以上。依据自变量和因变量之间的相关关系不同，可分为线性回归分析预测和非线性回归分析预测。

### 4.3.2 线性回归分析预测模型

线性回归分析预测法是指一个或一个以上自变量和因变量之间具有线性关系（一个自变量时为一元线性回归，一个以上自变量时为多元线性回归），根据自变量的变动结合线性回归分析预测模型来预测因变量平均发展趋势的方法。

**1. 一元线性回归分析预测模型**

当问题只涉及两个统计变量，即只有一个自变量和一个因变量的问题，且两个变量之间存在线性相关关系，对于这样的回归分析称为一元线性回归。

一元线性回归方程：

$$y = a + bx + \varepsilon \tag{4-14}$$

式中：$a$ 为常数项（截距、位移项），可大于、小于或等于零；$b$ 为回归系数（斜率），可大于或小于零，但不能等于零；$\varepsilon$ 是随机误差项，又称随机干扰项，$\varepsilon \sim N(0, \sigma^2)$。

由于模型不可能包含所有变量，而且确定模型的数学形式会带来误差，样本数据也会有测量误差，所以要引入随机误差项 $\varepsilon$ 来表示因变量 $y$ 与自变量 $x$ 的不确定性关系。

1）建模条件

如果满足以下条件，则可建立一元线性回归模型。

(1) 只研究两个变量 $x, y$ 之间的关系；
(2) $x, y$ 之间存在相关或因果关系；
(3) $x, y$ 之间关系的散点图近似为一条直线；
(4) 建模的目的是为得到 $x$ 对 $y$ 的边际值，从而进行结构分析或预测。

2）建模步骤

(1) 获取自变量和因变量的观察值；
(2) 绘制观测值 $x, y$ 散点图（自变量为 $x$ 轴，因变量为 $y$ 轴）；
(3) 初步判断自变量与因变量间的函数关系，写出带未知参数的回归方程；
(4) 用均方差最小原则，确定回归方程中参数的值，从而得到回归方程；
(5) 判断回归方程的拟合优度；
(6) 用所得到的回归方程和给定的自变量值计算因变量的预测值，或者反过来，对于因变量的目标值，利用回归方程求自变量的值。

3）显著性检验

把实际值记为 $\hat{y}$，观测值记为 $y$，观测值的平均值记为 $\bar{y}$，则观测值与其平均值的偏差平方和为 $\sum(y - \bar{y})^2$，称为总离差平方和，记为 SST。可分解为

$$SST = \sum(y - \bar{y})^2 = \sum(\hat{y} - \bar{y})^2 + \sum(y - \hat{y})^2 \tag{4-15}$$

式中：$\sum(\hat{y} - \bar{y})^2$ 称作回归平方和，记作 SSR；$\sum(y - \hat{y})^2$ 称作残差平方和，记作 SSE。

总离差平方和：$SST = \sum(y - \bar{y})^2$，反映因变量的每个观测值与其均值的总离差。

回归平方和：$SSR = \sum(\hat{y} - \bar{y})^2$，反映自变量的变化对因变量取值变化的影响。

残差平方和：$SSE = \sum(y - \hat{y})^2$，反映除自变量以外的其他因素对取值的影响，也称为不可解释的平方和或剩余平方和。

回归方程的显著性检验，就是检验自变量和因变量之间的线性关系是否显著。主要有以下三种方法。

（1）F 检验法（总体显著性检验）。

将 SSR 与 SSE 进行比较，应用检验法来分析二者之间的差别是否显著。如果是显著的，则两个变量之间存在线性关系；如果不显著，则两个变量之间不存在线性关系。检验步骤如下。

① 提出假设。

$H_0$：自变量与因变量的线性关系不显著。

$H_1$：两者线性关系显著。

② 计算检验统计量 $F$：

$$F = \frac{SSR/1}{SSE/(n-2)} \sim F(1, n-2) \tag{4-16}$$

③ 确定显著水平 $\alpha$，并根据分子自由度 1 和分母自由度 $n-2$ 找出临界值 $F_\alpha$。

④ 作出决策：若 $F \geq F_\alpha$，拒绝 $H_0$；若 $F < F_\alpha$，接受 $H_0$。

（2）相关系数检验法（回归系数的显著性检验）。

① 计算相关系数 $r$：

$$r = \pm\sqrt{\frac{SSR}{SST}} \tag{4-17}$$

② 根据回归模型的自由度 $n-2$ 和显著性水平 $\alpha$ 的值，得出临界值 $r_{\alpha(n-2)}$。

③ 判别：若 $|r| \geq r_{\alpha(n-2)}$，则表明两变量之间线性相关关系显著。反之，如果 $|r| < r_{\alpha(n-2)}$，则表明两变量之间线性相关关系不显著。

（3）t 检验法（回归系数的显著性检验）。

对回归系数的显著性检验就是检验 $x$ 与 $y$ 之间是否具有线性关系，或者说，检验自变量 $x$ 对因变量 $y$ 的影响是否显著。

① 提出假设。

$H_0$：$\beta_1 = 0$（自变量与因变量的线性关系不显著）。

$H_1$：$\beta_1 \neq 0$（两者线性关系显著）。

② 计算检验统计量 $F$：

$$t = \frac{r\sqrt{n-2}}{\sqrt{1-r^2}} \tag{4-18}$$

③ 自由度为 $n-2$，确定显著水平 $\alpha$，并进行决策：若 $|t| \geq t_{\alpha/2}(n-2)$，拒绝 $H_0$；若 $|t| < t_{\alpha/2}(n-2)$，接受 $H_0$。

**2. 多元线性回归分析预测模型**

事物现象的变化往往受到多个因素的影响，一般要进行多元回归分析，包括两个或两个以上自变量的回归称为多元回归。

设随机变量 $y$ 与 $x_1, x_2, \cdots, x_p$ 一般变量的线性回归模型为

$$y = \beta_0 + \beta_1 x_1 + \beta_2 x_2 + \cdots + \beta_p x_p + \varepsilon \tag{4-19}$$

式中：$\beta_0, \beta_1, \cdots, \beta_p$ 是 $p+1$ 个未知参数，$\beta_0$ 称为回归常数，$\beta_1, \cdots, \beta_p$ 称为回归系数；$y$ 为因变量，而 $x_1, x_2, \cdots, x_p$ 是 $p$ 个可以精确测量并可控制的一般变量，称为自变量；$\varepsilon$ 是随机误差，对随机误差项假定

$$\begin{cases} V(\varepsilon_i) = \sigma^2 \quad i, j = 1, 2, \cdots, n \\ E(\varepsilon_i) = 0 \\ \mathrm{cov}(\varepsilon_i, \varepsilon_j) = \begin{cases} \sigma^2, & i = j \\ 0, & i \neq j \end{cases} \end{cases} \tag{4-20}$$

对于一个实际问题，如果获得 $n$ 组观测数据 $(x_{i1}, x_{i2}, \cdots, x_{ip}; y_i)$，$i = 1, 2, \cdots, n$，则线性回归模型可表示为

$$\begin{cases} y_1 = \beta_0 + \beta_1 x_{11} + \beta_2 x_{12} + \cdots + \beta_p x_{1p} + \varepsilon_1 \\ y_2 = \beta_0 + \beta_1 x_{21} + \beta_2 x_{22} + \cdots + \beta_p x_{2p} + \varepsilon_2 \\ \vdots \\ y_n = \beta_0 + \beta_1 x_{n1} + \beta_2 x_{n2} + \cdots + \beta_p x_{np} + \varepsilon_p \end{cases} \tag{4-21}$$

写成矩阵形式为

$$y = XB + \varepsilon \tag{4-22}$$

其中：

$$y = \begin{bmatrix} y_1 \\ y_2 \\ \vdots \\ y_n \end{bmatrix}, \quad X = \begin{bmatrix} 1 & x_{11} & x_{12} & \cdots & x_{1p} \\ 1 & x_{21} & x_{22} & \cdots & x_{2p} \\ \vdots & \vdots & \vdots & & \vdots \\ 1 & x_{n1} & x_{n2} & \cdots & x_{np} \end{bmatrix}, \quad B = \begin{bmatrix} \beta_0 \\ \beta_1 \\ \vdots \\ \beta_p \end{bmatrix}, \quad \varepsilon = \begin{bmatrix} \varepsilon_0 \\ \varepsilon_1 \\ \vdots \\ \varepsilon_p \end{bmatrix} \tag{4-23}$$

1) 回归系数估计

采用最小二乘估计，设观测值与模型估计值的残差为 $E$，则 $E = Y - \hat{Y}$，其中 $\hat{Y} = XB$。根据最小平方法要求应有 $E^\mathrm{T} E = (Y - \hat{Y})^\mathrm{T}(Y - \hat{Y})$ 为最小值，即 $E^\mathrm{T} E = (Y - XB)^\mathrm{T}(Y - XB)$ 为最小值。

由极值原理，根据矩阵求导法则，对 $B$ 求导，并令其等于零，则得

$$\frac{\partial E^\mathrm{T} E}{\partial B} = \frac{\partial (Y - XB)^\mathrm{T}(Y - XB)}{\partial B} = -2(Y^\mathrm{T} X) + 2(X^\mathrm{T} X) B = 0 \tag{4-24}$$

整理得回归系数向量 $B$ 的估计值

$$\hat{B} = (X^\mathrm{T} X)^{-1} X^\mathrm{T} Y \tag{4-25}$$

2) 复相关系数检验

检验线性关系密切程度的指标称为相关系数，在多元回归模型中，由于自变量在两个或两个以上，所以称为复相关系数。样本复相关系数的计算公式为

$$R = \sqrt{1 - \frac{\sum (y_i - \hat{y}_i)^2}{\sum (y_i - \bar{y}_i)^2}} = \sqrt{\frac{\sum (\hat{y}_i - \bar{y}_i)^2}{\sum (y_i - \bar{y}_i)^2}} \tag{4-26}$$

3) 拟合优度检验

拟合优度用于检验回归方程对样本观测值的拟合程度。定义复可决系数为 $R^2$，其中 $0 \leq R^2 \leq 1$。

$$R^2 = 1 - \frac{\sum(y_i - \hat{y}_i)^2}{\sum(y_i - \bar{y}_i)^2} = \frac{\sum(\hat{y}_i - \bar{y}_i)^2}{\sum(y_i - \bar{y}_i)^2} \tag{4-27}$$

复可决系数 $R^2$ 是检验多元线性回归分析预测模型拟合优度的度量指标，越接近 1，表示拟合得越好；反之，则拟合得较差。

4) 回归方程的显著性检验——F 检验

原假设：

$$H_0 = \beta_1 = \beta_2 = \cdots = \beta_p = 0$$

如果 $H_0$ 被接受，则表明随机变量 $y$ 与 $x_1, x_2, \cdots, x_p$ 之间的关系由线性回归分析预测模型表示不合适。F 检验步骤如下。

(1) 计算检验统计量 $F$：

$$F = \frac{U/p}{Q/(n-p-1)}, \quad U = \sum(\hat{y}_i - \bar{y})^2, \quad Q = \sum(y_i - \hat{y}_i)^2 \tag{4-28}$$

(2) 确定显著水平 $\alpha$，得临界值 $F_\alpha(p, n-p-1)$。

(3) 作出决策：若 $F \geq F_\alpha$，则拒绝 $H_0$；若 $F < F_\alpha$，接受 $H_0$，即回归方程不显著。

5) 回归方程的显著性检验——t 检验

检验假设：

$$H_0: \beta_j = 0, \quad j = 1, 2, \cdots, p$$

如果接受原假设 $H_0$，则 $x_j$ 不显著；如果拒绝原假设 $H_0$，则 $x_j$ 是显著的。t 检验步骤如下。

(1) 计算估计标准差：

$$S_y = \sqrt{\frac{\sum(y_i - \hat{y}_i)^2}{n-p-1}} \tag{4-29}$$

(2) 计算样本标准差：

$$S_{\hat{\beta}_j} = \sqrt{c_{jj}} \cdot S_y \tag{4-30}$$

式中：$c_{jj}$ 为矩阵 $(X^T X)^{-1}$ 对角线上第 $j$ 个元素。

(3) 计算 $t$ 统计量：

$$t_j = \frac{\hat{\beta}_j}{S_{\hat{\beta}_j}}, \quad j = 1, 2, \cdots, p \tag{4-31}$$

(4) 确定显著水平 $\alpha$，得临界值 $t_{\alpha/2}(n-p)$。

(5) 作出决策：若 $|t_j| \geq t_{\alpha/2}(n-p)$，则拒绝 $H_0$，回归系数与零有显著差异。

6) 自相关检验——DW 检验

DW 检验就是误差序列的自相关检验，根据 DW 统计量检验模型是否存在自相关，其步骤如下。

(1) 利用最小平方方法求回归模型及残差 $e_i$。

(2) 计算 DW 统计量：

$$DW = \frac{\sum_{i=1}^{n}(e_i - e_{i-1})^2}{\sum_{i=1}^{n} e_i^2} \tag{4-32}$$

在大样本情况下，即 $n>30$，也可将上式写成

$$DW = 2\left(1 - \frac{\sum_{i=2}^{n} e_i e_{i-1}}{\sum_{i=2}^{n} e_i^2}\right) \approx 2(1 - R_1) \tag{4-33}$$

式中：$R_1$ 是 $\varepsilon_i$ 与 $\varepsilon_{i-1}$ 的相关系数 $\rho_1$ 的估计量。当 $\varepsilon_i$ 与 $\varepsilon_{i-1}$ 正自相关时，$R_1 \to 1$，DW $\to 0$；当 $\varepsilon_i$ 与 $\varepsilon_{i-1}$ 负相关时，$R_1 \to -1$，DW $\to 4$；若不存在自相关或相关程度很小时，$R_1 \to 0$，DW $\to 2$。由此可以看出 DW 值在 0~4 之间。

(3) 提出假设。$H_0: \rho_1 = 0$，即假定回归分析预测模型不存在自相关。

(4) 根据给定的检验水平及自变量个数 $p$，从 DW 检验表中查得相应临界值 $d_L$，$d_U$。

(5) 作出决策：

当 DW 小于或等于 2 时：若 DW$<d_L$，认为 $\varepsilon_i$ 存在自相关；若 DW$>d_U$，认为 $\varepsilon_i$ 无自相关；若 $d_U<$DW$<d_L$，则不能确定 $\varepsilon_i$ 是否存有自相关。

当 DW 大于 2 时：若 $4-d_L<$DW$<4$，认为 $\varepsilon_i$ 存在负自相关；若 $4-d_U>$DW，认为 $\varepsilon_i$ 无自相关；若 $d_L<4-$DW$<d_U$，则不能确定 $\varepsilon_i$ 是否存有自相关。

7) 多重共线性检验

多重共线性是指在多元线性回归方程中，自变量之间有较强的线性关系，这种关系若超过了因变量与自变量的线性关系，则回归模型的稳定性会受到破坏，从而回归系数估计不准确。需要指出的是，在多元线性回归分析预测模型中多重共线性是难以避免的。多重共线性检验步骤如下。

(1) 计算任何两个自变量间的相关系数：

$$r_{x_i x_j} = \frac{\sum(x_i - \bar{x}_i)(x_j - \bar{x}_j)}{\sqrt{\sum(x_i - \bar{x}_i)^2}\sqrt{\sum(x_j - \bar{x}_j)^2}} \tag{4-34}$$

(2) 对自变量作中心标准化，则 $X^T X = (r_{ij})$ 为自变量的相关阵，记为 $C = (c_{ij}) = (X^T X)^{-1}$，称其主对角线元素 $VIF_j = c_{jj}$ 为自变量的方差扩大因子 VIF。

经验表明，当 $VIF_j \geq 10$ 时，就说明自变量与其余自变量间有严重的多重共线性，且可能会过度地影响最小二乘估计值。

### 4.3.3 非线性回归分析预测模型

在实际问题中，因变量与自变量之间不是简单地可以用一条直线来拟合的依赖关系，而是表现出一种非线性关系。对这种类型现象的分析预测一般要应用非线性回归分析预测法。

非线性回归分析预测法就是指自变量与因变量之间的关系不是线性的，而是某种非线性

关系时，通过一条曲线来拟合因变量对于自变量的依赖关系的回归分析预测法。根据问题的性质，拟合曲线可以是指数曲线、对数曲线等多种曲线。具体采用何种曲线主要由两个方面决定：①自变量与因变量之间本身就存在某种内在的函数依赖关系；②根据由自变量和因变量观测值作出的散点图，看出它们之间的依赖关系。

选择合适的曲线类型不是一件轻而易举的工作，主要依靠专业知识和经验。常用的曲线类型有幂函数、指数函数、抛物线函数、对数函数和 S 型函数。非线性回归分析预测法的回归模型常见的有以下几种：双曲线模型、二次曲线模型、对数模型、三角函数模型、指数模型、幂函数模型、罗吉斯曲线模型、修正指数增长模型等。

**1. 一元非线性回归分析预测**

回归分析法是解决一元线性问题的，因此在回归分析前需要将一元非线性问题转换为一元线性问题，然后才可通过回归分析求解问题。也就是说，对于曲线回归建模的非线性目标函数 $y=f(x)$，通过某种数学变换 $\begin{cases} v=v(y) \\ u=u(x) \end{cases}$ 使之"线性化"，化为一元线性函数 $v=a+bu$ 的形式，继而利用线性最小二乘估计的方法估计参数 $a$ 和 $b$，用一元线性回归方程 $\hat{v}=\hat{a}+\hat{b}u$ 来描述 $v$ 与 $u$ 间的统计规律性，然后再用逆变换 $\begin{cases} y=v^{-1}(v) \\ x=u^{-1}(u) \end{cases}$ 还原为目标函数形式的非线性回归方程。

下面给出常用的非线性函数及其线性化的方法。

1) 倒幂函数：$y=a+b\dfrac{1}{x}$

倒幂函数图像如图 4-2 所示。

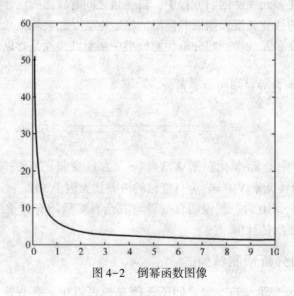

图 4-2 倒幂函数图像

线性化方法：令 $v=y$，$u=\dfrac{1}{x}$，则 $v=a+bu$。

2）双曲线函数：$\dfrac{1}{y}=a+b\dfrac{1}{x}$

双曲线函数图像如图 4-3 所示。

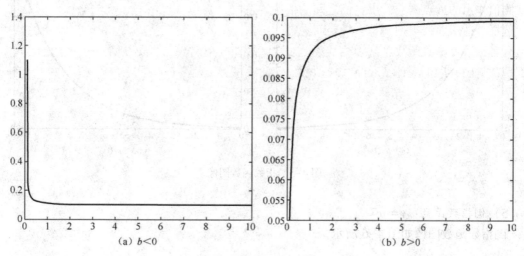

图 4-3 双曲线函数图像

线性化方法：令 $v=\dfrac{1}{y}$，$u=\dfrac{1}{x}$，则 $v=a+bu$。

3）幂函数：$y=ax^b$

幂函数图像如图 4-4 所示。

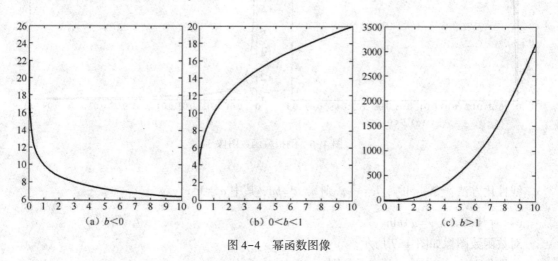

图 4-4 幂函数图像

线性化方法：令 $v=\ln y$，$u=\ln x$，则 $v=a'+bu$，其中 $a'=\ln a$。

4）指数函数：$y=ae^{bx}$

指数函数图像如图 4-5 所示。

线性化方法：令 $v=\ln y$，$u=x$，则 $v=a'+bu$，其中 $a'=\ln a$。

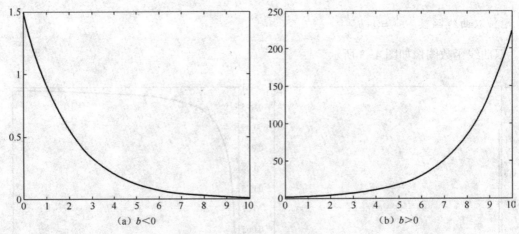

图 4-5 指数函数图像

5) 倒指数函数：$y = ae^{\frac{b}{x}}$

倒指数函数图像如图 4-6 所示。

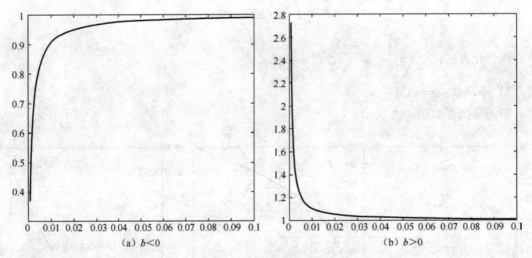

图 4-6 倒指数函数图像

线性化方法：令 $v = \ln y$，$u = \dfrac{1}{x}$，则 $v = a' + bu$，其中 $a' = \ln a$。

6) 对数函数：$y = a + b\ln x$

对数函数图像如图 4-7 所示。

线性化方法：令 $v = y$，$u = \ln x$，则 $v = a + bu$。

7) 对数函数：$y = \dfrac{1}{a + be^{-x}}$

对数函数图像如图 4-8 所示。

线性化方法：令 $v = \dfrac{1}{y}$，$u = e^{-x}$，则 $v = a + bu$。

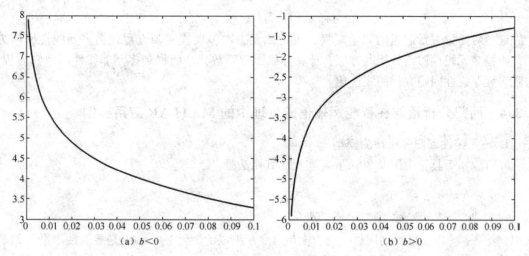

图 4-7 对数函数图像 1

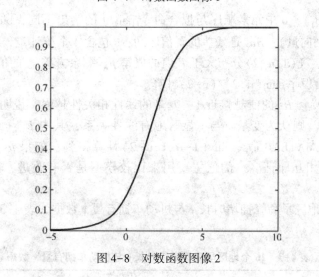

图 4-8 对数函数图像 2

依照上述方法思路可将一元非线性回归方程线性化为一元线性方程，再按照 4.3.2 节方法进行参数估计、建模以及模型校验等。

**2. 多元非线性回归分析预测**

多元非线性回归分析是指包含两个以上变量的非线性回归分析预测模型。对多元非线性回归分析预测模型求解的传统做法，仍然是想办法把它转化成标准的线性形式的多元回归分析预测模型来处理。有些非线性回归分析预测模型，经过适当的数学变换，便能得到它的线性化的表达形式，但对另外一些非线性回归分析预测模型，仅仅做变量变换根本无济于事。

如果自变量 $x_1, x_2, \cdots, x_m$ 与因变量 $y$ 皆具有非线性关系，或者有的为非线性，有的为线性，则选用多元非线性回归方程是恰当的。以二元二次多项式回归方程为例：

$$\hat{y} = a + b_{11}x_1 + b_{21}x_2 + b_{12}x_1^2 + b_{22}x_2^2 + b_{11\times22}x_1x_2$$

令 $b_1 = b_{11}, b_2 = b_{21}, b_3 = b_{12}, b_4 = b_{22}, b_5 = b_{11\times22}$ 及 $x_3 = x_1^2, x_4 = x_2^2, x_5 = x_1x_2$。于是上式化为五元一次线性回归方程：

$$\hat{y}=a+b_1x_1+b_2x_2+b_3x_3+b_4x_4+b_5x_5$$

通过对变量进行适当的数学变换，可把二元二次多项式回归方程化为多元线性回归方程，再按多元线性回归分析的方法，计算各偏回归系数，从而得到多元非线性的回归方程。这就多元非线性回归方程的线性化。

### 4.3.4 回归分析预测在智能运输信息处理中的 MATLAB 应用实例

**1. 一元线性回归分析预测模型**

MATLAB 工具箱中用命令 regress 实现，其用法是：

```
b=regress(y,x)
[b,bint,r,rint,s]=regress(y,x,alpha)
```

其中，输入 y（因变量，列向量）、x（1 与自变量组成的矩阵）；alpha 是显著性水平（缺省时默认 0.05）。

输出 b 为 $(\hat{\beta}_0,\hat{\beta}_1)$，b 中元素顺序与拟合命令 polyfit 的输出不同；bint 是 $\beta_0$、$\beta_1$ 的置信区间；r 是残差（列向量）；rint 是残差的置信区间；s 包含 4 个统计量，即决定系数 $R^2$（相关系数为 $R$）、$F$ 值、$F(1,n-2)$ 分布大于 $F$ 值的概率 $p$、剩余方差 $s^2$ 的值（MATLAB 7.0 以后版本），$s^2$ 也可由程序 sum(r.^2)/(n-2) 计算。

其意义和用法为：$R^2$ 的值越接近 1，变量的线性相关性越强，说明模型有效；如果满足 $F_{1-\alpha}(1,n-2)<F$，则认为变量 $y$ 与 $x$ 显著地有线性关系，其中 $F_{1-\alpha}(1,n-2)$ 的值可查 F 分布表，或直接用 MATLAB 命令 finv($1-\alpha,1,n-2$) 计算得到；如果 $p<\alpha$ 表示线性模型可用。这三个值可以相互印证。$s^2$ 的值主要用来比较模型是否有改进，其值越小说明模型精度越高。

**例 4-2** 16 个地区早高峰拥堵时长 $y$ 与机动车拥有量 $x$ 数据如表 4-3 所示，请完成线性回归分析。

表 4-3 16 个地区早高峰拥堵时长 $y$ 与机动车拥有量 $x$ 数据

| $x$/min | 88 | 85 | 88 | 91 | 92 | 93 | 93 | 95 | 96 | 98 | 97 | 96 | 98 | 99 | 100 | 102 |
|---|---|---|---|---|---|---|---|---|---|---|---|---|---|---|---|---|
| $y$/万辆 | 143 | 145 | 146 | 147 | 149 | 150 | 153 | 154 | 155 | 156 | 157 | 158 | 159 | 160 | 162 | 164 |

**解**：(1) 首先利用命令 plot(x,y,'r*') 画出散点图，如图 4-9 所示，从图形可以看出，这些点大致分布在一条直线的左右，因此，可以考虑一元线性回归。

(2) 可编制程序如下：

```
y=[143 145 146 147 149 150 153 154 155 156 157 158 159 160 162 164];
x=[88 85 88 91 92 93 93 95 96 98 97 96 98 99 100 102];
n=16;
X=[ones(n,1), x'];
[b, bint, r, rint, s]=regress(y', X, 0.05);
b, bint, s,
rcoplot(r, rint)
```

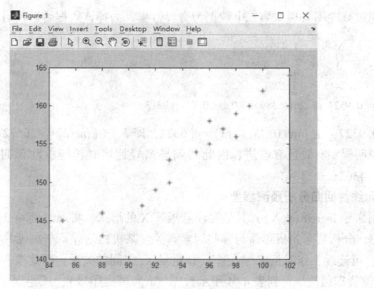

图 4-9  例 4-2 散点图

(3) 运行后得到：

  b = 31.7713  1.2903
  bint = 12.3196  51.2229
  1.0846  1.4960
  s = 0.9282  180.9531  0.0000  3.1277

$R^2 = 0.9282$，由 finv(0.95, 1, 14) = 4.6001，即 $F_{1-\alpha}(1, n-2) = 4.6001 < F = 180.9531$，$p < 0.0001$，

(4) 得到的残差图如图 4-10 所示。

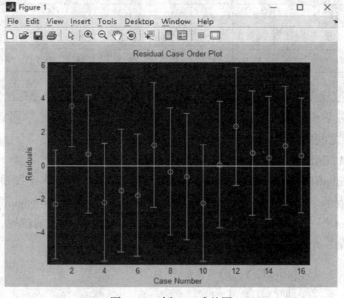

图 4-10  例 4-2 残差图

可以通过残差图发现，第二个数据为奇异数据，去掉该数据后运行后得到：

```
   b = 17.6549      1.4363
bint = -0.5986     35.9083
        1.2445      1.6281
   s =  0.9527    261.6389    0.0000    1.9313
```

$R^2 = 0.9527$，由 $\text{finv}(0.95,1,13) = 4.6672$，即 $F_{1-\alpha}(1,n-2) = 4.6672 < F = 261.6389$，$p < 0.0001$，说明模型有效且有改进，因此得到早高峰拥堵时长与机动车拥有量的关系为 $y = 17.6549 + 1.4363x$。

**2. 多元线性回归分析预测模型**

仍然用命令 regress(y,X)，只是要注意矩阵 X 的形式，将通过例4-3说明其用法。

**例4-3** 分析货车司机年薪与哪些因素有关：某机构估计货车司机的年薪 $Y$ 与他们的工作年限 $X_1$、可连续工作时长 $X_2$、货车装载重量 $X_3$ 之间的关系，因此按一定的实验设计方法调查了24位货车司机，得到表4-4所示数据（$i$ 为司机序号），试建立 $Y$ 与 $X_1, X_2, X_3$ 之间关系的数学模型，并得出有关结论和作统计分析。

表4-4 货车司机相关指标数据

| $i$ | 1 | 2 | 3 | 4 | 5 | 6 | 7 | 8 | 9 | 10 | 11 | 12 |
|---|---|---|---|---|---|---|---|---|---|---|---|---|
| $x_{i1}$/年 | 3.5 | 5.3 | 5.1 | 5.8 | 4.2 | 6.0 | 6.8 | 5.5 | 3.1 | 7.2 | 4.5 | 4.9 |
| $x_{i2}$/小时 | 9 | 20 | 18 | 33 | 31 | 13 | 25 | 30 | 5 | 47 | 25 | 11 |
| $x_{i3}$/吨 | 6.1 | 6.4 | 7.4 | 6.7 | 7.5 | 5.9 | 6.0 | 4.0 | 5.8 | 8.3 | 5.0 | 6.4 |
| $y_i$/万元 | 33.2 | 40.3 | 38.7 | 46.8 | 41.4 | 37.5 | 39.0 | 40.7 | 30.1 | 52.9 | 38.2 | 31.8 |
| $i$ | 13 | 14 | 15 | 16 | 17 | 18 | 19 | 20 | 21 | 22 | 23 | 24 |
| $x_{i1}$ | 8.0 | 6.5 | 6.6 | 3.7 | 6.2 | 7.0 | 4.0 | 4.5 | 5.9 | 5.6 | 4.8 | 3.9 |
| $x_{i2}$ | 23 | 35 | 39 | 21 | 7 | 40 | 35 | 23 | 33 | 27 | 34 | 15 |
| $x_{i3}$ | 7.6 | 7.0 | 5.0 | 4.4 | 5.5 | 7.0 | 6.0 | 3.5 | 4.9 | 4.3 | 8.0 | 5.8 |
| $y_i$ | 43.4 | 44.1 | 42.5 | 33.6 | 34.2 | 48.0 | 38.0 | 35.9 | 40.4 | 36.8 | 45.2 | 35.1 |

**解**：(1) 作散点图的目的主要是观察因变量 $Y$ 与各自变量间是否有比较好的线性关系，以便选择恰当的数学模型形式。图4-11分别为年薪 $Y$ 与工作年限 $X_1$、可连续工作时长 $X_2$、货车装载重量 $X_3$ 之间的散点图。

subplot 是 MATLAB 中的函数。

使用方法：subplot(m,n,p) 或者 subplot(m n p)。subplot 是将多个图画到一个平面上的工具。其中，m 表示图排成 $m$ 行，n 表示图排成 $n$ 列，也就是整个 figure 中有 $n$ 个图是排成一行的，一共 $m$ 行，如果 m 为 2 就是表示 2 行图。p 表示图所在的位置，p 为 1 表示从左到右从上到下的第一个位置。

```
subplot(1, 3, 1), plot(x1, Y, 'g*'),
subplot(1, 3, 2), plot(x2, Y, 'k+'),
subplot(1, 3, 3), plot(x3, Y, 'ro'),
```

# 第 4 章 智能运输信息预测技术

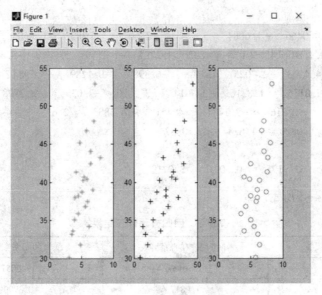

图 4-11 例 4-3 散点图

从图可以看出这些点大致分布在一条直线旁边,因此,有比较好的线性关系,可以采用线性回归。

(2) 设回归方程为:$\hat{y} = \hat{\beta}_0 + \hat{\beta}_1 x_1 + \hat{\beta}_2 x_2 + \hat{\beta}_3 x_3$

建立 M 文件,输入如下程序数据:

x1=[3.5 5.3 5.1 5.8 4.2 6.0 6.8 5.5 3.1 7.2 4.5 4.9 8.0 6.5 6.5 3.7 6.2 7.0 4.0 4.5 5.9 5.6 4.8 3.9];
x2=[9 20 18 33 31 13 25 30 5 47 25 11 23 35 39 21 7 40 35 23 33 27 34 15];
x3=[6.1 6.4 7.4 6.7 7.5 5.9 6.0 4.0 5.8 8.3 5.0 6.4 7.6 7.0 5.0 4.0 5.5 7.0 6.0 3.5 4.9 4.3 8.0 5.0];
Y=[33.2 40.3 38.7 46.8 41.4 37.5 39.0 40.7 30.1 52.9 38.2 31.8 43.3 44.1 42.5 33.6 34.2 48.0 38.0 35.9 40.4 36.8 45.2 35.1];
n=24; m=3;
X=[ones(n, 1), x1', x2', x3'];
[b, bint, r, rint, s]=regress(Y', X, 0.05);
b, bint, r, rint, s,

运行后得到结果如下:

b=
18.0156   1.0816   0.3212   1.2835
bint =
13.9051   22.1261   0.3900   1.77330   0.2439   0.3984   0.6691   1.8979
r =
0.6781   1.9128   −0.1119   3.3113   −0.7424   1.2458   −2.1022   1.9650   −0.3193
1.3465   0.8691   −3.2636   −0.5114   −1.1732   −1.4910   −0.2971   0.1701   0.5798
−3.2855   1.1368   −0.8864   −1.4646   0.8032   1.6301

```
rint =
 -2.6903   4.0466  -1.6084   5.4341  -3.6071   3.3832   0.0608   6.5618  -4.0447
  2.5599  -2.1684   4.6601  -5.4832   1.2787  -1.3119   5.2419  -3.5783   2.9396
 -1.7572   4.4503  -2.7025   4.4408  -6.3984  -0.1289  -3.5984   2.5754  -4.6921
  2.3456  -4.8136   1.8316  -3.7014   3.1070  -3.0395   3.3798  -2.8738   4.0336
 -6.2544  -0.3168  -2.1781   4.4518  -4.3883   2.6154  -4.8875   1.9583
 -2.4761   4.0826  -1.8234   5.0837
s =
  0.9106  67.9195   0.0001   3.0719
```

所得结果如表4-5所示。

表4-5 回归方程计算结果

| 回归系数 | 回归系数的估计值 | 回归系数的置信区间 |
|---|---|---|
| $\beta_0$ | 18.0157 | [13.9051, 22.1261] |
| $\beta_1$ | 1.0817 | [0.3900, 1.77330] |
| $\beta_2$ | 0.3212 | [0.2439, 0.3984] |
| $\beta_3$ | 1.2835 | [0.6691, 1.8979] |

$R^2 = 0.9106$　　$F = 67.9195$　　$p = 0.0001$　　$s^2 = 3.0719$

计算结果包括回归系数 $b = (\beta_0, \beta_1, \beta_2, \beta_3) = (18.0157, 1.0817, 0.3212, 1.2835)$，且置信区间均不包含零点、残差及其置信区间；统计变量 stats，它包含四个检验统计量，即相关系数的平方 $R^2$，假设检验统计量 $F$，与 $F$ 对应的概率 $p$，$s^2$ 的值（MATLAB 7.0 以前版本 $s^2$ 也可由程序 sum(r.^2)/(n-m-1) 计算）。因此得到初步的回归方程为

$$\hat{y} = 18.0157 + 1.0817x_1 + 0.3212x_2 + 1.2835x_3$$

(3) 由结果对模型的判断。

回归系数置信区间不包含零点表示模型较好，残差在零点附近也表示模型较好，接着就是利用检验统计量 $R$，$F$，$p$ 的值判断该模型是否可用。

① 相关系数 $R$ 的评价：一般地，相关系数绝对值在 0.8~1 范围内，可判断回归自变量与因变量具有较强的线性相关性。本例 $R$ 的绝对值为 0.9542，表明线性相关性较强。

② $F$ 检验法：当 $F > F_{1-\alpha}(m, n-m-1)$，即认为因变量 $y$ 与自变量 $x_1, x_2, \cdots, x_m$ 之间显著地有线性相关关系；否则认为因变量 $y$ 与自变量 $x_1, x_2, \cdots, x_m$ 之间线性相关关系不显著。本例 $F = 67.9195 > F_{1-0.05}(3, 20) = 3.10$（查 $F$ 分布表或输入命令 finv(0.95,3,20) 计算）。

③ $p$ 值检验：若 $p < \alpha$（$\alpha$ 为预定显著水平），则说明因变量 $y$ 与自变量 $x_1, x_2, \cdots, x_m$ 之间显著地有线性相关关系。本例输出结果，$p = 0.0001$，显然满足 $p \leq 0.05$。

以上三种统计推断方法推断的结果是一致的，说明因变量 $y$ 与自变量之间有显著的线性相关关系，所得线性回归模型可用。$s^2$ 当然越小越好，这主要在模型改进时作为参考。

**3. 非线性回归分析预测**

1) 非线性最小二乘拟合

线性最小二乘拟合与线性回归中的"线性"并非指 $y$ 与 $x$ 的关系，而是指 $y$ 是系数 $\beta_0$，$\beta_1$ 或 $\beta = (\beta_0, \beta_1, \cdots, \beta_m)$ 的线性函数。拟合如 $y = \beta_0 + \beta_1 x^2$ 的函数仍然是最小二乘拟合；如果

拟合如 $y=\beta_0 e^{\beta_1 x}$ 的曲线，$y$ 对 $\beta_0,\beta_1$ 是非线性的，但取对数后 $\ln y$ 对系数 $\beta_0,\beta_1$ 是线性的，属于可化为线性回归的类型。

下面讨论非线性拟合的情形。非线性最小二乘拟合问题的提法是：

已知模型 $y=f(x,\beta)$，$x=(x_1,\cdots,x_m)$，$\beta=(\beta_0,\beta_1,\cdots,\beta_k)$，其中 $f$ 对 $\beta$ 是非线性的，为了估计参数 $\beta$，收集 $n$ 个独立观测数据 $(x_i,y_i)$，$x_i=(x_{i1},\cdots,x_{im})$，$(i=1,\cdots,n)$，$n>m$。记拟合误差 $\varepsilon_i(\beta)=y_i-f(x_i,\beta)$，求 $\beta$ 使误差的平方和 $Q(\beta)=\sum_{i=1}^n \varepsilon_i^2(\beta)=\sum_{i=1}^n [y_i-f(x_i,\beta)]^2$ 最小。

作为无约束非线性规划的特例，解非线性最小二乘拟合可用 MATLAB 优化工具箱命令 lsqnonlin 和 lsqcurvefit。

2）非线性回归分析预测模型

非线性回归分析预测模型记作

$$y=f(x,\beta)+\varepsilon, \quad x=(x_1,\cdots,x_m), \quad \beta=(\beta_0,\beta_1,\cdots,\beta_k) \tag{4-35}$$

式中：$f$ 对回归系数 $\beta$ 是非线性的，$\varepsilon \sim N(0,\sigma^2)$。求得回归系数 $\beta$ 的最小二乘估计。

MATLAB 统计工具箱中非线性回归的命令是：

[b, R, J] = nlinfit(x, y, 'model', beta0)

其中，输入 x 是自变量数据矩阵，每列一个向量；y 是因变量数据向量；model 是模型的函数名（M 文件），形式为 $y=f(b,x)$，b 为待估系数 $\beta$；beta0 是回归系数 $\beta$ 的初值。输出 b 是 $\beta$ 的估计值；R 是残差；J 是用于估计预测误差的 Jacobi 矩阵。这个命令是依据高斯-牛顿法求解的。

将上面的输出作为命令 Bi = nlparci(b, R, J) 的输入，得到的 Bi 是回归系数 $\beta$ 的置信区间。用命令 nlintool(x, y, 'model', beta) 可以得到一个交互式画面，其内容和用法通过下面例子说明。

**例 4-4** 运输业发展预测问题：运输业总产值与国民收入、工业总值、农业总产值、总人口、就业人口、基础设施建设投资等因素有关，某国十年财政收入数据如表 4-6 所示。

表 4-6 某国十年财政收入数据

| 年份 | 国民收入<br>/百万元 | 工业总值<br>/百万元 | 农业总产值<br>/百万元 | 总人口<br>/千人 | 就业人口<br>/千人 | 基础设施<br>建设投资 | 运输业总产值<br>/百万元 |
|---|---|---|---|---|---|---|---|
| 1 | 598 | 349 | 461 | 57 482 | 20 729 | 44 | 184 |
| 2 | 586 | 455 | 475 | 58 796 | 21 364 | 89 | 216 |
| 3 | 707 | 520 | 491 | 60 266 | 21 832 | 97 | 248 |
| 4 | 737 | 558 | 529 | 61 465 | 22 328 | 98 | 254 |
| 5 | 825 | 715 | 556 | 62 828 | 23 018 | 150 | 268 |
| 6 | 837 | 798 | 575 | 64 653 | 23 711 | 139 | 286 |
| 7 | 1028 | 1235 | 598 | 65 994 | 26 600 | 256 | 357 |
| 8 | 1114 | 1681 | 509 | 67 207 | 26 173 | 338 | 444 |
| 9 | 1079 | 1870 | 444 | 66 207 | 25 880 | 380 | 506 |
| 10 | 757 | 1156 | 434 | 65 859 | 25 590 | 138 | 271 |

**解**：设国民收入、工业总值、农业总产值、总人口、就业人口、基础设施建设投资分别为 $x_1$, $x_2$, $x_3$, $x_4$, $x_5$, $x_6$，运输业总产值为 $y$，设变量之间的关系为

$$y = ax_1 + bx_2 + cx_3 + dx_4 + ex_5 + fx_6$$

对回归模型建立 M 文件 model.m 如下：

```
function yy=model(beta0, X)
    a=beta0(1);
    b=beta0(2);
    c=beta0(3);
    d=beta0(4);
    e=beta0(5);
    f=beta0(6);
    x1=X(:,1);
    x2=X(:,2);
    x3=X(:,3);
    x4=X(:,4);
    x5=X(:,5);
    x6=X(:,6);
    yy=a*x1+b*x2+c*x3+d*x4+e*x5+f*x6;
```

主程序如下：

```
X=[ 598  349  461 57482 20729  44
    586  455  475 58796 21364  89
    707  520  491 60266 21832  97
    737  558  529 61465 22328  98
    825  715  556 62828 23018 150
    837  798  575 64653 23711 139
   1028 1235  598 65994 26600 256
   1114 1681  509 67207 26173 338
   1079 1870  444 66207 25880 380
    757 1156  434 65859 25590 138];
y=[184; 216; 248; 254; 268; 286; 357; 444; 506; 271];
bata0=[0.50 -0.03 -0.60 0.01 -0.02 0.35];
[b, R, J]=nlinfit(X, y, 'model', beta0)
Bi=nlparci(b, R, J)
nlintool(X, y, 'model', beta0)
```

输出结果为

```
b =
    0.0921  -0.0075  -0.1752   0.0087  -0.0156   0.8219
Bi =
   -0.5061   0.6904
   -0.2804   0.2654
```

$$\begin{array}{cc} -1.0386 & 0.6883 \\ -0.0012 & 0.0187 \\ -0.0493 & 0.0182 \\ -0.0083 & 1.6522 \end{array}$$

回归模型为

$$y = 0.0921x_1 - 0.0075x_2 - 0.1752x_3 + 0.0087x_4 - 0.0156x_5 + 0.8219x_6$$

得到的 nlintool 交互式拟合曲线图如图 4-12 所示。

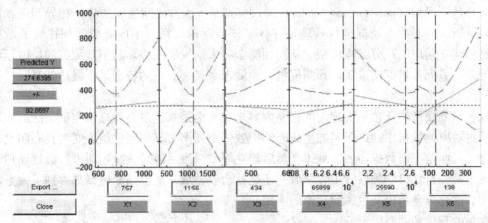

图 4-12 例 4-4 nlintool 交互式拟合曲线

以第 10 年数据为例,取值 $x_1 = 757$,$x_2 = 1156$,$x_3 = 434$,$x_4 = 65859$,$x_5 = 25590$,$x_6 = 138$,得出的结果为 $y = 274.6395 \pm 92.8697$,实际结果为 271,可见模型还是比较吻合的。

回归分析预测法是一类比较经典、也比较实用的预测方法。正是由于它经典,因此也就成熟,再加上比较容易理解,运用也就比较广泛。相比之下,其中的线性回归预测法和非线性回归预测法的运用更广些。在实际使用过程中,如果在选择具体的方法和模型时能对数据作较为详细的分析,对散点图的观察分析也能仔细一点的话,预测结果也就会比较令人满意。回归分析最大的特点就是在偶然中发现必然,而实际情况却常常是千变万化的,有时偶然因素的影响也会超过必然,这时预测结果也就不能很如意,这就要求在预测工作中不能机械,要会灵活运用,要注意了解会影响预测结果的偶然情况,以便对预测结果进行适当修正,这样才能使预测结果更接近实际,也才能使预测能更好地为行业建设服务。

## 4.4 灰色预测法

### 4.4.1 灰色预测模型的特点及分类

灰色系统(grey system)理论是中国著名学者邓聚龙教授 20 世纪 80 年代初创立的一种以"部分信息已知,部分信息未知"的"小样本""贫信息"不确定性系统为研究对象,主要通过对"部分"已知信息的生成、开发,提取有价值的信息,实现对系统运行规律的正确描述和有效控制的理论。

如果某一系统的全部信息已知为白色系统;全部信息未知为黑箱系统;部分信息已知,部分信息未知,那么这一系统就是灰色系统。一般地说,社会系统、经济系统、生态系统都是灰色系统。例如交通流系统，影响交通流的因素很多，但已知的却不多，因此对交通流这一灰色系统的预测可以用灰色预测法。

灰色预测也就是应用灰色预测模型对灰色系统进行分析、建模、求解、预测的过程。灰色系统理论认为对既含有已知信息又含有未知或非确定信息的系统进行预测，就是对在一定方位内变化的、与时间有关的灰色过程的预测。尽管过程中所显示的现象是随机的、杂乱无章的，但毕竟是有序的、有界的，因此这一数据集合具备潜在的规律，灰色预测就是利用这种规律建立灰色预测模型对灰色系统进行预测。

灰色预测模型（gray forecast model）通过鉴别系统因素之间发展趋势的相异程度，即进行关联分析，并对原始数据进行处理来寻找系统变动的规律，生成有较强规律性的数据序列，然后建立相应的微分方程模型，从而预测事物未来发展趋势。其用观测到的反映预测对象特征的一系列数量值构造灰色预测模型，预测未来某一时刻的特征量，或达到某一特征量的时间。

灰色预测模型是灰色系统理论的主要内容之一，也是灰色系统理论研究最活跃的领域之一，通过对原始数据序列进行累加生成能够把数据序列不明显的变化趋势变为具有明显的增长趋势，从而挖掘出数据序列的规律，然后建立模型，最后通过累减还原进行数据模拟和预测。无论是在自然科学领域、工程领域，还是社会学领域，灰色预测模型都得到了大量的成功应用，这充分显示出灰色预测理论的实用性。

常见的灰色预测有以下五种：

（1）数列预测：对某现象随时间的顺延而发生的变化所做的预测定义为数列预测。例如对消费物价指数的预测，需要确定两个变量，一个是消费物价指数的水平，另一个是这一水平所发生的时间。

（2）灾变与异常值预测：即通过灰色预测模型预测异常值出现的时刻，预测异常值什么时候出现在特定时区内。

（3）季节灾变与异常值预测：即通过灰色预测模型预测灾变值发生在一年内某个特定的时区或季节的灾变预测。

（4）系统预测：通过对系统行为特征指标建立一组相互关联的灰色预测模型，预测系统中众多变量间的相互协调关系的变化。

（5）拓扑预测：将原始数据作曲线，在曲线上按定值寻找该定值发生的所有时点，并以该定值为框架构成时点数列，然后建立模型预测该定值所发生的时点。

为了保证灰色预测的精度，要注意以下几点。

（1）由于事故的特征量序列往往离散性较大，就有必要建立残差模型对预测模型予以修正，否则精度不太高；但如果原始序列平缓或呈单调性，则不必修正。

（2）采用等维新息法，即将过去一年的事故特征值，按时间顺序加入到原始数据序列中，并把最旧一年的数据去掉，且原始序列以取5个左右为宜。

（3）不宜作过于长远的预测。

### 4.4.2 灰色预测模型

灰色预测法的数学模型记作 $GM(n,h)$，其中 $n$ 表示微分方程的阶数，$h$ 表示变量的个数。不同的 $n,h$ 表示不同系统因素关系。常用的灰色预测模型有 $GM(1,1)$、$GM(1,2)$、

$GM(0,2)$、$GM(2,1)$、$GM(2,2)$、$GM(1,h)$ 等模型。

以 $GM(1,1)$ 模型为例：

定义 $x^{(1)}$ 的灰导数为

$$d(k) = x^{(0)}(k) = x^{(1)}(k) - x^{(1)}(k-1) \tag{4-36}$$

令 $z^{(1)}(k)$ 为数列 $x^{(1)}$ 的邻值生成数列，即

$$z^{(1)}(k) = ax^{(1)}(k) + (1-\alpha)x^{(1)} \tag{4-37}$$

于是定义 $GM(1,1)$ 的灰微分方程模型为

$$d(k) + az^{(1)}(k) = b \quad \text{或} \quad x^{(0)}(k) + az^{(1)}(k) = b \tag{4-38}$$

式中：$x^{(0)}(k)$ 称为灰导数；$a$ 称为发展系数；$z^{(1)}(k)$ 称为白化背景值；$b$ 称为灰作用量。将时刻 $k = 2, 3, \cdots, n$ 代入式（4-38）有

$$\begin{cases} x^{(0)}(2) + az^{(1)}(2) = b \\ x^{(0)}(3) + az^{(1)}(3) = b \\ \vdots \\ x^{(0)}(n) + az^{(1)}(n) = b \end{cases} \tag{4-39}$$

引入矩阵向量记号：

$$\boldsymbol{u} = \begin{bmatrix} a \\ b \end{bmatrix} \quad \boldsymbol{Y} = \begin{bmatrix} x^{(0)}(2) \\ x^{(0)}(3) \\ \vdots \\ x^{(0)}(n) \end{bmatrix} \quad \boldsymbol{B} = \begin{bmatrix} -z^{(1)}(2) & 1 \\ -z^{(1)}(3) & 1 \\ \vdots & \vdots \\ -z^{(1)}(n) & 1 \end{bmatrix} \tag{4-40}$$

于是 $GM(1,1)$ 模型可表示为

$$\boldsymbol{Y} = \boldsymbol{B}\boldsymbol{u} \tag{4-41}$$

那么现在的问题就是求 $a$ 和 $b$ 的值，可以用一元线性回归，也就是最小二乘法求它们的估计值为

$$\boldsymbol{u} = \begin{bmatrix} a \\ b \end{bmatrix} = (\boldsymbol{B}^{\mathrm{T}}\boldsymbol{B})^{-1}\boldsymbol{B}^{\mathrm{T}}\boldsymbol{Y} \tag{4-42}$$

由于篇幅限制原因，本章节将主要介绍最为常见的灰色预测模型，即 $GM(1,1)$ 模型，以及其在智能运输信息处理中的 MATLAB 应用实例。

$GM(1,1)$ 模型是将无规律的原始数据进行累加，得到规律性较强的生成数列后进行建模的，由生成模型得到的数据再进行累减得到原始数据的预测值，然后进行预测。

**1. GM(1,1)模型的建模过程**

设有 $k$ 个原始非负样本数列 $x^{(0)} = \{x^{(0)}(1), x^{(0)}(2), \cdots, x^{(0)}(k)\}$，为揭示系统的客观规律，灰色系统理论采用了独特的数据预处理方式，对数列 $\{x^{(0)}(k)\}$ 进行一阶累加生成，即 1-AGO

$$x^{(1)}(k) = \sum_{m=1}^{k} x^{(0)}(m), \quad k = 1, 2, \cdots, n \tag{4-43}$$

由此得生成数列：

$$x^{(1)} = \{x^{(1)}(1), x^{(1)}(2), \cdots, x^{(1)}(k)\} \tag{4-44}$$

据此建立关于 $x^{(1)}$ 的一阶线性白化微分方程为

$$\frac{\mathrm{d}x^{(1)}}{\mathrm{d}t}+ax^{(1)}=b \tag{4-45}$$

利用最小二乘法求解参数 $a,b$ 为：

$$\boldsymbol{a}=\begin{bmatrix}a\\b\end{bmatrix}=(\boldsymbol{B}^{\mathrm{T}}\boldsymbol{B})^{-1}\boldsymbol{B}^{\mathrm{T}}\boldsymbol{Y}_{\mathrm{N}} \tag{4-46}$$

式中：

$$\boldsymbol{B}=\begin{bmatrix}-0.5[x^{(1)}(1)+x^{(1)}(2)] & 1\\-0.5[x^{(1)}(2)+x^{(1)}(3)] & 1\\ \vdots & \vdots\\-0.5[x^{(1)}(n-1)+x^{(1)}(n)] & 1\end{bmatrix}, \quad \boldsymbol{Y}_{\mathrm{N}}=[x^{(0)}(2),x^{(0)}(3),\cdots,x^{(0)}(n)]^{\mathrm{T}} \tag{4-47}$$

$x^{(1)}$ 的 GM(1,1) 模型为

$$\hat{x}^{(1)}(k+1)=\left[x^{(0)}(1)-\frac{a}{b}\right]\mathrm{e}^{-ak}+\frac{a}{b}, \quad k=1,2,\cdots,n \tag{4-48}$$

则其实际预测值可用式 (4-49) 得出

$$\hat{x}^{(0)}(k+1)=\hat{x}^{(0)}(k+1)-\hat{x}^{(1)}(k), \quad k=0,1,2,\cdots,n \tag{4-49}$$

为确保所建立的 GM(1,1) 模型有较高的预测精度，还需要对其进行以下模型检验。

(1) 相对误差检验：计算 $x^{(0)}(k)$ 与 $\hat{x}^{(0)}(k)$ 之残差 $e(k)$、相对误差 $\delta(k)$ 和平均相对误差 $\bar{\delta}$。

$$e(k)=x^{(0)}(k)-\hat{x}^{(0)}(k), \quad k=1,2,\cdots,n \tag{4-50}$$

$$\delta(k)=\frac{e(k)}{x^{(0)}(k)}\times100\% \tag{4-51}$$

$$\bar{\delta}=\frac{1}{n}\sum_{k=1}^{n}|\delta(k)| \tag{4-52}$$

(2) 后验差校验：计算原始数据平均值 $\bar{x}$，残差平均值 $\bar{e}$，原始数据方差 $S_1^2$ 与残差 $S_2^2$ 的均方差比值 $C$ 和小误差概率 $P$。

$$\bar{x}=\frac{1}{n}\sum_{k=1}^{n}x^{(0)}(k), \quad \bar{e}=\frac{1}{n}\sum_{k=1}^{n}e(k) \tag{4-53}$$

$$S_1^2=\frac{1}{n}\sum_{k=1}^{n}[x^{(0)}(k)-\bar{x}]^2, \quad S_2^2=\frac{1}{n}\sum_{k=1}^{n}[e(k)-\bar{e}]^2 \tag{4-54}$$

$$C=\frac{S_2}{S_1} \tag{4-55}$$

$$P=P\{|e(k)-\bar{e}|<0.6745S_1\} \tag{4-56}$$

通常 $e(k)$，$\delta(k)$，$C$ 值越小，$P$ 值越大，则模型精度越高。

(3) 关联度检验：关联度分析是根据因素之间发展态势的相似或相异程度来衡量因素之间关联的程度的，它揭示了事物动态关联的特征与程度。

设 $x^{(0)}=\{x^{(0)}(1),x^{(0)}(2),\cdots,x^{(0)}(n)\}$ 为参考数列，$x^{(i)}=\{x^{(i)}(1),x^{(i)}(2),\cdots,x^{(i)}(n)\}$ ($i=1,2,\cdots,m$) 为比较数列，则 $x^{(0)}$ 与 $x^{(i)}$ 的关联系数为

$$\varepsilon_{ij}=\frac{\min\limits_{i}\min\limits_{j}|x^{(0)}(j)-x^{(i)}(j)|+\rho\max\limits_{i}\max\limits_{j}|x^{(0)}(j)-x^{(i)}(j)|}{|x^{(0)}(j)-x^{(i)}(j)|+\rho\max\limits_{i}\max\limits_{j}|x^{(0)}(j)-x^{(i)}(j)|} \tag{4-57}$$

式中：分辨系数 $\rho \in [0, +\infty)$，一般取 $\rho = 0.5$；$\min\limits_{i}\min\limits_{j}|x^{(0)}(j)-x^{(i)}(j)|$ 为两级最小差；$\max\limits_{i}\max\limits_{j}|x^{(0)}(j)-x^{(i)}(j)|$ 为两级最大差。

由于各个时刻都有一个关联系数，计算结果信息较为分散，不便于比较，为此定义比较数列对参考数列的关联度为

$$r_i = \frac{1}{n}\sum_{j=1}^{n}\varepsilon_{ij} \tag{4-58}$$

比较 $m$ 种灰色建模所得模型值，求出各数列与参考数列的关联度并比较大小，关联度最大所对应的灰色预测模型就是建模中最合适的模型。

**2. 灰色预测模型的应用步骤**

在灰色预测模型的实际应用中，首先需要用数据生成技术对原始数据进行处理，建立白化差分方程，求解，然后检测，最后进行残差估计和修正。本章节中限于篇幅，对于预测模型的残差修正未予论述，仅就原始数据处理、模型的建立和残差检测进行了介绍。

灰色预测模型的具体应用步骤如下：

(1) 对原始数据进行累加处理；
(2) 对累加处理的数据数列进行 GM(1,1) 模型预测；
(3) 对该预测结果进行还原处理；
(4) 后验差校验，如不满足精度要求，则取局部残差建立残差数据数列进行残差修正；
(5) 如残差修正后依然达不到精度要求，则需重新建立其他的预测模型。

**3. 灰色预测模型的优点**

(1) 不需要大量的样本；
(2) 样本不需要有规律性分布；
(3) 计算工作量小；
(4) 定量分析结果与定性分析结果不会不一致；
(5) 可用于近期、短期和中长期预测；
(6) 灰色预测精准度高。

### 4.4.3 灰色预测在智能运输信息处理中的 MATLAB 应用实例

灰色模型预测是在数据不呈现一定规律下可以采取的一种建模和预测方法，其预测数据与原始数据存在一定的规律相似性。

**例 4-5** 某地区 2001—2010 年的交通量为 [89677, 99215, 109655, 120333, 135823, 159878, 182321, 209407, 246619, 300670]，现在要预测该地区未来几年的交通量。

**解**：GM(1,1) 模型的 MATLAB 程序如下，在程序中仅仅预测该地区 10 年以后的情况，数据可修改，把 "n+10" 里的 10 改成需要预测的数字即可。

%alpha 是包含 $a, u$ 值的参数矩阵；ago 是预测后累加值矩阵；var 是还原预测值矩阵；error 是残差矩阵；c 是后验差比值

```
clc                    %清屏，以使结果独立显示
format long;           %设置计算精度
x=[89677, 99215, 109655, 120333, 135823, 159878, 182321, 209407, 246619, 300670];
```

```
if length(x(:, 1))= =1         %对输入矩阵进行判断,如不是一维列矩阵,进行转置变换
x=x';
end
n=length(x);                   %取输入数据的样本量
z=0;
for i=1:n                      %计算累加值,并将值赋予矩阵be
z=z+x(i, :);
be(i, :)=z;
end
for i=2:n                      %对原始数列平行移位
y(i-1, :)=x(i, :);
end
for i=1:n-1                    %计算数据矩阵B的第一列数据
c(i, :)=-0.5*(be(i, :)+be(i+1, :));
end
for j=1:n-1                    %计算数据矩阵B的第二列数据
e(j, :)=1;
end
for i=1:n-1                    %构造数据矩阵B
B(i, 1)=c(i, :);
B(i, 2)=e(i, :);
end
alpha=inv(B'*B)*B'*y;          %计算参数矩阵
for i=1:n+11   %计算数据估计值的累加数列,如把"n+11"改为"n+m",可预测后 m-1 个值
ago(i, :)=(x(1, :)-alpha(2, :)/alpha(1, :))*exp(-alpha(1, :)*(i-1))+alpha(2, :)/alpha(1, :);
end
var(1, :)=ago(1, :)
for i=1:n+10                   %如把"n+10"改为"n+m-1",可预测后 m-1 个值
var(i+1, :)=ago(i+1, :)-ago(i, :);   %估计值的累加数列的还原,并计算出下一预测值
end
for i=1:n
error(i, :)=var(i, :)-x(i, :);  %计算残差矩阵
end
c=std(error)/std(x);           %调用统计工具箱的标准差函数计算后验差比值c
c                              %显示后验差比值
```

输出结果为:

ago =

　　1.0e+007 *

　　0.00896770000000
　　0.01790247548817
　　0.02824177741976

0.04020639416631
0.05405182153068
0.07007371867644
0.08861422171719
0.11006924978764
0.13489695961255
0.16362752911475
0.19687447898417
0.23534777397175
0.27986898367715
0.33138882657785
0.39100747193984
0.45999803314261
0.53983375410163
0.63221946933464
0.73912800947918
0.86284232967480
1.00600426043141

alpha =

1.0e+004 *

−0.00001460013343
6.98910054505963

var =

1.0e+006 *

0.08967700000000
0.08934775488171
0.10339301931586
0.11964616746557
0.13845427364362
0.16021897145766
0.18540503040754
0.21455028070446
0.24827709824905
0.28730569502205
0.33246949869417
0.38473294987580
0.44521209705403
0.51519842900702
0.59618645361986
0.68990561202775
0.79835720959012
0.92385715233013
1.06908540144545

```
         1.23714320195616
         1.43161930756607
error =
   1.0e+004 *
         0
        -0.98672451182917
        -0.62619806841430
        -0.06868325344347
         0.26312736436235
         0.03409714576561
         0.30840304075358
         0.51432807044551
         0.16580982490536
        -1.33643049779464
c =
         0.08750898140077
```

## 小结

本章中主要介绍和讨论智能运输系统中的信息预测技术。具体来说就是根据数据集的特点对数据进行分析，从而提取描述重要数据类的模型或预测未来的数据趋势。本章重点介绍了时间序列预测法、回归分析预测法及灰色预测法三种典型预测方法。

时间序列预测是通过编制和分析时间序列，根据时间序列所反映出来的发展过程、方向和趋势，进行类推或延伸，借以预测下一段时间或以后若干年内可能达到的水平。时间序列预测法可用于短期预测、中期预测和长期预测。

回归分析预测法，是在分析市场现象自变量和因变量之间相关关系的基础上，建立变量之间的回归方程，并将回归方程作为预测模型，根据自变量在预测期的数量变化来预测因变量。它是一种具体的、行之有效的、实用价值很高的常用数据预测方法。

灰色系统理论是基于关联空间、光滑离散函数等概念定义灰导数与灰微分方程，进而用离散数据数列建立微分方程形式的动态模型，即灰色预测模型是利用离散随机数经过生成变为随机性被显著削弱而且较有规律的生成数，建立起的微分方程形式的模型，这样便于对其变化过程进行研究和描述。

预测是进行数据分析的常用方法，在智能运输信息处理中应用广泛。在实际应用中使用预测进行风险规避，可将损失控制在可接受的范围。预测是决策的前提条件，做好预测才能为管理决策提高科学依据，才能为制订方案、编制计划及检查方案和计划的执行情况提供科学依据，才能更好地帮助人们规避风险。

## 习题 4

4.1 简述分类、预测的区别与联系。

4.2 2016年5月18日，滴滴出行推出了滴滴出行算法大赛，其数据内容如下：

训练集中给出 M 市 2016 年连续三周的数据信息，数据集中给出了每个时间片的前半小时的数据信息，具体数据如下，其中订单信息表、天气信息表和 POI 信息表为数据库中直接的表信息，而区域定义表、拥堵信息表是由数据库中其他表衍生的信息。

（1）订单信息表

| 字 段 | 类型 | 含 义 | 示 例 |
| --- | --- | --- | --- |
| order_id | string | 订单 ID | 70fc7c2bd2caf386bb50f8fd5dfef0cf |
| driver_id | string | 司机 ID | 56018323b921dd2c5444f98fb45509de |
| passenger_id | string | 用户 ID | 238de35f44bbe8a67bdea86a5b0f4719 |
| start_district_hash | string | 出发地区域哈希值 | d4ec2125aff74eded207d2d915ef682f |
| dest_district_hash | string | 目的地区域哈希值 | 929ec6c160e6f52c20a4217c7978f681 |
| price | double | 价格 | 37.5 |
| Time | string | 订单时间戳 | 2016-01-15 00:35:11 |

订单信息表主要覆盖了一张订单的基本信息，包括这张订单的乘客，以及接单的司机（driver_id =NULL 表示 driver_id 为空，即这个订单没有司机应答），及出发地，目的地，价格和时间。

（2）区域定义表

| 字 段 | 类型 | 含 义 | 示 例 |
| --- | --- | --- | --- |
| district_hash | string | 区域哈希值 | 90c5a34f06ac86aee0fd70e2adce7d8a |
| district_id | string | 区域映射 ID | 1 |

区域定义表主要表示比赛评测区域的信息。

（3）POI 信息表

| 字 段 | 类型 | 含 义 | 示 例 |
| --- | --- | --- | --- |
| district_hash | String | 区域哈希值 | 74c1c25f4b283fa74a5514307b0d0278 |
| poi_class | String | POI 类目及其数量 | 1#1:41 2#1:22 2#2:32 |

POI 信息表主要表征区域的地域属性，由其中所含的不同类别设施的数量表示，如 2#1:22 表示在此区域中含有类别为 2#1 的设施 22 个，2#1 表示一级类别为 2，二级类别为 1，例如休闲娱乐#剧院，购物#家电数码，运动健身#其他等。不同类别及其数量以 \t 分割。

（4）拥堵信息表

| 字 段 | 类型 | 含 义 | 示 例 |
| --- | --- | --- | --- |
| district_hash | string | 区域哈希值 | 1ecbb52d73c522f184a6fc53128b1ea1 |
| tj_level | string | 不同拥堵程度的路段数 | 1:231 2:33 3:13 4:10 |
| tj_time | string | 时间戳 | 2016-01-15 00:35:11 |

拥堵信息表主要表示区域中道路的总体拥堵情况，其中主要包括不同时间段不同区域的不同拥堵情况的路段数，其中的拥堵级别越大表示越拥堵。

(5) 天气信息表

| 字 段 | 类 型 | 含 义 | 示 例 |
|---|---|---|---|
| time | string | 时间戳 | 2016-01-15 00:35:11 |
| weather | int | 天气 | 7 |
| temperature | double | 温度 | -9 |
| PM2.5 | double | $PM_{2.5}$ | 66 |

天气信息表主要表示整个城市的每天间隔 10 分钟段的天气情况。其中的 weather 字段表示天气的实时描述信息，而温度以摄氏温度表示，$PM_{2.5}$ 为实时空气污染指数。

试根据你所学的内容，给出你对上述数据的处理思路？主要说明对数据集做哪些预处理，进行哪些数据变换，最终的数据集的数据结构，采用什么算法对数据进行什么分析，如何对结果进行分析。

# 第 5 章　智能运输信息聚类技术

## 5.1　概述

聚类就是按照某个特定标准（如距离准则，即数据点之间的距离）把一个数据集分割成不同的类或簇，使得同一个簇内的数据对象的相似性尽可能大，同时不在同一个簇中的数据对象的差异性也尽可能大，如图 5-1 所示。可以具体地理解为，聚类后同一类的数据尽可能聚集到一起，不同类数据尽量分离。聚类技术正在蓬勃发展，对此有贡献的研究领域包括数据挖掘、统计学、机器学习、空间数据库技术、生物学及市场营销等。各种聚类方法也被不断提出和改进，而不同的方法适合于不同类型的数据。因此，对各种聚类方法、聚类效果的比较成为值得研究的课题。

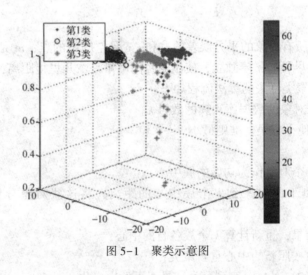

图 5-1　聚类示意图

目前研究中存在大量的聚类算法，而对于具体应用，聚类算法的选择取决于数据的类型、聚类的目的。如果聚类分析被用作描述或探查的工具，可以对同样的数据尝试多种算法，以发现数据可能揭示的结果。主要的聚类算法可以划分为这几类：划分方法、层次方法、基于密度的方法、基于网格的方法及基于模型的方法。

## 5.2　k-means 聚类算法

### 5.2.1　k-means 聚类算法原理

k-means 聚类算法是一种无监督的聚类算法，也是最经典的聚类算法之一。由于该算法的效率高,所以在对大规模数据进行聚类时被广泛应用。目前,许多算法均围绕着该算法进行扩展和改进。k-means 聚类算法目标是:以 $k$ 为参数,把 $n$ 个对象分成 $k$ 个簇,使簇内具有较高的相似度,而簇间的相似度较低。

k-means 聚类算法有诸多优点:其简单直接(体现在逻辑思路及实现难度上),易于理解,在低维数据集上有不错的效果(简单的算法不见得就不能得到优秀的结果)。

但算法也存在缺点:k-means 聚类算法对于高维数据(如上千维),其计算速度十分慢,主要是慢在计算距离上(参考欧几里得距离);此外,还需要设定希望得到的聚类数 $k$,若对于数据没有很好地理解,那么设置 $k$ 值就成了一种估计性的工作。

### 5.2.2 k-means 聚类算法步骤

k-means 聚类算法的处理过程为:首先,随机地选择 $k$ 个对象,每个对象初始代表了一个簇的平均值或中心;对剩余的每个对象,根据其与各簇中心的距离,将它赋给最近的簇;然后重新计算每个簇的平均值。这个过程不断重复,直到准则函数收敛。通常采用平方误差准则函数,其定义为

$$E = \sum_{i=1}^{k} \sum_{p \subset C_i} |p - m_i|^2 \tag{5-1}$$

式中:$E$ 是数据库中所有对象的平方误差的总和;$p$ 是空间中的点;$m_i$ 是簇 $C_i$ 的平均值。该目标函数使生成的簇尽可能紧凑独立,使用的距离度量是欧几里得距离,当然也可以用其他距离度量。k-means 聚类算法的算法流程如下。

输入:包含 $n$ 个对象的数据库和簇的数目 $k$。

输出:$k$ 个簇,使平方误差准则最小。

步骤:

(1) 任意选择 $k$ 个对象作为初始的簇中心;

(2) 分别计算剩下的对象到 $k$ 个簇中心的距离,将这些对象分别划归到距离最近的簇;

(3) 根据聚类结果,重新计算 $k$ 个簇各自的中心;

(4) 将全部对象按照新的中心重新聚类;

(5) 重复步骤(2)~(4),直到聚类结果不再发生变化。

对 $n$ 个样本点进行 k-means 聚类的效果如图 5-2 所示。

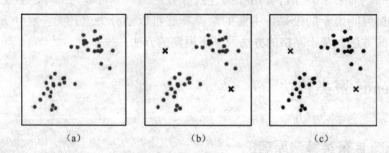

图 5-2  对 $n$ 个样本点进行 k-means 聚类的效果

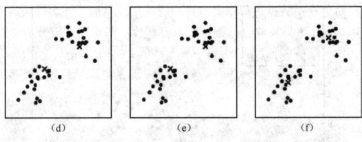

图 5-2 对 $n$ 个样本点进行 k-means 聚类的效果（续）

### 5.2.3 k-means 在智能运输信息处理中的 MATLAB 应用实例

某汽车生产公司在生产新车型前对市场进行调研，现有 150 辆汽车数据，汽车生产公司想对其进行分类，以便进行比较研究。根据汽车生产公司的要求对 150 辆汽车数据进行 k-means 聚类分析，X 文件是包含 150 辆汽车的尺寸、重量、发动机型号信息的三维数据表。

算法如下：

```
load X. mat;
opts = statset('Display', 'final');      %调用 k-means 函数
%X N*P 的数据矩阵
%Idx N*1 的向量,存储的是每个点的聚类标号
%Ctrs K*P 的矩阵,存储的是 K 个聚类质心位置
%SumD 1*K 的和向量,存储的是类间所有点与该类质心点距离之和
%D N*K 的矩阵,存储的是每个点与所有质心的距离
[Idx, Ctrs, SumD, D] = kmeans(X, 3, 'Replicates', 3, 'Options', opts);
%画出聚类为 1 的点。X(Idx = =1, 1),为第一类的样本的第一个坐标;X(Idx = =1, 2)为第二类的样本的第二个坐标
plot(X(Idx = =1, 1), X(Idx = =1, 2), 'r.', 'MarkerSize', 14)
hold on
plot(X(Idx = =2, 1), X(Idx = =2, 2), 'b.', 'MarkerSize', 14)
hold on
plot(X(Idx = =3, 1), X(Idx = =3, 2), 'g.', 'MarkerSize', 14)
%绘出聚类中心点,kx 表示是圆形
plot(Ctrs(:, 1), Ctrs(:, 2), 'kx', 'MarkerSize', 14, 'LineWidth', 4)
plot(Ctrs(:, 1), Ctrs(:, 2), 'kx', 'MarkerSize', 14, 'LineWidth', 4)
plot(Ctrs(:, 1), Ctrs(:, 2), 'kx', 'MarkerSize', 14, 'LineWidth', 4)
legend('Cluster 1', 'Cluster 2', 'Cluster 3', 'Centroids', 'Location', 'NW')
Ctrs
SumD
```

执行结果如图 5-3 所示。

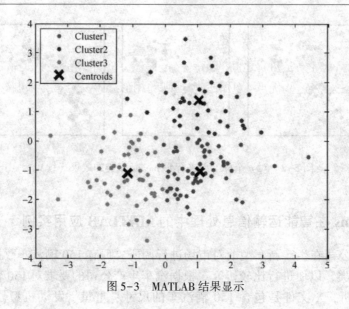

图 5-3　MATLAB 结果显示

## 5.3　层次聚类算法

### 5.3.1　层次聚类算法原理

根据层次分解的顺序是自底向上的还是自顶向下的，层次聚类算法分为凝聚的层次聚类算法和分裂的层次聚类算法。

凝聚的层次聚类算法：也称自底向上的方法，首先将每个对象作为单独的一个聚类，然后根据性质和规则相继地合并相近的类，直到所有的对象都合并在一个聚类中，或者满足一定的终止条件。经典的层次凝聚算法以 AGNES 算法为代表，改进的层次凝聚算法主要以 BIRCH，CURE，ROCK，CHAMELEON 为代表。

分裂的层次聚类算法：也称自顶向下的方法，算法思路与凝聚法相反。首先将所有的对象都看作是一个聚类，然后在每一步中，上层的类被分裂为下层更小的类，直到每个类只包含一个单独的对象，或者也满足一个终止条件为止。分裂层次聚类算法将生成与凝聚层次聚类算法完全相同的类集，只是生成过程的次序完全相反。经典的层次分裂算法以 DIANA 算法为代表。

四种广泛采用的簇间距离度量方法如下。

最小距离：

$$d_{\min}(c_i,c_j) = \min_{p \subset c_i, p' \subset c_j} |p-p'| \tag{5-2}$$

最大距离：

$$d_{\max}(c_i,c_j) = \max_{p \subset c_i, p' \subset c_j} |p-p'| \tag{5-3}$$

平均值的距离：

$$d_{\mathrm{mean}}(c_i,c_j) = |m_i - m_j| n_i \tag{5-4}$$

平均距离：

$$d_{\text{avg}}(c_i, c_j) = \frac{1}{n_i n_j} \sum_{p \subset c_i} \sum_{p' \subset c_j} |p - p'| \tag{5-5}$$

式中：$|p-p'|$ 是两个对象 $p$ 和 $p'$ 之间的距离；$m_i$ 是簇 $c_i$ 的平均值；$n_i$ 是簇 $c_i$ 中对象的数目。

层次聚类算法具有这些优点：①距离和规则的相似度容易定义，限制少；②不需要预先制订聚类数；③可以发现类的层次关系。

算法仍然具有一些缺点：①计算复杂度太高（考虑并行化）；②奇异值会产生很大影响；③算法很可能聚类成链状；④算法不需要预定聚类数，但是需要选择目标聚类效果的层次，这需要按照实际客观情况及经验来完成。

### 5.3.2 层次聚类算法步骤

这里主要介绍 AGNES 算法与 DIANA 算法的步骤。

**1. AGNES 算法**

AGNES 算法是凝聚的层次聚类算法，如果簇 $c_1$ 中的一个对象和簇 $c_2$ 中的一个对象之间的距离是所有属于不同簇的对象间欧几里得距离中最小的，簇 $c_1$ 和簇 $c_2$ 可能被合并。这是一种单连接方法，每个簇可以被簇中的所有对象代表，两个簇之间的相似度由这两个簇中距离最近的数据点对的相似度来确定。

算法描述如下。

输入：包含 $n$ 个对象的数据库和簇的数目 $k$（终止条件）。

输出：$k$ 个簇。

步骤：

（1）将每个对象当成一个初始簇；

（2）根据两个簇中最近的数据点找到最近的两个簇；

（3）合并两个簇，生成新的簇的集合；

（4）重复步骤（2）~（3），直到达到定义的簇的数目为止。

**2. DIANA 算法**

DIANA 算法属于分裂的层次聚类算法，首先将所有的对象初始化到一个簇中，然后根据一些原则（比如最邻近的最大欧几里得距离），将该簇分类。直到到达用户指定的簇数目或者两个簇之间的距离超过了某个阈值。

DIANA 算法用到如下两个定义。

（1）簇的直径：在一个簇中的任意两个数据点都有一个欧几里得距离，这些距离中的最大值是簇的直径。

（2）平均相异度（平均距离）：两个簇中所有样本的距离的平均值。

算法描述如下。

输入：包含 $n$ 个对象的数据库和簇的数目 $k$（终止条件）。

输出：$k$ 个簇，达到终止条件规定的簇的数目。

步骤：

（1）将所有对象整个当成一个初始簇；

（2）在所有簇中挑选出具有最大直径的簇；

（3）找出所挑出簇里与其他点平均相异度最大的一个点放入 splinter group，剩余的放入

old party 中；

（4）在 old party 里找出到 splinter group 中点的最近距离不大于 old party 中点的最近距离的点，并将该点加入 splinter group；

（5）重复步骤（2）~（4），直到没有新的 old party 的点被分配给 splinter group 为止；

（6）splinter group 和 old party 为被选中的簇分裂成的两个簇，与其他簇一起组成新的簇集合；

（7）重复步骤（2）~（6），直到达到定义的簇的数目为止。

### 5.3.3 层次聚类在智能运输信息处理中的 MATLAB 应用实例

下面介绍一个使用凝聚层次聚类方法的案例：某地区现有 5 个车站，车站的坐标位置如表 5-1 所示，现对该地区的车站服务水平进行调查，需要组织人手进行实地调研，所以根据车站地理位置对其进行层次聚类分析，能够合理安排人手，避免人力资源的浪费。

表 5-1 车站坐标信息表

| 车站 \ 坐标 | $x$ | $y$ | $z$ |
| --- | --- | --- | --- |
| s1 | 4.170220 | 7.203245 | 0.001144 |
| s2 | 3.023326 | 1.467559 | 0.923386 |
| s3 | 1.862602 | 3.455607 | 3.967675 |
| s4 | 5.388167 | 4.191945 | 6.852195 |
| s5 | 2.044522 | 8.781174 | 0.273876 |

层次聚类算法的 MATLAB 程序实现如下。

**第 1 步** 获取所有样本的距离矩阵。

通过 scipy 来计算距离矩阵，计算样本两两间的欧几里得距离，将矩阵（如表 5-2 所示）用一个 DataFrame 进行保存，方便查看。

```
from scipy.spatial.distance import pdist, squareform
#获取距离矩阵
dist_matrix = pd.DataFrame(squareform(pdist(df, metric="euclidean")),
    columns=labels, index=labels)
print(dist_matrix)
```

表 5-2 距离矩阵表

|  | s1 | s2 | s3 | s4 | s5 |
| --- | --- | --- | --- | --- | --- |
| s1 | 0.000000 | 5.921486 | 5.924800 | 7.582099 | 2.661359 |
| s2 | 5.921486 | 0.000000 | 3.816715 | 6.940139 | 7.407354 |
| s3 | 5.924800 | 3.816715 | 0.000000 | 4.614354 | 6.483742 |
| s4 | 7.582099 | 6.940139 | 4.614354 | 0.000000 | 8.689952 |
| s5 | 2.661359 | 7.407354 | 6.483742 | 8.689952 | 0.000000 |

**第 2 步** 获取全连接矩阵的关联矩阵。

通过 scipy 的 linkage 函数，获取一个以全连接作为距离判定标准的关联矩阵（linkage

matrix),如表 5-3 所示。

```
from scipy.cluster.hierarchy import linkage
#以全连接作为距离判断标准,获取一个关联矩阵
row_clusters = linkage(dist_matrix.values, method="complete", metric="euclidean")
#将关联矩阵转换成为一个 DataFrame
clusters = pd.DataFrame(row_clusters, columns=["label 1", "label 2", "distance", "sample size"],
    index=["cluster %d"%(i+1) for i in range(row_clusters.shape[0])])
print(clusters)
```

表 5-3 关联矩阵表

|  | label 1 | label 2 | distance | sample size |
| --- | --- | --- | --- | --- |
| cluster 1 | 0.0 | 4.0 | 4.232402 | 2.0 |
| cluster 2 | 1.0 | 2.0 | 5.949535 | 2.0 |
| cluster 3 | 3.0 | 6.0 | 10.068266 | 3.0 |
| cluster 4 | 5.0 | 7.0 | 13.377485 | 5.0 |

表 5-3 中第 1 列是簇的编号,第 2 列和第 3 列是簇中最不相似(距离最远)的编号,第 4 列是样本的欧几里得距离,最后一列表示的是簇中样本的数量。

**第 3 步** 通过关联矩阵绘制树状图。

```
from scipy.cluster.hierarchy import dendrogram
import matplotlib.pyplot as plt
row_dendr = dendrogram(row_clusters, labels=labels)
plt.tight_layout()
plt.ylabel("欧几里得距离")
plt.show()
```

所绘制的树状图如图 5-4 所示。

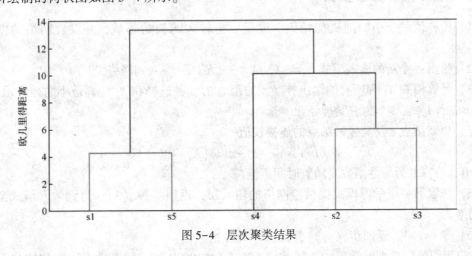

图 5-4 层次聚类结果

通过图 5-4,可以直观地发现。首先是 s1 和 s5 合并,s2 和 s3 合并,然后 s2、s3、s4 合并,最后再和 s1、s5 合并。

## 5.4 SOM 聚类算法

### 5.4.1 SOM 聚类算法原理

SOM（自组织映射）网络是由芬兰神经网络专家 Kohonen 教授提出的。该算法假设在输入对象中存在一些拓扑结构或顺序，可以实现从输入空间（$n$ 维）到输出平面（2 维）的降维映射，其映射具有拓扑特征保持性质，与实际的大脑处理有很强的理论联系。SOM 结构如图 5-5 所示，它由输入层和竞争层（输出层）组成。输入层神经元数为 $n$，竞争层是由 $m$ 个神经元组成的一维或者二维平面阵列，网络是全连接的，即每个输入结点都同所有的输出结点相连接。

SOM 网络能将任意维输入模式在输出层映射成一维或二维图形，并保持其拓扑结构不变；网络通过对输入模式的反复学习可以使权重向量空间与输入模式的概率分布趋于一致，即概率保持性。网络的竞争层中各神经元竞争对输入模式的响应机会，获胜神经元有关的各权重朝着更有利于它竞争的方向调整，即以获胜神经元为圆心，对近邻的神经元表现出兴奋性侧反馈，而对远邻的神经元表现出抑制性侧反馈，近邻者相互激励，远邻者相互抑制。一般而言，近邻是指从发出信号的神经元为圆心，半径为 50~500 μm 的神经元；远邻是指半径为 0.2~2 mm 的神经元。比远邻更远的神经元则表现弱激励作用，由于这种交互作用的曲线类似于墨西哥人戴的帽子，因此也称这种交互方式为"墨西哥帽"。

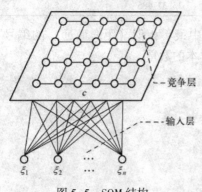

图 5-5 SOM 结构

### 5.4.2 SOM 聚类算法步骤

（1）给权值赋予小的随机初始值；设置一个较大的初始邻域，并设置网络的循环次数 $T$。

（2）给出一个新的输入模式 $X_k = \{X_{1k}, X_{2k}, \cdots, X_{nk}\}$，输入到网络上。

（3）计算模式 $X_k$ 和所有的输出神经元的距离 $d_{jk}$，并选择和 $X_k$ 距离最小的神经元 $c$，即 $X_k - W_c = \min\{d_{ij}\}$，则 $c$ 为获胜神经元。

（4）更新结点 $c$ 及其领域结点的连接权值

$$W_{ij}(t+1) = W_{ij}(t) + \eta(t)[X_i - W_{ij}(t)] \tag{5-6}$$

式中：$0 < \eta(t) < 1$ 为增益函数，随着时间逐渐减小。

（5）选取另一个学习模式提供给网络的输入层，返回步骤（3），直到输入模式全部提供给网络。

（6）令 $t = t+1$，返回步骤（2），直至 $t = T$ 为止。

在自组织映射模型的学习中，通常取 $500 \leq T \leq 10000$。$N_c$ 随着学习次数的增加逐渐减小。增益函数 $\eta(t)$ 也就是学习率。由于 $\eta(t)$ 随时间的增加而渐渐趋向零，因此，保证了学习过程必然是收敛的。

## 5.4.3 SOM 聚类在智能运输信息处理中的 MATLAB 应用实例

下面介绍一个使用 SOM 聚类城市轨道交通车站数据的案例：

如何准确依据地铁车站的实际需求和客流情况进行客流的控制及运行图的调整呢？如果对所有车站一视同仁，运营部门将消耗大量的人力、物力。因此，对特别繁忙的车站和客流稀疏的车站应该采取分级管理，而地铁的分级标准无疑是一个难题。在缺少分级标准并且没有学习样本的情况下，采用 SOM 对车站客流数据进行聚类分析。样本数据包含车站以 15 分钟为粒度的进站乘客数量、车站在路网中的度、拓扑重要度及车站承载能力。

SOM 聚类算法具有将多维数据转化为二维映射的能力，处理高维度数据聚类具有较好的效果。车站数据作为多维度数据，其处理较为复杂，通过 SOM 对数据进行聚类处理，为车站客流划分控制提供依据。

SOM 聚类 MATLAB 实现主要分为五个步骤。

**第 1 步** 根据聚类目的选取聚类数据集（见表 5-4）。

表 5-4 聚类数据集选取

| 特征 | 属性 | 参数选择 |
| --- | --- | --- |
| 拓扑结构 | 路线距离 | 路径跨站数 |
|  | 连接车站数 | 度 |
|  | 车站地理位置 | 经纬度 |
| 客流属性 | 站台空间 | 站台客流日平均密度 |
|  | 乘客需求 | 乘客高峰进站速度 |
|  | 目前限流等级 | 根据限流时间长度分成 6 级，无限流取 0 |
|  | 区域客流密度 | 空间基尼系数 |
| 客流控制可行性 | 线路联通状况 | 列车满载率 |
|  | 列车控制可行性 | 区域间隔能否满足大站停车，用 0 或 1 表示 |
|  | 协同车站客流控制可行性 | 断面客流量是否满载 |
| 其他因素 | 地理位置重要度 | 车站附近经济文化指数 |

**第 2 步** 数据清洗、归一化。

数据归一化后有三个好处：①归一化后加快了梯度下降法的求最优解的速度；②归一化后可以提高运算的精度；③对于难以界定的逻辑性数据，也可以通过归一化处理将其区分。

**第 3 步** 设置聚类算法参数。

调用 nntool 工具箱，参数选取如图 5-6 所示。

**第 4 步** 根据数据聚类 somhits 图设置输出维度。

数据输出结构使得每一类分开，类间距离足够大，并且死结点较少。somhits 试验过程如图 5-7 所示。

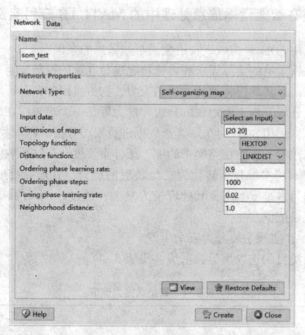

图 5-6　参数选取

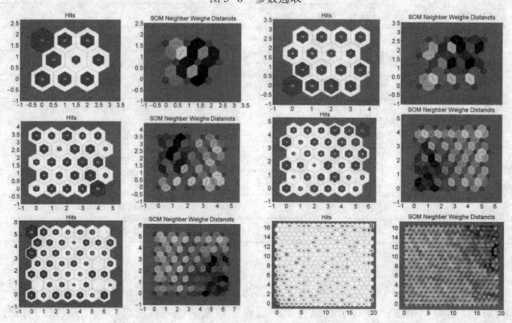

图 5-7　somhits 试验过程

**第 5 步**　划分聚类结果。

经过试验证明,车站数据被分为 16 类,如图 5-8 所示,类别之间的差异大,聚类结果较好。

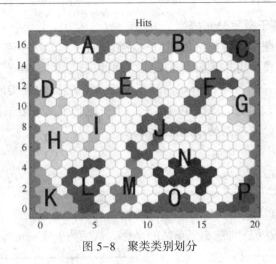

图 5-8 聚类类别划分

## 小结

本章详细地介绍了聚类算法的原理和其内在逻辑，分析判断不同数据之间的规律及聚类的依据，使读者掌握聚类算法的选择及其实际应用。对于一个聚类问题，要挑选最适合、最高效的算法就必须对要解决的聚类问题本身进行剖析，下面从几个侧面分析聚类问题的需求。

**1. 聚类结果是排他的还是可重叠的**

为了很好地理解这个问题，以一个例子进行分析，假设聚类问题需要得到两个簇："喜欢詹姆斯·卡梅隆电影的用户"和"不喜欢詹姆斯·卡梅隆的用户"，这其实是一个排他的聚类问题，对于一个用户，要么属于"喜欢"的簇，要么属于"不喜欢"的簇。但如果聚类问题是"喜欢詹姆斯·卡梅隆电影的用户"和"喜欢里奥纳多电影的用户"，那么这个聚类问题就是一个可重叠的问题，一个用户可以既喜欢詹姆斯·卡梅隆又喜欢里奥纳多。

所以这个问题的核心是，对于一个元素，是否可以属于聚类结果中的多个簇，如果是，则是一个可重叠的聚类问题，如果否，那么是一个排他的聚类问题。

**2. 基于层次还是基于划分**

其实大部分人想到的聚类问题都是"划分"问题，就是拿到一组对象，按照一定的原则将它们分成不同的组，这是典型的划分聚类问题。但除了基于划分的聚类，还有一种在日常生活中也很常见的类型，就是基于层次的聚类问题，它的聚类结果是将这些对象分等级，在顶层将对象进行大致的分组，随后每一组再被进一步地细分，也许所有路径最终都要到达一个单独实例，这是一种"自顶向下"的层次聚类解决方法，对应的，也有"自底向上"的。其实可以简单地理解，"自顶向下"就是一步步地细化分组，而"自底向上"就是一步步地归并分组。

**3. 簇数目固定的还是无限制的聚类**

这个属性很好理解，就是聚类问题倒底是在执行聚类算法前已经确定聚类的结果应该得到多少簇，还是根据数据本身的特征，由聚类算法选择合适的簇的数目。

### 4. 基于距离还是基于概率分布模型

基于距离的聚类问题是将距离近的相似的对象聚在一起。给个基于概率分布模型的简单的例子：一个概率分布模型可以理解是在 $n$ 维空间的一组点的分布，而它们的分布往往符合一定的特征，比如组成一个特定的形状。基于概率分布模型的聚类问题，就是在一组对象中，找到能符合特定分布模型的点的集合，它们不一定是距离最近的或者最相似的，但一定是能完美地呈现出概率分布模型所描述的现象。

## 习题 5

5.1 分析各聚类算法适用于哪种类型的数据，有何优缺点？

5.2 下面有一组数据分别是 6 个车站的坐标，试使用 k-means 聚类算法将数据聚类。

|    | $x$ | $y$ |
|----|-----|-----|
| P1 | 0   | 0   |
| P2 | 1   | 2   |
| P3 | 3   | 1   |
| P4 | 8   | 8   |
| P5 | 9   | 10  |
| P6 | 10  | 7   |

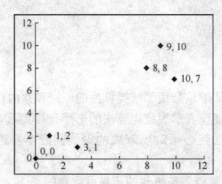

# 第6章 智能运输信息关联分析技术

## 6.1 概述

### 6.1.1 关联分析的概念和应用

关联分析，又称关联挖掘，其描述的是两个或多个变量之间的某种潜在关系的特征规则，即从给定的数据集如交易数据、关系数据或其他信息载体中，查找存在于项目集合或对象集合之间的频繁模式、关联、相关性或因果结构，并展示属性值频繁地在给定数据集中一起出现的条件。实际上，对于任何存在一定关联的两个或两个以上事物，都可以通过其他事物推测另外一个事物的某些特征。

挖掘关联规则的基本任务就是通过用户指定最小支持度和最小置信度，挖掘出大型数据库中的强关联规则。从广义上讲，关联分析是数据挖掘的本质，其任务分为两大类：①预测任务——其任务的主要目标是根据其他属性的值，预测特定属性的值，被预测属性一般称为目标变量或因变量，而用来做预测的属性称为说明变量或自变量；②描述任务——其任务的主要目标是导出概况数据中潜在的模式（关联、趋势、聚类、轨迹和异常）。

目前，关联分析已广泛应用于Web挖掘、文档分析、通信警告分析、网络入侵检测、生物信息学和地球科学等领域，以及其他类型的学习问题，如分类、回归和聚类等。对于交通运输领域，关联分析的应用还不多，主要在事故分析、运输经济评价、交通流空间分析等方面有所涉及。例如在交通事故分析中，如果能够发现道路交通事故数据中各属性的关联，特别是驾驶员、车辆、道路、天气、时间等可能引起事故发生的原因因素与事故类型、事故主要原因、事故形态等可能导致事故的结果因素之间的规则，从中得到规律，那么交管部门就可以通过对驾驶员、车辆、道路、天气、时间等因素的某些特征来判断导致道路交通事故发生的可能性，从而指导交管部门的工作，这对减少事故、杜绝交通隐患有着十分重要的意义。

### 6.1.2 关联分析的相关定义

**1. 形式化定义**

频繁项集指经常出现在一起的物品的集合。如果事件 $A$ 中包含 $k$ 个元素，那么称这个事件 $A$ 为 $k$ 项集事件，$A$ 满足最小支持度阈值的事件称为频繁 $k$ 项集。关联规则暗示两种物品之间存在很强的关系（这里事先定义阈值，超过该阈值，证明两者之间存在很强的关系）。

设集合 $I=\{i_1,i_2,\cdots,i_n\}$，其中 $i_k(1\leq k\leq n)$ 称为项。设 $D$ 是 $I$ 的事务集，每个事务 $T$ 包含若干项 $i_1,i_2,\cdots,i_n$，每个事务都有一个标识 TID。若项集 $X\subseteq T$，则关联规则就是形如 $X\Rightarrow Y$ 的蕴涵式，其中 $X,Y\subseteq I$，而且 $X\cap Y=\varnothing$，$X$ 为前提，$Y$ 为结果，则 $XY$ 为频繁二项集。

**2. 支持度**

项集的支持度被定义为数据集中包含该项集的记录所占的比例。事先需要定义一个最小支持度（min Support），只保留满足最小支持度的项集。

对于事务 $X$，$Y$，它们的组合为 $XY$，若 $XY$ 在总事务中出现的频次 $f$ 低于阈值即最小支持度，则在设定的阈值的前提下，认为 $XY$ 发生的概率是比较低的，因此可以忽略；若 $f$ 大于阈值，则认为 $XY$ 的组合有一定的关联，具有普遍规律，具有研究价值。在这里 $f$ 即称为支持度。

**3. 置信度**

置信度的形式化定义为

$$\text{Confidence}(X \Rightarrow Y) = \text{Support}(X \cup Y)/\text{Support}(X) \tag{6-1}$$

该置信度指在 $X$ 发生的事件中同时发生 $Y$ 的概率 $P(XY)/P(X)$。例如在交通事故关联分析中，倒车⇒撞刮行人，[支持度：1.48%，置信度：21.48%]。其中支持度 1.48% 意味着 1.48% 交通事故中倒车和撞刮行人同时发生；置信度 21.48% 意味着倒车 21.48% 会导致撞刮行人。

组合事件 $XY$ 发生的频次 $f$ 与事件 $X$ 单独发生的次数 $f_X$ 的比值过低，甚至低于预先设置的临界阈值，则不能说明事件 $X$ 的发生在很大程度上决定着 $Y$ 的发生，即 $X$ 和 $Y$ 的关联性较小。

同时满足最小支持度阈值和最小置信度阈值的规则称为强规则。一个事务数据库中的关联规则非常多，因此，若不加以对关联规则支持度和置信度的考虑，那么在事务数据库中的关联规则将会以数据库的大小呈指数级的速度增长，从而造成大量的噪声规则。事实上，大多数研究者并不对所有的规则感兴趣，只对满足最小支持度和最小置信度的规则感兴趣，并做进一步优化。

## 6.2 一般关联规则算法——Apriori 算法

### 6.2.1 Apriori 算法原理

因为关联分析需要从大规模的数据集中寻找数据之间隐含关系，而这里存在的主要问题是，寻找数据的不同组合是一项十分耗时的任务，所需的计算代价很高，蛮力搜索并不能解决这个问题。因此本章节介绍使用 Apriori 算法来解决上述问题。Apriori 算法是一种挖掘关联规则的频繁项集算法，其核心思想是通过候选集生成和情节的向下封闭检测两个阶段来挖掘频繁项集。Apriori 算法也属于无监督学习，它强调的是"从数据 $X$ 中能够发现什么"。

Apriori 算法使用频繁项集的先验知识，是一种逐层搜索迭代算法。频繁 $k$ 项集用来探索和寻找频繁 $k+1$ 项集，通过多次扫描数据库，生成所有的频繁项集。在生成频繁项集时，为提高效率，Apriori 算法利用 Apriori 性质缩小频繁项集的搜索空间。它主要包括发现频繁项集和挖掘关联规则这两步。

**Apriori 性质**：如果项集 $X$ 是频繁项集，那么它的所有非空子集都是频繁项集。

**推论**：如果项集 $X$ 是非频繁项集，那么它的超集都是非频繁项集。

通过 Apriori 性质及其推论可知在确定了一个项集是非频繁项集了之后，它所对应的超集的支持度就可以不去计算了，这在很大程度上避免了项集数目的指数增长，可以更加合理地计算频繁项集。比如 {1, 2} 出现的次数已经小于最小支持度了（非频繁的），那么超集 {0, 1, 2} 的组合肯定也是非频繁的了。

目前 Apriori 算法的缺点有：①由频繁 $k-1$ 项集进行自连接生成的候选 $k$ 项集数量巨大；②在验证候选 $k$ 项集的时候需要对整个数据库进行扫描，非常耗时。

针对上述缺点，频集算法的几种优化方法包括：①基于划分的方法；②基于 hash 的方法；③基于采样的方法；④减少交易的个数。

### 6.2.2 Apriori 算法步骤

**1. Apriori 算法的基本步骤**

关联规则挖掘包含以下步骤：

（1）生成频繁项集。根据问题定义，这些项集支持度满足最小支持度。

（2）据生成的频繁项集 $L$ 和设定的最小置信度，得到强关联规则。

步骤（2）相对容易，因此挖掘关联规则所需的工作量集中在步骤（1）上，关联规则挖掘的性能由步骤（2）中涉及的具体算法所决定。对于 Apriori 算法，其基本过程是：扫描一遍数据库，得到一阶频繁项；用一阶频繁项构造二阶候选项；扫描数据库对二阶候选项进行计数，删除其中的非频繁项，得到二阶频繁项；然后构造三阶候选项，以此类推，直到无法构造更高阶的候选项，或到达频繁项集的最大长度限制。

**2. Apriori 算法的具体步骤**

如图 6-1 所示，Apriori 算法的具体步骤可分为以下三步。

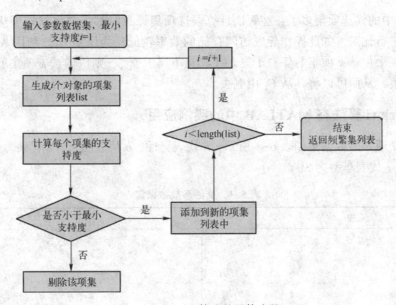

图 6-1 Apriori 算法的具体步骤

**第 1 步** 扫描一次数据库 $D$，计算所有单个项的支持度，生成频繁 1 项集 $L_1$。

**第 2 步** 利用 $L_1$ 来找频繁 2 项集 $L_2$；如此下去，直到不能再扩展频繁项集的模时，算法停止。在第 $k$ 次循环中，先产生候选 $k$ 项集的集合 $C_k$，然后扫描数据库得到 $L_k$。放在一起，得到所有的频繁项集。

**第3步** 在生成的频繁项集基础上，得到满足最小置信度的强关联规则。

可见，在整个挖掘过程中，挖掘和生成所有频繁项集是核心，它占据了绝大部分计算量。为明白 Apriori 性质在频繁项集挖掘过程中的作用，以 $L_{k-1}$ 产生 $L_k$ 为例说明。在这个过程中，包含了连接（Join）和剪枝（Prune）两个操作。

1）连接

将 $L_{k-1}$ 与自身连接得到候选 $k$ 项集集合 $C_k$，产生频繁 $k$ 项集 $L_k$。

设 $l_1$ 和 $l_2$ 是 $L_{k-1}$ 中的两个项集，$l_i$ 中的第 $j$ 项，记为 $l_i[j]$。假设 Apriori 算法对项集的各项已按字典顺序排列，即对于频繁 $i$ 项集 $l_i$，满足 $l_i[1]<l_i[2]<\cdots<l_i[k-1]$。将 $L_{k-1}$ 与自身相连接，如果满足如下约束条件：

$$(l_1[1]=l_2[1])\&\&(l_1[2]=l_2[2])\&\&\cdots\&\&(l_1[k-2]=l_2[k-2])\&\&(l_1[k-1]=l_2[k-1]) \quad (6-2)$$

那么可以断定 $l_1$ 和 $l_2$ 可连接，连接的结果表示为 $\{l_1[1],l_1[2],\cdots,l_1[k-1],l_2[k-1]\}$。设 $L_{k-1}$ 与自身连接操作记为 $L_{k-1}\oplus L_{k-1}$，其含义是，若 $l_1$ 和 $l_2$ 中的前 $k-2$ 项完全相同，则 $L_{k-1}$ 中的两个元素 $l_1$ 和 $l_2$ 的项可以进行连接步操作。

2）剪枝

假设 $C_k$ 是 $L_k$ 的一个超集，即 $C_k$ 中的各元素（项集）有可能是非频繁项集，但所有的频繁 $k$ 项集一定都在 $C_k$ 中，即有 $L_k\subseteq C_k$。扫描一遍数据库，确定 $C_k$ 中每个候选项集（元素）的支持数，判断是否小于最小支持度计数。如果不是，则该候选项集就是属于 $L_k$ 的频繁项集。

一旦 $C_k$ 中的候选项集多了，在每次计算候选项集计数时都需要将候选项集与数据库中的所有事务进行比对，如此操作导致访问存储的效率较低。为压缩 $C_k$，利用 Apriori 性质及其推论，若某个候选 $k$ 项集的任一子集 $k-1$ 项集不属于 $L_{k-1}$，则该候选 $k$ 项集就不可能成为一频繁 $k$ 项集，从而可以将其从 $C_k$ 中删去。

### 6.2.3 Apriori 算法在 MATLAB 中的实例应用

假设有交通事故数据集如表 6-1 所示，$a$ 代表男性，$b$ 代表阴天，$c$ 代表驾龄小于 3 年，$d$ 代表大风，$e$ 代表车型为 SUV。

表 6-1 交通事故数据集

| 序号 | 内容 |
| --- | --- |
| 1 | $a, c, e$ |
| 2 | $b, d$ |
| 3 | $b, c$ |
| 4 | $a, b, c, d$ |
| 5 | $a, b$ |
| 6 | $b, c$ |
| 7 | $a, b$ |
| 8 | $a, b, c, e$ |
| 9 | $a, b, c$ |
| 10 | $a, c, e$ |

以该数据集为例，归纳 Apriori 算法步骤如下。

**第1步**　初始化各参数。

```
inputfile = 'menu_orders.txt';     % 销量及其他属性数据
outputfile = 'as.txt';             % 输出转换后0,1矩阵文件
minSup = 0.2;                      % 最小支持度
minConf = 0.5;                     % 最小置信度
nRules = 1000;                     % 输出最大规则数
sortFlag = 1;                      % 按照支持度排序
rulefile = 'rules.txt';            % 规则输出文件
%调用转换程序,把数据转换为0,1矩阵,自定义函数
[transactions, code] = trans2matrix(inputfile, outputfile, ',');
```

**第2步**　调用关联规则函数计算各频繁项集。

[Rules, FreqItemsets] = findRules(transactions, minSup, minConf, nRules, sortFlag, code, rulefile);

下面是该函数的定义过程，如图6-2所示。

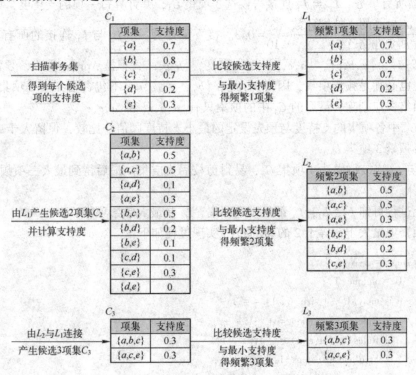

图6-2　关联规则函数的定义过程

（1）过程一：找最大 $k$ 项频繁集。

① Apriori 算法简单地扫描所有的事务，事务中的每一项都是候选1项集的集合 $C_1$ 的成员，计算每一项的支持度。比如 $P(\{a\}) = \dfrac{\text{项集}\{a\}\text{的支持度计数}}{\text{所有事务个数}} = \dfrac{7}{10} = 0.7$。

```
T = [ ];
    for i = 1:N
```

```
        S = sum(transactions(:,i))/M;
        if S >= minSup
            T = [T; i];
        end
    end
    FreqItemsets{1} = T;
```

② 对 $C_1$ 中各项集的支持度与预先设定的最小支持度阈值作比较,保留大于或等于该阈值的项,得频繁 1 项集 $L_1$。

③ 扫描所有事务,$L_1$ 与 $L_1$ 连接得候选 2 项集 $C_2$,并计算每一项的支持度。如 $P(\{a,b\}) = \dfrac{项集\{a,b\}的支持度计数}{所有事务个数} = \dfrac{5}{10} = 0.5$。接下来是剪枝,由于 $C_2$ 的每个子集(即 $L_1$)都是频繁集,所以没有项集从 $C_2$ 中被剔除。

④ 对 $C_2$ 中各项集的支持度与预先设定的最小支持度阈值作比较,保留大于或等于该阈值的项,得频繁 2 项集 $L_2$。

⑤ 扫描所有事务,$L_2$ 与 $L_1$ 连接得候选 3 项集 $C_3$,并计算每一项的支持度,如 $P(\{a,b,c\}) = \dfrac{项集\{a,b,c\}的支持度计数}{所有事务个数} = \dfrac{3}{10} = 0.3$。接下来是剪枝,$L_2$ 与 $L_1$ 连接的所有项集为 $\{a,b,c\}$,$\{a,b,d\}$,$\{a,b,e\}$,$\{a,c,d\}$,$\{a,c,e\}$,$\{b,c,e\}$,根据 Apriori 算法,频繁项集的所有非空子集也必须是频繁项集,因为 $\{b,d\}$,$\{b,e\}$,$\{c,d\}$ 不包含在频繁 2 项集 $L_2$ 中,即不是频繁项集,应剔除,最后的 $C_3$ 中的项集只有 $\{a,b,c\}$ 和 $\{a,c,e\}$。

⑥ 对 $C_3$ 中各项集的支持度与预先设定的最小支持度阈值作比较,保留大于或等于该阈值的项,得频繁 3 项集 $L_3$。

⑦ $L_3$ 与 $L_1$ 连接得候选 4 项集 $C_4$,易得剪枝后为空集。最后得到最大三项频繁集 $\{a,b,c\}$ 和 $\{a,c,e\}$。

由以上过程可知 $L_1$,$L_2$,$L_3$ 都是频繁项集,$L_3$ 是最大频繁项集。

查找频繁项集大于或等于 2 的 MATLAB 实现过程如下:

```
for steps = 2:N
    U = unique(T);
    if isempty(U) || size(U,1) == 1
        Rules{1}(ct:end) = [];
        Rules{2}(ct:end) = [];
        FreqItemsets(steps-1:end) = [];
        break
    end
    Combinations = nchoosek(U', steps);
    TOld = T;
    T = [];
    for j = 1:size(Combinations, 1)
        if ct > nRules
            break;
```

```
            else
                if sum(ismember(nchoosek(Combinations(j, :), steps-1), TOld, 'rows')) - steps+
1>0
                    S = mean((sum(transactions(:, Combinations(j, :)), 2)-steps)>=0);
                    if S >= minSup
                        T = [T; Combinations(j, :)];
                        for depth = 1:steps-1
                            R = nchoosek(Combinations(j, :), depth);
                            for r = 1:size(R, 1)
                                if ct > nRules
                                    break;
                                else
                                    Ctemp = S/mean((sum(transactions(:, R(r, :)), 2)-depth)
= =0);
                                    if Ctemp > minConf
                                        Rules{1}{ct} = R(r, :);
                                        Rules{2}{ct} = setdiff(Combinations(j, :),R(r, :));
                                        RuleConf(ct) = Ctemp;
                                        RuleSup(ct) = S;
                                        ct = ct+1;
                                    end
                                end
                            end
                        end
                    end
                end
            end
        end
        FreqItemsets{steps} = T;
    end
```

(2) 过程二: 由频繁集产生关联规则。

置信度的计算公式为

$$\text{Confidence}(A \Rightarrow B) = P(A \mid B) = \frac{\text{Support}(A \cup B)}{\text{Support}(A)} = \frac{\text{Support\_count}(A \cup B)}{\text{Support\_count}(A)} \quad (6\text{-}3)$$

式中: Support_count($A \cup B$)是包含项集 $A \cup B$ 的事务数; Support_count($A$)是包含项集 $A$ 的事务数。根据该公式,可以计算关联规则的置信度。

在这里举例说明置信度的计算,例如:

$$\text{Confidence}(a \Rightarrow b) = P(a \mid b) = \frac{\text{Support}(a \cup b)}{\text{Support}(a)} = \frac{\text{Support\_count}(a \cup b)}{\text{Support\_count}(a)} = \frac{5}{7} = 0.714286$$

$$\text{Confidence}(a,b \Rightarrow c) = P(c \mid a,b) = \frac{\text{Support}(c \cup a,b)}{\text{Support}(a,b)} = \frac{\text{Support\_count}(c \cup a,b)}{\text{Support\_count}(a,b)} = \frac{3}{5} = 0.6$$

$$\text{Confidence}(e \Rightarrow a, c) = P(a, c \mid e) = \frac{\text{Support}(a, c \cup e)}{\text{Support}(e)} = \frac{\text{Support\_count}(a, c \cup e)}{\text{Support\_count}(e)} = \frac{3}{3} = 1$$

## 6.3 序列模式挖掘算法——PrefixSpan 算法

序列模式挖掘是数据挖掘众多领域之中非常重要的研究方向，是数据挖掘中用于发现数据样本中相对时间顺序或其他规律顺序呈现出高频率子序列的技术。

所谓序列模式，一般定性的定义是：在一组有序的数据列组成的数据集中，经常出现的那些序列组合构成的模式。其定量表述为：给定一个正整数 min_sup，表示最小支持度阈值，如果序列 $T$ 在序列数据库 $S$ 中存在 $\text{support}_S(T) \geqslant \text{min\_sup}$，则序列 $T$ 是频繁序列，也叫序列模式。

时序关联规则挖掘与关联规则挖掘非常相似，区别在于时序关联规则表述的是基于时间的关系，而不是基于数据对象间的关系，序列模式挖掘的对象及结果都是有序的，即数据集中的每个序列的条目在时间或空间上是有序排列的，输出的结果也是有序的。因此，在关联模式内加入时间要素，考虑某一模式在其他模式出现前后一段时间内关联出现的频率，是时序关联规则挖掘的主要任务。

举个简单的例子来说明，关联规则在交通领域一个经典的应用是挖掘隧道检测数据中的关联，如通过关联分析烟雾浓度超标数据、通风控制周期数据、污染物超标数据等之间存在的内在组合的规律性。如果考虑多次时间序列的数据，那么这些不同时间点的检测记录数据就构成了一个检测序列，$N$ 次检测的序列就组成一个规模为 $N$ 的序列数据集。考虑这些时间上的因素之后，就能得到一些比关联规则更有价值的规律。比如关联挖掘经常能挖掘出如通风控制周期小和烟雾浓度高的搭配规律，而序列模式挖掘则能挖掘出当前存在事件对下一周期隧道可能存在时间的演变等带有一定因果性质的规律。所以，序列模式挖掘比关联挖掘能得到更深刻的知识。

序列模式挖掘算法可以总结成两大类，一种是基于 Apriori 类算法，主要应用 Apriori 性质，如 AprioriALL、GSP 算法；另一种是基于模式增长的方法，采用分而治之的原理，反复把数据库投影到比它小的数据集里，在较小的数据集上进行模式扩展的序列挖掘，如 FreeSpan、PrefixSpan 算法。PrefixSpan 算法是目前应用广泛且效率较高的序列模式挖掘算法，它仅根据各个频繁前缀子序列作投影，通过递归逐步减小投影序列集的规模，提高生成序列模式的效率。因此，本节重点分析 PrefixSpan 算法的原理、步骤及其在 MATLAB 中的应用等相关问题。

序列模式挖掘主要用于客户购买行为模式的分析、Web 访问模式的预测、疾病诊断、自然灾害预测、DNA 序列分析等。在交通领域中，可用于分析交通信息流数据、交通故障检测数据及交通事故等数据，是按时间、空间分布的车辆过车记录，主要指通过对道路过往车辆进行捕获和识别所采集到的如车牌号码、过车时间、行驶方向、监测点位置等信息，其属于典型的时间序列数据，因此运用序列模式挖掘算法分析交通流数据，可使目标车辆查找更加高效，从而为发现各种涉车违法行为提供技术支持。

## 6.3.1 PrefixSpan 算法原理

PrefixSpan 算法是 FreeSpan 算法的改进算法，通过前缀投影挖掘序列模式，减少了投影次数，且序列收缩较快。其基本思想为：序列数据投影时，并不考虑所有可能出现的频繁子序列，只检验前缀序列，然后把相应的后缀序列投影成投影数据库。每个投影数据库中，只检查局部频繁模式，在整个过程中不需要生成候选序列模式，从而大大缩减了检索空间。相关定义如下。

**1. 前缀**

设每个元素中的所有项目按照字典序排列。给定序列 $\alpha=\langle e_1,e_2,\cdots,e_n \rangle$，$\beta=\langle e'_1,e'_2,\cdots,e'_m \rangle$，$(m \leq n)$，如果 $e'_i=e_i(i \leq m-1)$，$e'_m \subseteq e_m$，并且 $(e_m-e'_m)$ 中的项目均在 $e'_m$ 中项目的后面，则称 $\beta$ 是 $\alpha$ 的前缀。

例如：序列 $\langle(ab)\rangle$ 是序列 $\langle(abd)(acd)\rangle$ 的一个前缀；序列 $\langle(ad)\rangle$ 则不是。

**2. 投影**

给定序列 $\alpha$ 和 $\beta$，如果 $\beta$ 是 $\alpha$ 的子序列，则 $\alpha$ 关于 $\beta$ 的投影 $\alpha'$ 必须满足：$\beta$ 是 $\alpha'$ 的前缀，$\alpha'$ 是 $\alpha$ 的满足上述条件的最大子序列。

例如：对于序列 $\alpha=\langle(ab)(acd)\rangle$，其子序列 $\beta=\langle(b)\rangle$ 的投影是 $\alpha'=\langle(b)(acd)\rangle$；$\langle(ab)\rangle$ 的投影是原序列 $\langle(ab)(acd)\rangle$。

**3. 后缀**

序列 $\alpha$ 关于子序列 $\beta=\langle e_1,e_2,\cdots,e'_m \rangle$ 的投影为 $\alpha'=\langle e_1,e_2,\cdots,e_n \rangle (n \geq m)$，则序列 $\alpha$ 关于子序列 $\beta$ 的后缀为 $\langle e''_m,e_{m+1},\cdots,e_n \rangle$，$e''_m=(e_m-e'_m)$。

例如：对于序列 $\langle(ab)(acd)\rangle$，其子序列 $\langle(b)\rangle$ 的投影是 $\langle(b)(acd)\rangle$，则 $\langle(ab)(acd)\rangle$ 对于 $\langle(b)\rangle$ 的后缀为 $\langle(acd)\rangle$。

**4. 投影数据库**

设 $\alpha$ 为序列数据库 $S$ 中的一个序列模式，则 $\alpha$ 的投影数据库为 $S$ 中所有以 $\alpha$ 为前缀的序列相对于 $\alpha$ 的后缀，记为 $S|\alpha$。

**5. 投影数据库中的支持度**

设 $\alpha$ 为序列数据库 $S$ 中的一个序列，序列 $\beta$ 以 $\alpha$ 为前缀，则 $\beta$ 在 $\alpha$ 的投影数据库 $S|\alpha$ 中的支持度为 $S|\alpha$。

**6. 最大子序列**

给定序列 $\alpha$ 和 $\beta$，如果 $\beta$ 是 $\alpha$ 的子序列，则 $\alpha$ 关于 $\beta$ 的投影 $\alpha'$ 需要满足 $\beta$ 是 $\alpha'$ 的前缀，$\alpha'$ 是 $\alpha$ 的满足上述条件的最大子序列。

## 6.3.2 PrefixSpan 算法步骤

PrefixSpan 算法的主要步骤如下。

（1）扫描序列数据库，找到长度为 1 的频繁序列模式 $L_1$。

（2）分割搜索空间：将整个数据库中按照上一步找到的序列模式（比如 $k$ 个）作为前缀，构成 $k$ 个投影数据库，即根据长度为 1 的序列模式，生成相应的投影数据库。

（3）在相应的投影数据库上重复上述步骤，直到在相应的投影数据库上不能产生长度为 1 的序列模式为止。

（4）分别对不同的投影数据库重复上述过程，直到没有新的长度为 1 的序列模式产生为止。

### 6.3.3 PrefixSpan 算法在 MATLAB 中的实例应用

**1. 数据来源简介**

隧道内车道相对封闭，光线时弱时强，污染较为严重，空气不易流通，等等，所以隧道内道路及行车环境差于普通公路。因此，公路隧道交通的特点决定其交通事件的分类与特点。公路隧道交通事件可分为货物洒落、车辆故障、交通挤塞、烟雾和 CO 浓度超标、风速和光照异常等类型。如果这些交通事件没有得到及时处理，很可能引起交通事故，如撞车、火灾等。在以上隧道交通事件类型中，有些属于突发偶然间事件，如货物洒落；有些属于主观人为事件，如驾驶员没有定期保养车辆造成车辆故障，这些隧道交通事件一般不会频繁出现且没有一定规律遵循，隧道监控系统也无法采集这些事件涉及的相关数据。在本节实例中将检测频繁出现、有一定规律可循且涉及的相关数据可以由隧道监控系统采集的隧道交通事件，如隧道内交通拥塞、烟雾浓度超标造成的隧道交通事件。

隧道监控系统是一个涉及多个变量的复杂系统，除了涉及通风系统的烟雾浓度和 CO 浓度变量，还包括车流量、隧道内风速等变量。因此，本实例选择烟雾浓度 VI（$m^{-1}$）、CO 浓度（ppm）、风速 WS（m/s）、车流量 Flux（车辆数/h）作为交通事件检测的属性数据。这些数据由相应的传感器每 150 秒采集一次，并以时间为关键字，分别存储在数据库中。因此，参考国家标准，当隧道交通事件发生，即烟雾浓度超标（$\geqslant 0.0075\ m^{-1}$）时，把此时烟雾浓度、CO 浓度、风速、车流量数据作为一组交通事件属性数据。为体现样本性，选取同一位置的四台设备，每台设备采集对应一种数据。这四种数据的容量均为一个月，且以采集的时间为关键字，从而构建交通事件数据库。此数据库包括时间关键字（Ttime）、烟雾浓度（VI）、CO 浓度（CO）、车流量（Flux）、风速（WS）五个字段。

**2. 数据编码**

在隧道交通事件属性数据中，由于传感器类型不一样，造成数据类型不统一。而许多有关序列模式挖掘的研究主要针对符号模式，因为以实数形式表示的时间序列不便于模式的表达和提取。因此，本实例将一定范围内的实数数据转化为符号数据，如表 6-2 所示，符号模式分两位，第一位表示传感器种类，本实例中，1 对应 VI 值、2 对应 CO 值、3 对应 Flux 值、4 对应 WS 值。第二位表示原始数据范围所对应的符号与三种数据符号化类似，具体数值范围根据实际略有不同。

表 6-2　烟雾浓度 VI 的符号模式

| 数值/$10^3\ m^{-1}$ | [7.5, 8) | [8, 8.5) | [8.5, 9) | [9, 9.5) | … |
|---|---|---|---|---|---|
| 符号 | 10 | 11 | 12 | 13 | … |

**3. 序列数据参数选择**

对序列模式挖掘，存在一些参数，其取值将严重影响挖掘结果。第一个参数是时间序列持续时间，在本实例训练数据中为 1 个月；第二个参数是时间间隔，在本实例中传感器每 150 秒采集一次信息；第三个参数是事件重叠窗口。下面主要分析事件重叠窗口，它是在指定时间周期内出现的一组事件,可以视为某一分析中一起出现的事件。由于本实例判定一个交通事件是根据烟雾浓度是否超标,而烟雾浓度是隧道通风系统的重要参数,所以参考通风控制周期来约束事件重叠窗口大小。

公路隧道通风系统是一个典型的大滞后系统,若通风控制周期较小,会造成风机的开启/关闭更频繁,若控制周期太长,不利于节能和解决时滞性问题。故在通风设计惯例中,通风控制周期一般取 15 分钟。实际中,由于隧道长度的不同造成污染物从洞口到洞尾的移动时间略有不同。本实例分别选取 10 分钟、15 分钟、20 分钟作为事件重叠窗口参数进行实验。在此时间段内,符号化的交通事件数据构成一个原始序列。各序列按发生的时间排序构成了本实例的原始序列数据库,且每个序列内部也按时间排序。传感器工作周期为 150 秒,因此一个原始序列在不同参数下,分别有 4 组、6 组、8 组数据。

**4. 试验结果分析**

结合前面对数据的预处理,可知提取的交通事件数据中各组数据在一个通风控制周期内高度相似、频繁出现,且一个原始序列长度较长。因此,当参数一定时,原始序列数据属于典型的稠密数据。故采用 PrefixSpan 算法,并利用事件重叠窗口参数约束原始序列长度。

表 6-3 是事件重叠窗口为 20 分钟、最小支持度分别为 0.15、0.2、0.25 时,实验生成的部分模式。

表 6-3 实验生成的部分模式

| Min_Support = 0.15 | Min_Support = 0.2 | Min_Support = 0.25 |
|---|---|---|
| 15 31 3115 45 15 | 15 28 28 15 46 | 15 28 28 15 |
| 31 28 28 28 28 31 28 31 28 31 28 | 28 28 28 28 28 28 31 28 31 | 28 28 28 31 28 31 28 31 |
| 46 28 28 28 28 28 31 | 46 28 31 28 31 28 31 | 46 28 31 28 31 28 31 |

以主属性烟雾浓度 VI 值为参考,分析表 6-3 中 Min_Support 为 0.15 时生成的部分模式。

(1) 纵观这些模式,最频繁出现的元素是 15、28、31、46。可知交通事件发生时,其属性数据的特征:VI 浓度范围在 [10, 11]($10^{-3}$ m$^{-1}$)、CO 浓度范围在 [21, 25](ppm)、车流量在 80 辆/h 左右、风速范围在 [2.5, 3.8](m/s)。

(2) 横看挖掘出的模式,从最长的模式:31 28 28 28 28 31 28 31 28 31 28。可知一个交通事件发生时,一段时间内 CO 浓度在车流量下的变化趋势。此模式可形成一条规则:(Flux = 60, CO = 21)→(Flux = 80, CO = 25)=[0.875, 0.015, 150]。

(3) 再看以风速为前缀生成的模式:46 28 28 28 28 28 28。此模式可形成一条规则:(WS = 2.5, CO = 21)→(WS = 3.8, CO = 25)=[0.75, 0.015, 150]。

## 小结

本章主要介绍了关联分析的相关概念、定义和方法,关联分析具体来说就是挖掘两个或者多个变量的取值之间的规律性,找出这种关联关系并以规则的形式表达出来时,就是关联规则。本章主要介绍的两种关联分析方法分别是 Apriori 算法和 PrefixSpan 算法,两种虽然都是序列模式挖掘算法，但在应用范围上存在较为明显的区别。

Apriori 算法的基本思想为先遍历序列数据库生成候选项集，并利用 Apriori 性质进行剪枝得到频繁项集。每次遍历都是通过连接上次得到的频繁项集生成新的长度加 1 的候选项集，然后扫描每个候选序列验证其是否为频繁项集。Apriori 算法需要产生大量的候选项集，需要有足够的存储空间；同时还需要反复扫描数据库，需要占用很多运行时间；因此执行效率比较低，特别是在支持度比较低的情况下，其执行效率将会大大下降。但使用 Apriori 算法不需要进行数据库分割，且实现难度较低，在稀疏数据集的应用中比较合适，不适合稠密数据集的应用。

PrefixSpan 算法是 FreeSpan 算法的改进算法，其基本思想为：投影时不考虑所有可能出现的频繁子序列，只检查前缀序列，然后把相应的后缀投影成投影数据库。每个投影数据库中，只检查局部频繁模式，在整个过程中不需要生成候选序列。PrefixSpan 算法快且更有效，特别是在支持度比较低的情况下更明显。在稀疏数据集和稠密数据集中都适用，而且在稠密数据集中它们的优势更加明显，但是实现难度较大。

## 习题 6

6.1　请简述 Apriori 算法的基本流程。
6.2　请简述序列模式挖掘算法的核心思想。

# 第 7 章 信息可视化技术

## 7.1 概述

数据在日常生活中发挥着不可替代的重要作用，在如今的信息化社会，数据影响着每一次决策。然而实现数据的有效利用仍然存在较大困难，部分的数据在经过必要的处理后，其背景和含义变得难以理解，很难将数据正确地呈现给用户。对于属性值多、关联属性抽象的数据，其结果反映的信息往往难以正确表达。

信息可视化是解决上述问题的有效方法。信息可视化是指将数据集中的数据以图形、图像形式表示，并利用数据分析和开发工具发现其中新信息的处理过程。

其目的是更好地将数据、数据分析结果的含义传达给用户，方便用户理解，并辅助决策。信息可视化能把多属性的数据整理在同维度中，给用户更形象具体的展示，将数据根据其关联属性，形象地表示出其变化规律及属性，得到其他表示方法难以得到的结论。

## 7.2 信息可视化常用方法

信息可视化有许多方法，根据数据种类和用户需求使用不同的图表，能够提高工作效率，挖掘分析新的结论。

### 7.2.1 柱状图

柱状图（bar chart）是由多条矩形条构成的图表。其中矩形条的长度代表了数据值的大小，通过矩条形的长短来表示数据数值及分布。柱状图适用于二维数据集，数据集一般包含两个属性，通常只有一个维度需要比较。

柱状图利用数据柱的高度反映数据的差异，因为肉眼对高度差异很敏感，所以辨识效果很好。柱状图的局限在于只适用中小规模的数据集，对于大型、属性多而复杂的数据集，柱状图往往由于篇幅有限而难以表达。

通常来说，柱状图的 $X$ 轴是时间维度，符合用户的一般习惯，如图 7-1 所示。如果遇到 $X$ 轴不是时间维度的情况，建议用颜色区分每根柱子，改变用户对时间趋势的关注。

### 7.2.2 直方图

直方图（histogram）是通过矩形长条的长度，来反映一组连续变量的概率分布的图表。其中横轴属性经过了分箱变换，将数据集中的一个连续属性等分（或不等分）成若干箱（bin），纵轴表示的是在横轴属性所表示箱内的频数，通过矩形高度反映数据的分布规律。

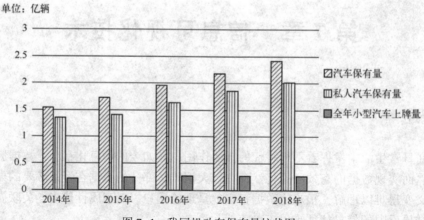

图 7-1　我国机动车保有量柱状图

直方图与数据分箱有很大的关系，图的形状取决于箱的大小、箱的个数、是否等分等因素，而数据柱的高度则取决于箱内的数据量。其中分箱常用的方式有：①等深分箱；②等宽分箱；③V-optimal 分箱。具体内容见本书第 2 章。

图 7-2 是同样的数据集在不同的箱宽下得到不同的统计表示，可以看出当箱的宽度缩小时，反映数据的表示就更具体，但是整体的趋势反映难以观察。直方图和条形图类似，是用矩形长条来表示数据的大小，但两者仍有诸多区别。学习时注意区分。

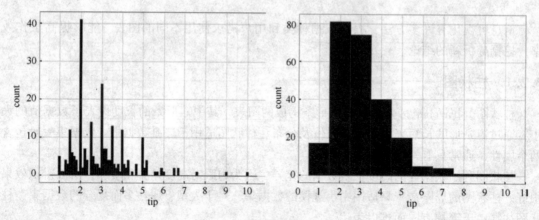

图 7-2　不同箱宽下的直方图

### 7.2.3　折线图

折线图（line chart）是由一系列数据点连接而成的折线构成的图表，其目的是反映属性变化趋势，而忽略数据点的数值。折线图适合二维的大数据集，尤其是在那些趋势比单个数据点更重要的场合，如图 7-3 所示。

它还适合多个二维数据集的比较，在同一张图中将两条折线对比，以图示区别，得到数据上升或下降趋势、峰谷值、周期等因素，如图 7-4 所示。

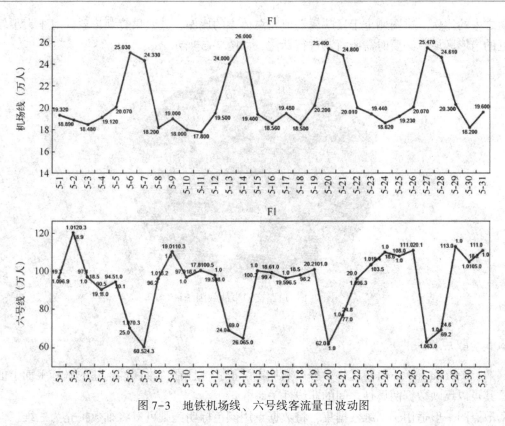

图 7-3 地铁机场线、六号线客流量日波动图

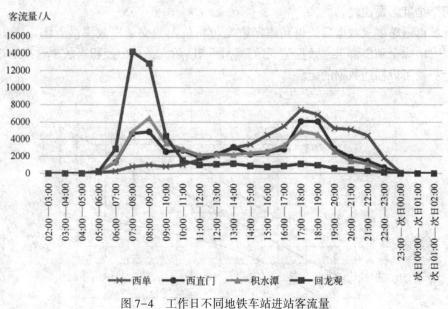

图 7-4 工作日不同地铁车站进站客流量

### 7.2.4 饼图

饼图（pie chart）是由被划分的饼形构成的，其中每块部分表示数据的某一属性值在数

据集之中的比例。饼图侧重于反映属性值在总体中的比例,其效果直观形象。对于大小较为相近的扇形区域,必要时需要对其进行标注,如图7-5所示。

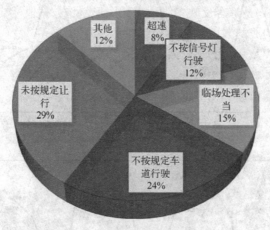

图7-5　道路交通事故致因统计

### 7.2.5　散点图

散点图(scatter chart)是将数据以数据点的形式标注在二维属性构建的坐标平面上的图形,其可以反映数据两属性之间的非线性关系。

散点图一般适用于二维数据集,将数据点用颜色标明,则可以将维数扩充为三维,但其中只有两个维度需要比较。

统计城市道路事故数据后,得到路网密度与单位面积交通事故率散点图,如图7-6所示,可以看出除个别离群点,数据呈现道路路网密度越大,单位面积事故率越高的规律,通过添加趋势线可以描述数据的走势。

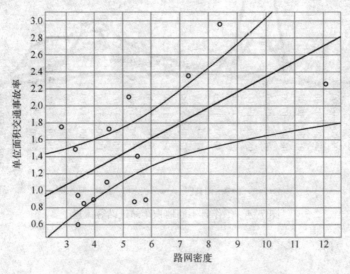

图7-6　路网密度与单位面积交通事故率散点图

## 7.2.6 雷达图

雷达图（radar chart）是综合反映多维数据的图形，将数据值标在固定维数的坐标轴上，并将这些数据点连接，构成的多边形表示了数据的综合属性。如果这些属性对数据的表达影响方向相同，则其面积表示数据的综合评价。

雷达图适用于多维数据（四维以上），且每个维度可以排序的情况。但是，它有一个局限，就是数据点过多会导致图形无法辨别，因此适用场合有限。

图 7-7 是三种交通方式评分雷达图，可以看出，在运载速度、运输能力、舒适度、时效性、费用、运输距离、运输可靠性、安全性、普适性方面，各种运输方式具有其自身的优势与劣势，通过雷达图面积，直观反映了交通运输方式的综合评价。需要注意的是：如用户不熟悉雷达图，解读有困难时，应尽量加上说明，减轻解读负担。

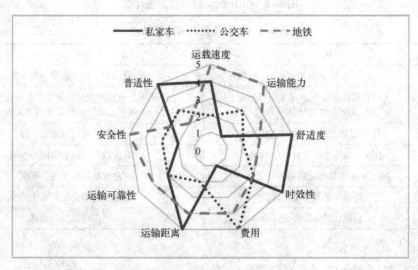

图 7-7　三种交通方式评分雷达图

## 7.2.7 帕累托图

帕累托图（Pareto chart）是由柱状图和折线图构成的图表，其中按照数值将数据柱降序排列，并将累积和用折线表示。其中左侧纵轴表示柱状图数据值，右侧纵轴表示折线图百分比。

帕累托图的目的在于强调一个组中最重要的组成部分，在质量控制中，它往往代表了最常见缺陷的来源，最高发生缺陷类型，或最常见的原因。

图 7-8 是 CRH 列车检修的故障统计图，电气系统、给水卫生系统、内装系统、转向架系统故障合计已经达到了 80%，从而能够分析高铁列车系统的常见问题来源。

表 7-1 是各可视化图表的优缺点。

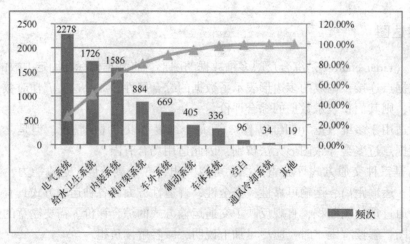

图 7-8 CRH 列车检修故障统计图

表 7-1 各可视化图表的优缺点

| 图表名称 | 优 点 | 缺 点 |
| --- | --- | --- |
| 柱状图 | 辨识效果好 | 只适用于中小规模的数据集 |
| 直方图 | 可以根据图形体现的样本频率分布，大致估计总体的分布 | 频率分布直方图的原始数据不能在图中表示出来，一些基本信息丢失 |
| 折线图 | 直观反映连续数据的变化趋势 | 对数据点的表现力不强 |
| 饼图 | 直观反映属性值在总体中的比例 | 对大数据维数表现能力不强 |
| 散点图 | 反映两组数据之间的相互关系 | 对数据趋势表现力不强 |
| 雷达图 | 综合各种属性全面评价 | 数据点过多会导致无法辨识 |
| 帕累托图 | 直观反映事物组成部分 | 用户理解较为困难 |

## 7.3 信息表达技巧

信息可视化借助于图形化的手段，清晰、快捷有效地传达信息。从用户的角度，信息可视化可以让用户快速抓住要点信息，让关键的数据点从人类的眼睛快速通往心灵深处。信息可视化一般会具备以下几个特点：准确性、创新性和简洁性。

对于交通而言，其具有数据量大和地理环境关系紧密的特点，并且呈现一定的时序规律。正确地利用图表方法，达到准确表达的目的，需要一定的技巧和方法。

### 7.3.1 面积尺寸可视化

对同一类图形的长度、高度或面积加以区别，来清晰地表达不同指标对应的指标值之间的对比。这种方法会让浏览者对数据及其之间的对比一目了然。制作这类数据可视化图形时，要用数学公式计算来表达准确的尺度和比例。面积尺寸可视化技巧如表 7-2 所示。

在比较不同数据的同种属性时，使用柱状图，能够清晰地对比同种数据量的大小。求解整体中各组成部分的比例时，使用饼图，其面积反映了数据在整体中所占比例。比较同一空间路径或者时间序列的几组数据，使用折线图，可以反映在空间路径上系统指标的变化。

表 7-2 面积尺寸可视化技巧

| 待表达量值 | 使用图表 | 可视化技巧 |
| --- | --- | --- |
| 同类事物的同种属性（多样本之间） | 柱状图 | 通过数学公式计算构成数量轴 |
| 多类事物的同种属性 | 柱状图 | 通过不同颜色区分不同事物，保持属性刻度一致 |
| 属性在整体中的比例 | 饼图 | 饼图分块不宜过多 |
| 反映时间序列变化 | 折线图 | 横轴标注为时间流动 |
| 反映空间路径变化 | 折线图 | 横轴标注为空间路径 |

## 7.3.2 颜色可视化

通过颜色的深浅来表达指标值的强弱和大小，是数据可视化设计的常用方法，用户一眼看上去便可整体地看出哪一部分指标的数据值更突出。

对于多维数据，通过加入颜色以展示不同图形之间的差别，使数据得到区分。一般将冷色至暖色的顺序作为数据量值递增的顺序，这样符合人的视觉感受。

以热力图为例，热力图是以特殊高亮的形式显示访客热衷的页面区域或访客所在的地理区域的图示。通过标明不同颜色，给人直观的数据印象。如图 7-9 所示。

图 7-9 北京不同时段交通枢纽热力图

## 7.3.3 地域空间可视化

当指标数据要表达的主题跟地域有关联时，一般会选择用地图为大背景。这样用户可以直观地了解整体的数据情况，同时也可以根据地理位置快速地定位到某一地区来查看详细数据。在经纬度坐标的地图上还可以插入二维图形，丰富地图表达含义。

气泡图是散点图的一种变体，通过每个点的面积大小，反映第三维数据值的大小。通过在地图上标注气泡的大小，表示不同地理位置的属性维度。

图 7-10 是城市交通需求量气泡图，三个属性分别为经度、纬度、需求量大小。点的面积越大，就代表强度越大。如果为气泡加上不同颜色（或文字标签），气泡图就可用来表达四维数据，转为表达不同的需求种类在市区内部的需求分布。

图 7-10 城市交通需求量气泡图

### 7.3.4 概念可视化

通过将抽象的指标数据转换成用户熟悉的、容易感知的数据,用户便更容易理解图形要表达的意义。图 7-11 表示的是中国机动车保有量,用了美国地图的地理概念图和人口的概念图合成,为了反映中国机动车的数量巨大,通过图形化将"中国机动车保有量达 320 000 000,超过美国人口总和"的文字转化为图形表示,使用户更直接地了解所表示的含义。

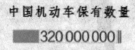 

图 7-11 中国机动车保有量

## 小结

本章主要介绍了信息可视化的相关概念、常用方法和表达技巧。信息可视化就是把数据、信息和知识转化为可视的表示形式并获得对数据更深层次认识的过程。其目的是更好地将数据、数据分析结果的含义传达给用户,方便用户理解,并辅助决策。信息可视化日益成为不同领域方向的关键要素。

在本章中介绍了柱状图、直方图、折线图、饼图、散点图、雷达图和帕累托图这七种常用的可视化方法，以及面积尺寸可视化、颜色可视化、空间地域可视化和概念可视化这四种信息表达技巧。这些方法有助于以直观方式传达抽象信息。

## 习题 7

7.1 什么是信息可视化？你认为可视化的核心是什么？

7.2 信息可视化的常用图表有哪些？其适用条件是什么？

7.3 影响信息可视化的因素有哪些？请简述。

# 第 8 章 道路交通违法事故信息处理案例

## 8.1 数据的获取与预处理

### 8.1.1 数据的来源

在历史的长河中，交通对生产要素的流动、城镇的发展有着决定性的影响，在便捷的交通对社会产生巨大贡献的同时，各类交通事故也严重地影响了人们生命财产安全和社会经济发展。随着交通系统的完善，车管数据、交通流数据、交通违法信息等各维度数据信息被汇聚成为体量巨大的交通大数据体系，然而如何更好地利用这些数据来改善当代交通，如何应用大数据技术实现交通智能化，是社会亟待解决的问题。为了更深入挖掘交通事故背后的诱因，带动公众关注交通安全，因此选用了某地区的一些与事故发生有关的数据来分析事故背后的成因。

此次数据一共包括三个文件，分别是：该地区 2015 年天气数据、该地区 2015 年交通违法数据、该地区 2015 年交通事故数据。

天气数据来自权威气象机构。交通违法数据和交通事故数据来自交管系统。

部分天气原始数据如图 8-1 所示。

| 日期 | 天气状况 | 气温 | 风力风向 |
| --- | --- | --- | --- |
| 2015年1月1日 | 阴 /阴 | 8℃ / 6℃ | 东北风 ≤3级 /南风 ≤3级 |
| 2015年1月2日 | 多云 /多云 | 12℃ / 6℃ | 南风 ≤3级 /南风 ≤3级 |
| 2015年1月3日 | 多云 /多云 | 13℃ / 7℃ | 南风 ≤3级 /南风 ≤3级 |
| 2015年1月4日 | 多云 /阴 | 13℃ / 7℃ | 东北风 ≤3级 /东南风 ≤3级 |
| 2015年1月5日 | 小雨 /小雨 | 11℃ / 3℃ | 东南风 ≤3级 /东北风 ≤3级 |
| 2015年1月6日 | 小雨 /小雨 | 6℃ / 3℃ | 东北风 ≤3级 /东北风 ≤3级 |
| 2015年1月7日 | 阴 /小雨 | 6℃ / 2℃ | 东北风 ≤3级 /东北风 ≤3级 |
| 2015年1月8日 | 小雨 /小雨 | 5℃ / 1℃ | 东北风 ≤3级 /东北风 ≤3级 |
| 2015年1月9日 | 雨夹雪 /小雨 | | 东北风 ≤3级 /东北风 ≤3级 |

图 8-1 部分天气原始数据

其中，每一列情况如下。

(1) 日期为年月日的格式，如 2015 年 1 月 1 日。

(2) 天气状况一列包括了一天内的两种状况，如多云/阴。所有数据一共包括有阴、多云、小雨、中雨、大雨、雨夹雪、晴、冻雨、阵雨、雷阵雨十种情况。

(3) 气温包括一天内的最高气温和最低气温，如 8℃/6℃。

(4) 风力风向包括了一天内的两种状况，如东北风≤3 级/南风≤3 级。风向有东北风、南风、东南风、南风四种情况。风力只有≤3 级这一种情况。

部分交通违法原始数据如图 8-2 所示。

| jszh | wfbh | wfsj | wfxw | wfj | wfnr |
|---|---|---|---|---|---|
| 6.34E+17 | 5.2E+21 | 2015/11/5 10:23 | 60230 | 0 | 驾驶机动车在高速公路、城市快速路以外的道路上不按规定车道行驶的 |
| 63333664 | 5.2E+21 | 2015/10/23 13:48 | 60230 | 0 | 驾驶机动车在高速公路、城市快速路以外的道路上不按规定车道行驶的 |
| 6.35E+17 | 5.2E+21 | 2015/10/27 16:09 | 60230 | 0 | 驾驶机动车在高速公路、城市快速路以外的道路上不按规定车道行驶的 |
| 6.35E+17 | 5.2E+21 | 2015/10/27 16:15 | 60230 | 0 | 驾驶机动车在高速公路、城市快速路以外的道路上不按规定车道行驶的 |
| 6.35E+17 | 5.2E+21 | 2015/11/16 13:22 | 60230 | 0 | 驾驶机动车在高速公路、城市快速路以外的道路上不按规定车道行驶的 |
| 6.35E+17 | 5.2E+21 | 2015/10/28 13:06 | 60230 | 0 | 驾驶机动车在高速公路、城市快速路以外的道路上不按规定车道行驶的 |
| 6.34E+17 | 5.2E+21 | 2015/10/28 13:33 | 50382 | \N | \N |
| 6.34E+17 | 5.2E+21 | 2015/10/29 15:14 | 60230 | 0 | 驾驶机动车在高速公路、城市快速路以外的道路上不按规定车道行驶的 |
| 6.34E+17 | 5.2E+21 | 2015/11/9 15:31 | 60230 | 0 | 驾驶机动车在高速公路、城市快速路以外的道路上不按规定车道行驶的 |
| 6.34E+17 | 5.2E+21 | 2015/10/30 11:07 | 10480 | 0 | 在禁止鸣喇叭的区域或者路段鸣喇叭的 |
| 6.33E+17 | 5.2E+21 | 2015/10/30 14:29 | 10480 | 0 | 在禁止鸣喇叭的区域或者路段鸣喇叭的 |
| 6.34E+17 | 5.2E+21 | 2015/10/30 19:39 | 60230 | 0 | 驾驶机动车在高速公路、城市快速路以外的道路上不按规定车道行驶的 |

图 8-2 部分交通违法原始数据

违法表数据一共包括六列，分别为：jszh（驾驶证号）、wfbh（违法编号）、wfsj（违法时间）、wfxw（违法行为）、wfjf（违法记分）、wfnr（违法内容）。

部分交通事故原始数据如图 8-3 所示。

| accidenttime | accidenti | accide | driver1fault | driver1re | driver | sex | platen | carco | sex | platen | car | jxmc1 | jxmc2 | cclzrq1 | cclzrq2 | clpp1 | clpp2 | driver | driver21 | brith1 | brith2 |
|---|---|---|---|---|---|---|---|---|---|---|---|---|---|---|---|---|---|---|---|---|---|
| 2015/2/4 | 8:23:00 | 花溪大 | 7、未按规定让 | 负全部责任 | 不负责 | 1 | 贵5VG43 | 白色 | 1 | 贵5643 | 白色 | -1 | 贵大驾校 | ########## | 2013/6/7 | 朗逸牌 | 新感觉 | 6E+16 | 6.34E+17 | 985082 | 199006 |
| 2015/2/4 | 8:40:00 | 花溪区 | 3、倒车的 | 负全部责任 | 不负责 | 1 | 贵5XC66 | 白色 | 1 | 贵5346 | 白色 | -1 | 贵州省长安 | ########## | 2013/9/16 | 长安牌 | 起亚牌 | 7E+17 | 6.35E+17 | 196904 | 199402 |
| 2015/2/4 | 7:20:00 | 白金大 | 1、追尾的 | 负全部责任 | 不负责 | 1 | 贵53466 | 蓝 | 1 | 贵5N34 | 黑 | 鑫鑫驾校 | -1 | 2006/11/30 | ########## | 华神牌 | 御翔牌 | 6E+17 | 6.35E+17 | 196907 | 198509 |
| 2015/2/4 | 9:20:00 | 金阳 | 7、未按规定让 | 负全部责任 | 不负责 | 1 | 贵56366 | 黑 | 0 | 贵5636 | 银 | 消防驾校 | 520116 | 2004/6/17 | 2008/5/29 | 众泰牌 | 长安牌 | 6E+17 | 6.35E+17 | 197512 | 197906 |
| 2015/2/4 | 9:00:00 | 新华路 | 9、不符合前8种 | 负同等责任 | 负同等 | 1 | 贵5U463 | 白色 | 1 | 贵536C | 白色 | 自培 | 自培 | 2006/1/23 | 2012/9/14 | 大众牌 | 海马牌 | 6E+17 | 6.35E+17 | 197209 | 197701 |
| 2015/2/3 | 21:50:00 | 化工路 | 8、依法应负全 | 负全部责任 | 不负责 | 1 | 贵53635 | 黑 | 1 | 贵GJ36 | 红 | 自培 | 全林驾校 | ########## | ########## | 解放牌 | 明锐牌 | 6E+17 | 6.34E+17 | 198710 | 198707 |
| 2015/2/4 | 8:00:00 | 中山东 | 1、追尾的 | 负全部责任 | 不负责 | 1 | 贵55E43 | 白色 | 1 | 贵GT63 | 白色 | 自培 | 市警校驾校 | 2012/8/27 | 2012/9/4 | 宝来牌 | 威志牌 | 6346430 | 6.35E+17 | 199402 | 198911 |
| 2015/2/4 | 7:10:00 | 中环路 | 1、追尾的 | 负全部责任 | 不负责 | 1 | 贵DE666 | 红 | 1 | 贵5R36 | 黑 | 松桃大众 | 预约考试 | ########## | 2007/8/15 | 吉利牌 | 大众汽车 | 6E+17 | 6.35E+17 | 198503 | 196911 |
| 2015/2/4 | 11:00:00 | 小河锦 | 1、追尾的 | 负全部责任 | 不负责 | 1 | 贵5N533 | 白色 | 1 | 贵5336 | 白色 | 自培 | 鑫鑫驾校 | 2004/4/13 | ########## | 朗逸牌 | 景逸牌 | 6E+17 | 6.35E+17 | 197202 | 197911 |
| 2015/2/3 | 21:40:00 | 柴林巷 | 7、未按规定让 | 负全部责任 | 不负责 | 1 | 贵56BH4 | 黑 | 1 | 贵5U63 | 绿 | 自培 | 520109 | 2006/6/9 | 2009/9/17 | 长安牌 | 瑞麒牌 | 6E+17 | 6.33E+17 | 196810 | 197602 |

图 8-3 部分交通事故原始数据

事故表中包含的内容较多，原始数据一共有 22 列，依次为：事故发生日期、事故发生时间、事故发生地点、事故违法描述、事故当事人 1 责任描述、事故当事人 2 责任描述、事故当事人 1 性别（1 代表男，0 代表女）、事故当事人 1 车牌号码、事故当事人 1 车身颜色、事故当事人 2 性别（1 代表男，0 代表女）、事故当事人 2 车牌号码、事故当事人 2 车身颜色、事故当事人 1 毕业驾校名称、事故当事人 2 毕业驾校名称、事故当事人 1 驾照初次发放日期、事故当事人 2 驾照初次发放日期、事故当事人 1 车辆品牌、事故当事人 2 车辆品牌、事故当事人 1 驾驶证号、事故当事人 2 驾驶证号、事故当事人 1 出生年月、事故当事人 2 出生年月。

## 8.1.2 数据的预处理

### 1. 数据的清洗

数据中包含较多的坏值，因此需要通过数据清洗来去除坏值。处理过程如下。

对天气表处理：可看到天气表中的天气状况和气温两列其实均包含了两种属性，即较好天气及较差天气，高温及低温。为了方便之后的分析需要对其分列，处理结果参见表 8-1。

**表 8-1 部分天气温度处理结果**

| weather1 | weather2 | temperature1/℃ | temperature2/℃ |
|---|---|---|---|
| 小雨 | 小雨 | 4 | 0 |
| 阴 | 小雨 | 6 | 2 |
| 冻雨 | 冻雨 | -1 | -3 |
| 多云 | 阵雨 | 12 | 6 |
| 阴 | 小雨 | 8 | 2 |

同理，对违法表和事故表所需处理的属性也进行分列处理。

对于生日数据，含有较多坏值，需要去除或转换坏值，处理如下：

表 8-2 部分生日处理后结果

| brith1 | brith2 |
|---|---|
| 198508 | 199006 |
| 196904 | 199402 |
| 196907 | 198508 |
| 197512 | 197906 |
| 197209 | 197701 |

出生年月一列的终极目标是想转换为驾驶人年龄，因为坏数据较多，因此处理过程比较复杂。首先观察数据发现大部分数据格式都为形如 199001 格式（即年月），而有些数据为 900101、800101 等格式（省去了数字 19），有些数据为 187001、117001、136001 等格式（初步分析为将 9 错输入为其他数字），因此需要借助 OpenRefine 对其进行一一处理，均转换为年月格式，对于完全错误的值用 -1 代替表示缺失值。最后转换结果参见表 8-2。

对于汽车车身颜色属性，也存在较多坏值，可能是当时记录错误，如错将白色输入为"拔丝"。需要对其进行统一修改。最后统一为白、黑、红、黄、灰、蓝、绿、银、棕九种颜色。

### 2. 数据变换

为了方便之后的数据处理，需要对某些属性进行变换。

首先，因为之后数据处理过程中需要考虑驾龄和年龄的关系，因此可将事故当事人驾照初次发放日期转换为驾龄，将出生日期转换为年龄。转换方式为分别用当前日期（2015 年）减去驾照初次发放日期和出生日期。变换结果参见表 8-3。

表 8-3 部分初次领证日期和生日变换后结果

| 初次领证日期 1 | 驾龄 1 | 初次领证日期 2 | 驾龄 2 | 生日 1 | 年龄 1 | 生日 2 | 年龄 2 |
|---|---|---|---|---|---|---|---|
| -1 | -1 | 2013/6/7 | 2 | 198508 | 30 | 199006 | 25 |
| 2004/9/29 | 11 | 2005/12/1 | 10 | 197111 | 44 | 198009 | 35 |
| -1 | -1 | -1 | -1 | -1 | -1 | 197805 | 37 |
| -1 | -1 | -1 | -1 | 198411 | 31 | 198202 | 33 |
| 2012/8/7 | 3 | -1 | -1 | 197708 | 38 | 199712 | 18 |

然后，为了方便之后对车辆车系和品牌进行分析，对车辆品牌进行转换和统一。如将 X3、X5、X6、X7 均归为宝马 suv，将 Q5、Q6、Q7 均改为奥迪 suv。最后再构造车辆品种属性，查询每种车所属产地类型，将每种车均归为：国产车、德系车、法系车、韩系车、美系车、日系车、英系车、瑞典车和其他。变换结果参见表 8-4。

表 8-4 部分车系变换后结果

| clpp1 | cx1 | clpp2 | cx2 |
|---|---|---|---|
| 大众 | 德系车 | 新感觉 | 其他 |
| 长安 | 国产车 | 起亚 | 韩系车 |
| 华神货车 | 其他 | 北汽 | 国产车 |
| 众泰 | 其他 | 长安 | 国产车 |
| 大众 | 德系车 | 海马 | 日系车 |
| 解放 | 国产车 | 斯柯达 | 韩系车 |

驾校属性中很多不同的驾校名称实质为同一个驾校，因此，为方便之后对驾校的分析，将驾校名称进行归类，如将十一驾驶培训有限公司、十一驾校（经开区）、十一培等均转换为十一培。

**3. 数据的离散化**

对数据某些较为连续的字段进行分段离散化处理并对其进行编号，如年龄、驾龄、时间段等。

将0~24点划分为9个时间段，分别是：[0, 5)，[5, 7)，[7, 9)，[9, 11)，[11, 13)，[13, 17)，[17, 19)，[19, 22)，[22, 24)，分别对应时间编码1~9，处理后的部分结果参见表8-5。

**表8-5　部分时间离散化及编码结果**

| | accidenttime | accidenttimecode |
|---|---|---|
| 1 | [7, 9) | 3 |
| 2 | [7, 9) | 3 |
| 3 | [7, 9) | 3 |
| 4 | [17, 19) | 7 |
| 5 | [0, 5) | 1 |
| 6 | [17, 19) | 7 |

事故责任人的驾龄分布从0年至50年不等，为方便之后分析，将驾龄分为三个区间：[0, 5)，[5, 10)，[10, 52]，分别对应编码1~3。处理结果参见表8-6。

**表8-6　部分驾龄离散化及编码结果**

| | drivingyears1 | DYcode1 | drivingyears2 | DYcode2 |
|---|---|---|---|---|
| 1 | [5, 10) | 2 | | |
| 2 | | | [5, 10) | 2 |
| 3 | | | [10, 52] | 3 |
| 4 | [0, 5) | 1 | | |
| 5 | | | [0, 5) | 1 |
| 6 | [0, 5) | 1 | [0, 5) | 1 |

同样对事故驾驶人的年龄进行离散化处理。首先在原始数据中只保留18~79岁之间的数据，其他观测值视作缺失值。将18~79岁之间的数据分为18~29岁、30~39岁、40~49岁、50~59岁、60~69岁、70~79岁，分别对应编码1~6。处理结果参见表8-7。

**表8-7　部分年龄离散化及编码结果**

| | age1 | age1Code | age2 | age2Code |
|---|---|---|---|---|
| 1 | 40~49 | 3 | 18~29 | 1 |
| 2 | 18~29 | 1 | 40~49 | 3 |
| 3 | 18~29 | 1 | 40~49 | 3 |
| 4 | 30~39 | 2 | 30~39 | 2 |
| 5 | 40~49 | 3 | 18~29 | 1 |
| 6 | 50~59 | 4 | 30~39 | 2 |

事故责任人违法次数从 0 次至 48 次不等,需要分段将其离散化。分为 0 次、1~3 次、4~10 次、10 次以上这四种类型,分别对应编码 1~4。处理结果参见表 8-8。

表 8-8　部分违法次数离散化及编码结果

| | count1 | count1code | count2 | count2code |
| --- | --- | --- | --- | --- |
| 1 | 0 | 1 | 0 | 1 |
| 2 | 0 | 1 | 1 | 2 |
| 3 | 0 | 1 | 0 | 1 |
| 4 | 1 | 2 | 2 | 2 |
| 5 | 1 | 2 | 0 | 1 |
| 6 | 0 | 1 | 1 | 2 |

温度为一些连续数值,也需对其进行离散化。首先求每天的平均温度,然后对温度进行离散化处理。设置分箱个数为 4 个。将离散化处理后的数据替换为 -2~4、5~11、12~17、18~24 的格式并进行编码,使数据更为直观。处理结果参见表 8-9。

表 8-9　部分温度离散化及编码结果

| | temperature1 | temperature2 | meantem | meantem | code |
| --- | --- | --- | --- | --- | --- |
| 1 | 4 | 0 | 2 | -2~4 | 1 |
| 2 | 4 | 0 | 2 | -2~4 | 1 |
| 3 | 4 | 0 | 2 | -2~4 | 1 |
| 4 | 4 | 0 | 2 | -2~4 | 1 |
| 5 | 4 | 0 | 2 | -2~4 | 1 |
| 6 | 6 | 1 | 3.5 | 5~11 | 2 |

接下来对剩余的未编码的字符型数据进行编码,编码为数值型数据。

首先对天气进行编码,编码规则为:大雨—7,小雨—4,多云—2,晴—1,冻雨—8,阴—3,阵雨—5,雷阵雨 6。然后将车辆的 9 种颜色分别通过数字进行如下编码:白—1、黑—2、红—9、黄—8、灰—3、蓝—4、绿—7、银—5、棕色—6。

**4. 描述性统计**

统计各月份发生的事故次数,如图 8-4 所示。

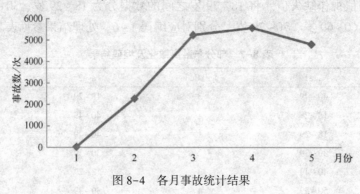

图 8-4　各月事故统计结果

从图 8-4 可看出四月发生事故数最多。

统计事故多发时间点。首先，统计各时段事故次数，然后将统计得到的次数除以其各自时段的长度得相对次数，得到的结果参见表 8-10。

表 8-10 事故时段次数统计

| 时 段 | 事故次数 | 相对次数 |
| --- | --- | --- |
| [0, 5) | 649 | 129.8 |
| [5, 7) | 245 | 122.5 |
| [7, 9) | 2368 | 1184 |
| [9, 11) | 2849 | 1424.5 |
| [11, 13) | 2459 | 1229.5 |
| [13, 17) | 4823 | 1205.75 |
| [17, 19) | 2426 | 1213 |
| [19, 22) | 1640 | 546.6667 |
| [22, 24) | 439 | 219.5 |

根据图 8-5 可看出，在白天 [7, 19) 时段，各时段发生事故的相对次数大致相等，[0, 7)，[19, 24) 时段发生事故的次数明显减少，可推测是因为该时段内车流量较小，道路较为通畅，不易发生事故。

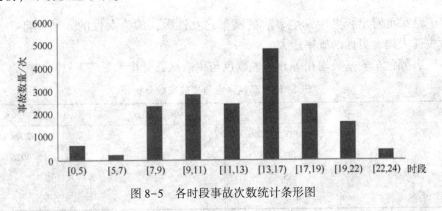

图 8-5 各时段事故次数统计条形图

查阅资料可知，我国驾驶员中，男性是女性的 3.2 倍。统计数据中各性别发生事故的个数，为了消除性别本身基数差别大的影响，将事故次数除以对应的比例，得到的结果参见表 8-11。

表 8-11 性别事故次数统计

| 性 别 | 事故次数 | 相对次数 |
| --- | --- | --- |
| 男 | 16 666 | 5208.125 |
| 女 | 1232 | 1232.000 |

作饼状图，如图 8-6 所示。

为了观察事故中两个责任人之间的性别关系，统计结果参见表 8-12。

表 8-12 两责任人性别与事故次数统计

| sex1 | sex2 | 事故次数 | 相对事故次数 |
| --- | --- | --- | --- |
| 1 | 1 | 15658 | 1529.1 |
| 1 | 0 | 1008 | 315 |
| 0 | 1 | 1064 | 332.5 |
| 0 | 0 | 168 | 168 |

可视化结果如图 8-7 所示。

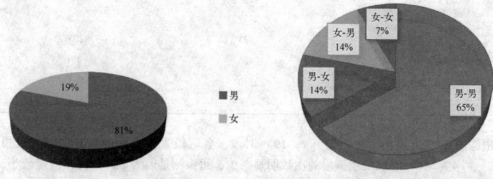

图 8-6 性别事故相对次数饼状图　　图 8-7 两责任人性别事故次数相对统计

从以上结果可看出，男性发生事故的概率比女性大，约为女性的 4 倍。且在一个事故中，事故责任人均为男性的概率较大。

假设所有颜色车辆基数均相等。车辆颜色与事故次数分析参见表 8-13。

表 8-13 车辆颜色与事故次数分析

| 颜　色 | 数　量 | 颜　色 | 数　量 |
| --- | --- | --- | --- |
| 蓝 | 983 | 银 | 2078 |
| 红 | 1497 | 黑 | 3026 |
| 白 | 9135 | 黄 | 768 |
| 绿 | 410 | | |

作各车辆颜色条形图，如图 8-8 所示。

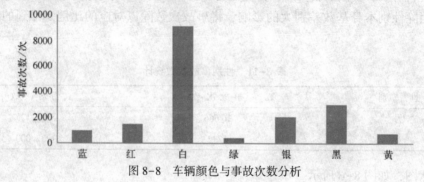

图 8-8 车辆颜色与事故次数分析

接下来，根据深色和浅色对车辆数量进行汇总，结果参见表 8-14。
作车辆色系饼状图，如图 8-9 所示。

表 8-14  车辆色系统计

| 色系 | 数量 |
|---|---|
| 深色 | 5916 |
| 浅色 | 11981 |

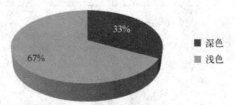

图 8-9  车辆色系统计

根据以上统计结果可得出结论：深色车发生事故概率明显小于浅色车。

将车系分为国产车、美系车、德系车、法系车等车系进行统计分析，分析发生事故较多的车系。结果如图 8-10 所示。

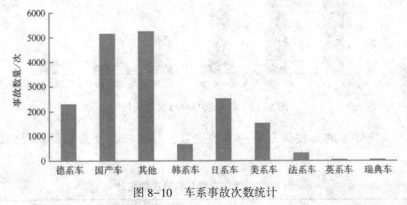

图 8-10  车系事故次数统计

由图 8-10 可看出，国产车发生事故最多。可能与这种车本身基数大有关，但如果前提假设是各种车系基数相同，则可能是国产车质量等问题导致事故多发。

定义低驾龄区间为 [0, 5)，中等驾龄区间为 [5, 10)，高驾龄区间为 [10, 52]，统计结果参见表 8-15。

表 8-15  驾龄统计

| DYcode | 驾龄段 | 事故数 | 驾龄基数比例 | 相对事故次数 |
|---|---|---|---|---|
| 1 | 低驾龄 | 4158 | 1 | 4158 |
| 2 | 中等驾龄 | 5640 | 7 | 805.7143 |
| 3 | 高驾龄 | 4910 | 5 | 982 |

作图如图 8-11 所示。

可从图 8-11 中看出，低驾龄是事故高发人群，应予以注意。

年龄段事故次数统计参见表 8-16。

统计图表如图 8-12 所示。

图 8-11  各驾龄事故次数统计

表 8-16 年龄段与事故次数统计

| age1Code | 年 龄 段 | 年龄段基数 | 事故数统计 | 相对事故数 |
| --- | --- | --- | --- | --- |
| 1 | 18~29 岁 | 60 | 4148 | 69.1333 |
| 2 | 30~39 岁 | 70 | 4956 | 10.8000 |
| 3 | 40~49 岁 | 56 | 3928 | 70.1429 |
| 4 | 50~59 岁 | 56 | 1472 | 26.2857 |
| 5 | 60~69 岁 | 32 | 190 | 5.9375 |
| 6 | 70~79 岁 | 1 | 9 | 9.0000 |

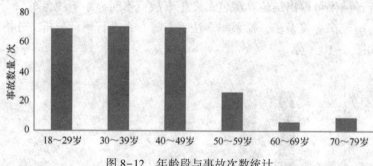

图 8-12 年龄段与事故次数统计

统计各违法次数下的驾驶员发生的事故次数,并除以其基数比例。得到的结果参见表 8-17。

表 8-17 违法次数与事故次数统计

| 违法编码 | 违法次数 | 比 例 | 事 故 次 数 | 相对次数 |
| --- | --- | --- | --- | --- |
| 1 | 0 次 | 64 | 6502 | 101.5938 |
| 2 | 1~3 次 | 53 | 5879 | 110.9245 |
| 3 | 4~10 次 | 9 | 2010 | 223.3333 |
| 4 | 10 次以上 | 1 | 312 | 312.0000 |

作图如图 8-13 所示。

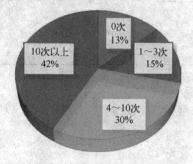

图 8-13 违法次数与事故次数统计

通过图 8-13 可看出,违法次数在 10 次以上的驾驶员发生事故的可能性最大。
统计不同天气下发生的事故次数(选择天气二作为评判标准),并且统计天气本身的基数,得到其相对事故次数,如表8-18所示。

表 8-18 天气与事故次数统计

| weather2 | 天气基数比例 | 事故次数 | 相对次数 |
| --- | --- | --- | --- |
| 小雨 | 39 | 3660 | 93.8462 |
| 冻雨 | 3 | 3 | 1.0000 |
| 多云 | 31 | 4887 | 157.6452 |
| 阴 | 25 | 2114 | 84.5600 |
| 阵雨 | 36 | 5076 | 141.0000 |
| 雷阵雨 | 13 | 1986 | 152.7692 |
| 大雨 | 1 | 172 | 172.0000 |

作图如图 8-14 所示。

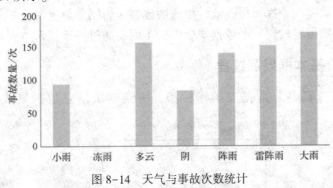

图 8-14 天气与事故次数统计

从图 8-14 可看出,大雨状况下,发生事故概率最大。
统计各气温段下的事故次数,结果如图 8-15 所示。

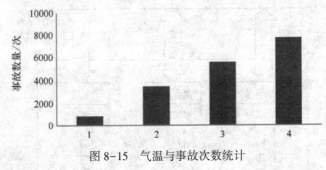

图 8-15 气温与事故次数统计

可看出温度较高情况下事故率较高,可能与驾驶员心情有关,并且在气温高的情况下,平均降雨量也大,间接导致事故量大。

## 8.2 信息的集成

### 8.2.1 信息集成处理的意义

由于集成对象不同,信息集成可分为技术集成、数据集成、应用集成和业务集成。其中,最为常见的是信息数据集成,主要是为了解决分散数据综合利用问题,通过对数据标识、注册、管理,从而确定元数据模型,对源数据进行抽取、转换、装载及清理后,按照数据利用要求加载到数据仓库,实现各子系统之间共享数据资源。

简单来说,数据集成就是将若干个分散的数据源中的数据,逻辑地或物理地集成到一个统一的数据集合中。数据集成的核心任务是要将互相关联的分布式异构数据源集成到一起,使用户能够以透明的方式访问这些数据源。

集成是指维护数据源整体上的数据一致性,提高信息共享利用的效率;透明的方式是指用户无须关心如何实现对异构数据源数据的访问,只关心以何种方式访问何种数据。

在 8.1 节中,得到了来自三个异构系统中的信息数据,分别是天气信息数据、交通违法信息数据、交通事故信息数据。本节要处理的一共有三个数据集:天气表、违法表、事故表。其中主要的表为事故表和违法表,天气表提供了事故和违法当天的天气情况。为了便于用户不受无关信息数据的干扰,更高效、更透明地直接访问分析重要的相关信息数据,需要把三个表中的信息数据集成到一个数据集合中,下面将通过表连接来达到这一目的。

## 8.2.2 信息集成基本框架及过程

根据面向"信息孤岛"数据互操作模型,得到本次信息数据集成的基本框架,如图 8-16 所示。

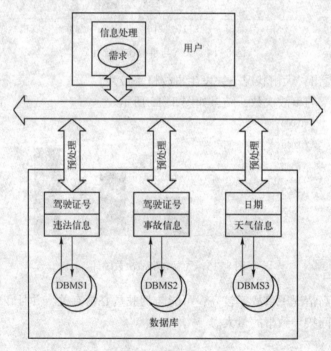

图 8-16 信息集成基本框架

信息数据集成过程如下。

(1) 将表中数据进行导入。

(2) 处理违法表。因为违法表一共有包括驾驶证号、违法编号、违法日期、违法时间、违法行为、违法记分、违法内容在内的七个字段,有 65535 条信息。而这并非是 65535 个驾驶员的违法信息，数据中可能包含有同一个驾驶员的多条违法信息。为了方便之后的数据连接及分析，需要对违法表进行整合，去掉违法编号、违法日期等之后分析中不会用到的字段，保留驾驶证号及每个驾驶证号对应的违法次数。

得到部分结果展示如表 8-19 所示。

表 8-19 违法信息汇总表

|   | jszh | count（jszh） |
|---|---|---|
| 1 | 333333643343446000 | 1 |
| 2 | 333333643344663000 | 2 |
| 3 | 333333643443344000 | 10 |
| 4 | 333333364346334446X | 1 |
| 5 | 333333643643334000 | 2 |
| 6 | 333333643643436000 | 1 |

（3）连接。将违法表与事故表连接，关联键值为驾驶证号；将天气表与事故表连接，关联键值为日期。

① 通过驾驶证号字段，将事故表与违法次数整合表进行左连接。首先连接主要责任人的驾驶证号，然后连接次要责任人的驾驶证号。得到事故表与相应的两个事故责任人一年内的违法次数情况的汇总表。

② 通过日期字段将上一步得到的表和天气表进行连接。

（4）得到连接后的两个数据集。这个数据集中均既含有所有的事故信息及其驾驶人对应的违法次数情况，又含有当天的天气状况、气温、风力风向等信息。

再对数据进行整合，去掉无用的列，得到数据结果，部分展示如表 8-20 所示。

表 8-20 数据整合表

| OID | 1 | 2 | 3 | 4 | 5 | 6 |
|---|---|---|---|---|---|---|
| Accident date | 2015/2/4 | 2015/2/4 | 2015/2/4 | 2015/2/4 | 2015/2/4 | 2015/2/3 |
| Accident time | 8:23:00 | 8:40:00 | 7:20:00 | 9:20:00 | 9:00:00 | 21:50:00 |
| Accident address | A 大道北段 | A 大道南段 | B 大道 | C 街 | D 路 | E 路 |
| LATB | 26.56724 | 26.40721 | 26.70511 | 26.66376 | 26.572 | 26.61258 |
| LNGB | 106.6972 | 106.75 | 106.6637 | 106.6259 | 106.7251 | 106.7308 |
| Driver1 fault Type | 7 | 3 | 1 | 7 | 9 | 8 |
| Driver 1 responsibility | ALL | ALL | ALL | ALL | EQUAL | ALL |
| Driver 2 responsibility | NO | NO | NO | NO | EQUAL | NO |
| sex1 | 1 | 1 | 1 | 1 | 1 | 1 |
| platenumber1 | ******* | ******* | ******* | ******* | ******* | ******* |
| carcolor1 | 白 | 白 | 蓝 | 黑 | 白 | 黑 |
| sex2 | 1 | 1 | 1 | 0 | 1 | 1 |
| platenumber2 | ******* | ******* | ******* | ******* | ******* | ******* |
| carcolor2 | 白 | 白 | 黑 | 银 | 白 | 红 |

续表

| OID | 1 | 2 | 3 | 4 | 5 | 6 |
| --- | --- | --- | --- | --- | --- | --- |
| Driving Years1 | 1 | 1 | 9 | 11 | 9 | 1 |
| Driving Years2 | 2 | 2 | 1 | 7 | 3 | 3 |
| Clpp1 | 大众 | 长安 | 华神货车 | 众泰 | 大众 | 解放 |
| Cx1 | 德系车 | 国产车 | 其他 | 其他 | 德系车 | 国产车 |
| Clpp2 | 新感觉 | 起亚 | 北汽 | 长安 | 海马 | 斯柯达 |
| Cx2 | 其他 | 韩系车 | 国产车 | 国产车 | 日系车 | 韩系车 |
| Count 1 | NA | NA | NA | 1 | 1 | NA |
| Count 2 | NA | 1 | NA | 2 | NA | 1 |
| Brith 1 | ****** | ****** | ****** | ****** | ****** | ****** |
| Age 1 | 30 | 46 | 46 | 40 | 43 | 28 |
| Brith 2 | ****** | ****** | ****** | ****** | ****** | ****** |
| Age 2 | 25 | 21 | 30 | 36 | 38 | 28 |
| Weather 1 | Xrain | Xrain | Xrain | Xrain | Xrain | Xrain |
| Weather 2 | Xrain | Xrain | Xrain | Xrain | Xrain | Xrain |
| Temperature 1 | 4 | 4 | 4 | 4 | 4 | 6 |
| Temperature 2 | 0 | 0 | 0 | 0 | 0 | 1 |
| Fx 1 | EN | EN | EN | EN | EN | EN |
| Fx 2 | EN | EN | EN | EN | EN | EN |

## 8.3 基于神经网络融合方法的交通事故多发原因分析

想要探索易导致事故发生的各种条件与环境及相应的危险等级，就得知道在哪些环境条件（雨雪天气/风向/气温）下更容易发生事故；在哪些路段和道路条件下更容易发生事故；同样的路段和环境条件下哪些驾驶员（性别/驾龄/历史违法次数）在驾驶时更易发生事故。

完成信息集成后来自三个系统的信息已经被整合为一个整体，整合后的信息体系是一个融合了事故及事故责任人信息、驾驶人违法信息和天气环境信息的整体。针对本节信息处理的需求，在处理的过程中需要融合三个系统所采集的数据，针对这种多源信息进行的处理体现着多源信息融合的思想。

本节选取同样的路段和环境条件下哪些驾驶员（性别/驾龄/年龄/历史违法次数）在驾驶时更易发生事故这一问题进行探索，选取的方法为神经网络融合方法，利用神经网络的信号处理能力和自动推理功能可以实现多数据融合、决策辅助和预测等功能。

### 8.3.1 整体思路

反映驾驶员属性的因素有性别、驾龄、年龄、驾驶人历史违法次数（这里仅考虑第一责任人）。统计已知信息表中出现的组合条件下的事故发生次数，通过建立 BP 神经网络进行训练，根据训练结果调整隐含层层数、结点个数、学习算法，最终找到拟合度最好的网络。由此可以输入在表格中没有出现的组合条件,预测出符合该条件下的驾驶员的危险系数和危险等级。

### 8.3.2 输入向量构造

对数据进行分段、替换。考虑到基数的问题(比如白色车发生事故次数多,然而白色车本身基数就大),为了消除基数对该分组下事故发生次数的影响,查阅资料得到各项的相对比例。共考虑了4个驾驶人属性,4个属性的取值个数分别为2个、4个、6个、3个,所以应该存在144种组合,但是由于数据时段的有限性和不完整性,统计出数据集中的组合数只是144种理论组合的一部分。

**1. 性别**

通过调查,得到中国驾驶员的男女性别比例为3.2∶1。如表8-21所示。

**2. 历史违法次数**

通过文献调查,发生与没有发生过违法行为驾驶员的比例为1∶1。如表8-22所示,假设违法表完整,对违法表中不同违法次数驾驶员的人数进行统计,得到了发生过违法的驾驶员的各违法次数之比。

表8-21 性别比例统计表

| 性 别 | 替 换 | 基数比例 |
|---|---|---|
| 男 | 1 | 0.76 |
| 女 | 0 | 0.24 |

表8-22 违法次数统计表

| 违法次数 | 编 码 | 基数比例 |
|---|---|---|
| 0次 | 1 | 0.50 |
| 1~3次 | 2 | 0.42 |
| 4~10次 | 3 | 0.07 |
| 10次以上 | 4 | 0.01 |

**3. 年龄与驾龄**

根据以上两个属性的相关要求筛选出的记录对年龄及驾龄进行统计,统计结果如表8-23和表8-24所示。

表8-23 驾驶人年龄统计表

| 年 龄 | 编 码 | 基数比例 |
|---|---|---|
| 18~29岁 | 1 | 0.22 |
| 30~39岁 | 2 | 0.22 |
| 40~49岁 | 3 | 0.22 |
| 50~59岁 | 4 | 0.2 |
| 60~69岁 | 5 | 0.11 |
| 70~79岁 | 6 | 0.03 |

表8-24 驾驶人驾龄统计表

| 驾龄区间 | 编 码 | 基数比例 |
|---|---|---|
| [0, 5) | 1 | 0.38 |
| [5, 10) | 2 | 0.33 |
| [10, +∞) | 3 | 0.29 |

### 8.3.3 输出向量构造

统计各个组合条件下事故发生的次数,乘以每一项对应的比例系数,得到相对次数,定义为危险系数,根据危险系数再划分危险等级。输入向量与输出向量一览表如表8-25所示。

表 8-25　输入向量与输出向量一览表

| 输入向量 | | | 输出向量 | | |
|---|---|---|---|---|---|
| 性别 | 驾龄 | 违法次数 | 年龄 | 相对危险系数 | 危险等级 |
| 0 | 1 | 1 | 1 | 0.072917 | 2 |
| 0 | 2 | 1 | 3 | 0.078125 | 3 |
| 0 | 2 | 1 | 4 | 0.020833 | 2 |
| 0 | 2 | 1 | 5 | 0.007813 | 1 |
| 0 | 2 | 2 | 1 | 0.056604 | 2 |
| 0 | 3 | 4 | 2 | 0.333333 | 3 |

### 8.3.4　神经网络的构建

经过反复调试，构建神经网络如下。

神经网络类型：BP 神经网络。

训练次数：30000。

隐含层个数：2。

隐含层结点数：25、15。

激活函数：tansig。

训练函数：trainrp。

### 8.3.5　训练结果

在统计出的若干种组合中抽取 50 组输入，将预测出来的结果与实际值进行比较，如图 8-17 所示。各组误差百分比示意图如图 8-18 所示。

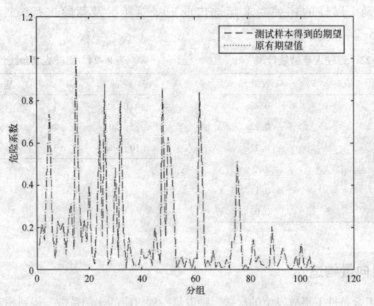

图 8-17　实际期望值与测试样本期望值比较图

第 8 章 道路交通违法事故信息处理案例

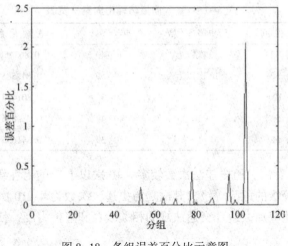

图 8-18 各组误差百分比示意图

根据对数据的分类,将其全部输入神经网络中,得到预测的危险系数,并根据危险系数的取值对危险程度进行分级,神经网络完成训练后预测出的 144 种组合的危险等级如图 8-19 所示。

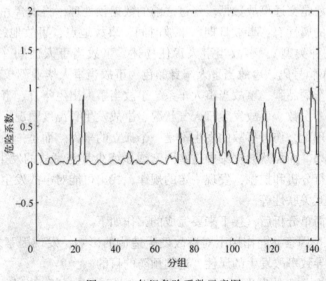

图 8-19 各组危险系数示意图

结论中危险系数和等级较高的几种组合如表 8-26 所示。

表 8-26 事故高危分组属性一览表

| 性 别 | 驾龄区间 | 历史违法次数 | 年 龄 | 危险系数 | 危险等级 |
|---|---|---|---|---|---|
| 男 | [0, 5) | 10 次以上 | 30~39 | 1.001982 | 5 |
| 男 | [0, 5) | 10 次以上 | 18~29 | 0.883672 | 5 |

续表

| 性别 | 驾龄区间 | 历史违法次数 | 年龄 | 危险系数 | 危险等级 |
|---|---|---|---|---|---|
| 男 | [10, 52] | 10次以上 | 40~49 | 0.86325 | 5 |
| 男 | [10, 52] | 10次以上 | 50~59 | 0.842585 | 5 |
| 男 | [5, 10) | 10次以上 | 30~39 | 0.801497 | 5 |
| 男 | [10, 52] | 4~10次 | 40~49 | 0.739856 | 4 |
| 男 | [10, 52] | 4~10次 | 30~39 | 0.641636 | 4 |

从表8-26中可以看出，历史违法次数较多（10次以上）的男性驾驶员在驾驶中的危险系数较高，处于最高等级的危险等级，其次是历史违法次数为4~10次的男性驾驶员，事故危险等级为4级。因此应加大遵守交通法规的相关教育和宣传力度，使驾驶人养成规范驾驶的习惯。

## 8.4 交通事故数据挖掘

### 8.4.1 概述

数据挖掘的对象是交通事故数据。经过之前的数据预处理，将表合并等操作，使得数据简化。数据中包含的属性有：事故日期、事故时间、事故地点、事故地经度、事故地纬度、事故违法描述（九种类型）、事故当事人责任描述、事故当事人性别（1代表男，0代表女）、事故当事人车牌号码、事故当事人车身颜色、事故当事人毕业驾校名称、事故当事人驾龄、事故当事人车辆品牌、事故当事人车系、事故当事人出生年月、事故当事人年龄、事故当事人一年内违章次数、事故发生日天气状况、事故发生日温度情况、事故发生日风向。

根据事故致因理论，伤害事故的发生不是一个孤立的事件，而是一系列互为因果的原因事件相继发生的结果。而显然数据集中这些因素或多或少都与事故的发生有着一定的关系，因此需要对数据进行分析和挖掘，发现一定的规律，找出可能对事故发生产生一定贡献的因素及因素之间的相互关联性等。

通过对数据的简单分析后，接下来要完成的工作如下。

（1）分析某几个因素共同作用下对事故发生造成的影响，发现因素之间的关联性及几个可能会联合影响导致事故发生的属性，达到预防的目的。

（2）对车辆颜色、事故发生地、天气、温度、时段综合分析，分析在什么样的环境状况下容易发生事故。

（3）对驾驶人年龄、驾龄、性别、违法次数、是否进行过驾校培训等因素进行综合分析，分析什么条件的驾驶人容易发生事故。

（4）将所有处理过后的有用的信息字段导入SPSS，进行关联规则挖掘，发现支持度在前几位的属性组合情况。

（5）将环境因素、人为因素导入SPSS中选择合适的算法进行聚类分析，分析集中事故类型下可能出现的情况。数据集中，人为因素有：性别、年龄、驾龄、历史违法次数、是否接受过驾校等。通过8.3节对这些单因素的分析发现，交通事故的发生与驾驶人的性别、年龄、驾龄、历史违法次数均有一定的关系。因此，对这些因素进行综合分析，以分析得到人为因素对事故的影响。

### 8.4.2 聚类分析

接下来，进行聚类分析后，观察这些因素聚成几类。

（1）将人员因素数据导入 SPSS 中，首先进行 EM 聚类。聚类结果如表 8-27 所示。

表 8-27 人员因素聚类结果

| Attribute | | 0 | 1 | 2 | 3 | 4 |
|---|---|---|---|---|---|---|
| sex1 | mean | 0.0008 | 0.9939 | 0.9975 | 0.9987 | 0.9995 |
| | std. | 0.0289 | 0.0776 | 0.0495 | 0.0367 | 0.0214 |
| drivingYears1 | mean | 6.457 | 18.7094 | 11.2035 | 3.6707 | 6.3864 |
| | std. | 5.1902 | 6.3921 | 3.4508 | 2.5064 | 4.0383 |
| count1 | mean | 0.7695 | 2.5087 | 2.9228 | 1.2935 | 1.1651 |
| | std. | 1.2465 | 3.2486 | 4.7656 | 2.0111 | 1.626 |
| age1 | mean | 36.8131 | 51.1705 | 36.5711 | 28.1777 | 44.3477 |
| | std. | 8.3769 | 6.5012 | 4.3495 | 4.2667 | 5.2818 |

可以发现，这些观测值（驾驶员）被聚成五类。

第一类：女性、6 年驾龄、1 次违法记录、39 岁。

第二类：男、19 年驾龄、2~3 次违法记录、51 岁。

第三类：男、11 年驾龄、3 次违法、36~37 岁。

第四类：男、4 年驾龄、1 次违法、28 岁。

第五类：男、6 年驾龄、1 次违法、44 岁。

通过以上聚类结果，可看出发生事故的驾驶人群大多为以上几种类型。但导致该聚类结果的另一因素可能是高年龄段、违法次数较高的观测值在本数据集中本身基数较小。

（2）将编码前的气温、时间（取小时），以及 7 种编码下的天气、8 种编码下的车辆颜色数据集导入 SPSS 进行聚类分析，选择方法为 k-means 聚类算法。

聚类结果如表 8-28 所示。

表 8-28 环境因素聚类结果

| Attribute | Full Data | 0 | 1 | 2 | 3 | 4 |
|---|---|---|---|---|---|---|
| | −17898 | −5108 | −2706 | −2986 | −3633 | −3465 |
| temperature | 15.2697 | 17.9821 | 17.8598 | 17.9556 | 15.9844 | 6.1844 |
| colorType | 2.8976 | 1.4659 | 1.9937 | 1.6922 | 7.5084 | 1.9186 |
| accidenttime | 12.8797 | 11.9863 | 8.803 | 17.6109 | 12.861 | 13.3227 |
| weather2 | 2.871 | 4.1237 | 1.3625 | 1.9034 | 3.073 | 2.8247 |

综合以上信息，环境因素数据被分为五类。

第一类：气温18℃、车辆颜色为白色、发生事故时间为11点、天气为阵雨。
第二类：气温18℃、车辆颜色为黑色、发生事故时间为9点、天气为多云。
第三类：气温18℃、车辆颜色为黑色、发生事故时间为17点、天气为阴。
第四类：气温16℃、车辆颜色为黄色、发生事故时间为13点、天气为阴。
第五类：气温6℃、车辆颜色为黑色、发生事故时间为13点、天气为阴。

以上结果可看出，大部分发生事故的时间集中在早、午、晚高峰。车辆颜色大部分为白色和黑色。

（3）将数据中的车辆颜色、车系、违法次数、天气、性别、年龄、时间、温度作为训练集，分析其在不同因素下的聚类情况，以事故类型倒车和追尾为例进行分析，部分数据集示意如表8-29所示。

表8-29 聚类分析数据集

| carcolor1 | cx1 | count1 | weather2 | sex1 | age1 | Time | temperature |
| --- | --- | --- | --- | --- | --- | --- | --- |
| 1 | 1 | 0 | 3 | 1 | 46 | 3 | 2 |
| 2 | 4 | 0 | 3 | 1 | 38 | 2 | 5 |
| 1 | 4 | 13 | 2 | 1 | 38 | 4 | 5.5 |
| 1 | 1 | 0 | 3 | 1 | 20 | 2 | 1 |
| 5 | 1 | 1 | 3 | 1 | 48 | 4 | 3.5 |
| 2 | 4 | 4 | 3 | 1 | 40 | 2 | 5 |
| 2 | 7 | 0 | 3 | 1 | 21 | 2 | 2 |
| 2 | 1 | 0 | 3 | 1 | 40 | 2 | 2 |
| 5 | 7 | 3 | 3 | 1 | 35 | 4 | 2 |
| 2 | 3 | 0 | 3 | 1 | 45 | 3 | 2 |

① 将事故类型为倒车的数据集导入SPSS中进行聚类分析，情况如下。

第一类：白色车、其他车系、2次违法、男、37岁、高峰时间、16℃。
第二类：绿色车、德系车、1次违法、阴、男、37岁、高峰时间、16℃。

② 将事故类型为追尾的数据导入SPSS进行聚类分析，分析结果如图8-20所示。

```
Final cluster centroids:
Attribute       Full Data    0         1         2         3         4
                (5231.0)    (1782.0)  (822.0)   (326.0)   (1348.0)  (953.0)
carcolor1       2.7473      1.7334    6.972     3.7669    1.7834    2.0136
cx1             3.7714      2.0769    4.2311    3.8834    6.7752    2.256
count1          1.6284      1.5713    1.9769    0.8313    1.7604    1.5205
weather2        2.4458      2.9972    2.6107    2.5061    2.569     1.0776
sex1            0.9377      1         1         0         1         1
age1            36.3118     36.0718   36.9562   35.8957   36.6105   35.9244
accidenttime    2.6047      2.6229    2.5706    2.6411    2.5912    2.6065
temperature     15.0991     12.7657   15.1667   15.1518   15.5671   18.724
```

图8-20 追尾事故聚类结果示意图

将该结果与倒车结果进行对比、发现，追尾数据中，有一类数据性别是女性，在女性驾驶员基数极小的情况下，该结果说明女性更易发生追尾事故。

## 8.4.3 关联分析

对数据进行关联分析，首先将数据分为人为因素数据与自然环境因素数据。

自然环境因素包括：时间段、天气、温度、车辆颜色。通过以上单因素分析可看出，这些因素对事故的发生均有一定的影响。构造下列属性，将时间段分为白天（5—19点）和黑夜（19—5点），分别编码为1、2；将车辆颜色分为浅色（白、银、灰）、深色，分别编码为1、2；将天气分为不降雨、降雨，分别编码为1、2。

将上述编码后的数据导入SPSS中进行Apriori关联分析。

得到的结果有如下六条：

(1) colorDeep = 2 Rain = 2332 = = > accidenttime2 = 2237 <conf：(0.71) > lift：(1.01) lev：(0) [2] conv：(1.01)

(2) Rain = 2499 = = > accidenttime2 = 2356 <conf：(0.71) > lift：(1.01) lev：(0) [2] conv：(1.01)

(3) colorDeep = 1 Rain = 2167 = = > accidenttime2 = 2119 <conf：(0.71) > lift：(1.01) lev：(0) [0] conv：(1)

(4) colorDeep = 2572 = = > accidenttime2 = 2406 <conf：(0.71) > lift：(1) lev：(0) [1] conv：(1)

(5) colorDeep = 2 Rain = 1240 = = > accidenttime2 = 2169 <conf：(0.7) > lift：(1) lev：(-0) [0] conv：(0.97)

(6) colorDeep = 1 300 = = > accidenttime2 = 2211 <conf：(0.7) > lift：(0.99) lev：(-0) [-1] conv：(0.97)

由以上有用的结果中可看出，在事故中，与环境相关的因素，关联性最大的为深色车和下雨天、黑夜。即深色的车在下雨天及光线不好的条件下容易发生事故。

将所有属性整理成表8-30所示的数据格式，导入SPSS中进行关联规则分析。

表 8-30 关联分析数据

| OID | 颜色 | 车系 | 违法次数 | 天气 | 月份 | 时间 | 性别 | 年龄 |
|---|---|---|---|---|---|---|---|---|
| 1 | 白 | 德系车 | 0次 | Xrain | 2月 | 早高峰 | 男 | 18~29岁 |
| 2 | 白 | 国产车 | 0次 | Xrain | 2月 | 早高峰 | 男 | 40~49岁 |
| 3 | 蓝 | 其他 | 0次 | Xrain | 2月 | 早高峰 | 男 | 40~49岁 |
| 4 | 黑 | 其他 | 1~3次 | Xrain | 1月 | 晚高峰 | 男 | 30~39岁 |
| 5 | 白 | 德系车 | 1~3次 | Xrain | 1月 | 黑夜 | 男 | 40~49岁 |
| 6 | 黑 | 国产车 | 0次 | Xrain | 2月 | 晚高峰 | 男 | 18~29岁 |
| 7 | 白 | 德系车 | 0次 | Xrain | 1月 | 白天平峰 | 男 | 18~29岁 |
| 8 | 红 | 国产车 | 0次 | Xrain | 1月 | 白天平峰 | 男 | 18~29岁 |
| 9 | 白 | 德系车 | 4~10次 | Xrain | 1月 | 黑夜 | 男 | 40~49岁 |
| 10 | 黑 | 国产车 | 1~3次 | Xrain | 2月 | 白天平峰 | 男 | 40~49岁 |

得到支持度在前五位的关联数据结果如下。

Best rules found：

（1）carcolor1=白 cx1=国产车 2589 ==> sex1=男 2533　　<conf:(0.98)> lift:(1.05) lev:(0.01) [122] conv:(3.13)

（2）count1=4至10次 2202 ==> sex1=男 2147　　<conf:(0.98)> lift:(1.05) lev:(0.01) [96] conv:(2.71)

（3）carcolor1=白 count1=1至3次 3272 ==> sex1=男 3163　　<conf:(0.97)> lift:(1.04) lev:(0.01) [116] conv:(2.05)

（4）carcolor1=白 cx1=其他 2729 ==> sex1=男 2637　　<conf:(0.97)> lift:(1.04) lev:(0.01) [95] conv:(2.02)

（5）carcolor1=白 年龄=40至49岁 2247 ==> sex1=男 2170　　<conf:(0.97)> lift:(1.04) lev:(0) [77] conv:(1.98)

根据以上关联分析结果，可得到如下结论：

① 发生事故的情况中，驾驶白色国产车的男性驾驶员较多；

② 违法次数在4~10次的驾驶员中男性较多；

③ 违法次数在1~3次，驾驶白色车辆的驾驶员中，男性较多；

④ 驾驶白色车辆、车系为其他的驾驶员男性较多；

⑤ 驾驶白色车辆、年龄在40~49之间的驾驶员中男性较多。

以上结果均与性别有关，为研究性别之外的因素干扰性，将性别属性去掉，再次进行关联性分析，结果如下。

（1）weather2=Zrain 5032 ==> carcolor1=白 2774　　<conf:(0.55)> lift:(1.08) lev:(0.01) [209] conv:(1.09)

（2）年龄=18至29岁 5149 ==> carcolor1=白 2735　　<conf:(0.53)> lift:(1.04) lev:(0.01) [110] conv:(1.05)

（3）年龄=18至29岁 5149 ==> count1=0次 2721　　<conf:(0.53)> lift:(1.08) lev:(0.01) [200] conv:(1.08)

（4）accidentdate=4月 5521 ==> carcolor1=白 2889　　<conf:(0.52)> lift:(1.03) lev:(0) [74] conv:(1.03)

（5）cx1=其他 5313 ==> carcolor1=白 2729　　<conf:(0.51)> lift:(1.01) lev:(0) [20] conv:(1.01)

以上结果可得到，天气为阵雨、白色车辆事故较多。

## 小结

本章是对智能运输信息处理模式的实际案例应用，对某地区的道路交通违法事故信息进行了信息处理和数据挖掘。按照信息获取—信息集成—信息融合—数据挖掘的顺序完成了一整套信息处理的流程。

在 8.1 节中主要对该地区 2015 年的天气数据、交通违法数据、交通事故数据进行了数据采集、数据预处理和简单的描述性统计。

在 8.2 节中主要是把三个表进行了连接，以便于用户不受无关信息数据的干扰，从而更高效更透明地直接访问分析重要相关信息数据。

在 8.3 节中，以探索交通事故多发状况与条件为目的，对连接后的三张表内的各类信息进行融合，探索出了一组以性别、驾龄、历史违法次数、年龄来描述多发事故的驾驶人特征的规则，为预防交通事故提供理论支持和实践指导。

在 8.4 节中，主要进行了聚类分析和关联分析，对数据进行了进一步挖掘和分析。

# 第 9 章　动车组牵引系统故障信息处理案例

## 9.1　数据的获取

### 9.1.1　数据来源

高速铁路（简称"高铁"）具有高速度、低污染、快捷、舒适、安全和准时等优势，是目前最具可持续性的大型运输方式之一，尤其是对中国这样的领土辽阔、资源禀赋分布不均衡、经济社会发展水平严重失衡的人口大国更是如此。自1964年日本开通东海道新干线以来，高铁历经了50多年的发展，现今已在中国、日本、法国、德国等许多国家投入运营。我国高铁起步相对较晚，然而，经过十几年的发展，我国高铁取得了巨大成就，形成"八横八纵"网络。截至2018年年底，我国高铁营业里程已达2.9万公里，中国成为世界上高铁里程最长、运输密度最高、成网运营场景最复杂的国家。

随着高速铁路事业的快速发展，动车组的需求量也迅速上升。预计到2020年，我国将建成3万公里的高速铁路网。截止到2018年年底，全路投入运营的动车组数量已达到2000列以上。由于动车组运行具有高速度的特点，要求系统本身集成度高、运行相关部件敏感程度高及运行过程中相关部件之间耦合度高，在实际运营过程中动车组高可靠性与高安全性自然成为政府、管理者及社会公众共同关注的核心问题。

### 9.1.2　处理需求

高速列车牵引系统是列车的动力来源，也是保证列车快速、稳定运行的关键结构。因此，对牵引系统的故障数据进行分析，挖掘潜在关联信息，进而为牵引系统的维修及改进设计提供支撑是十分必要的。现有140列CRHX型动车牵引系统的故障数据，包括故障发生日期、列车号、车辆编号、所属设备、故障描述、故障类别、危害等级、运营模式、运行公里数等字段。现需根据所得故障数据进行以下分析和处理。

（1）对故障数据特征进行分析，并将分析结果进行合理的可视化展示。
（2）根据处理需求对原始数据进行预处理。
（3）针对表中的故障数据，以记录关键字段作为属性，对该字段进行约简，并对结果进行关联规则分析。

## 9.2　数据预处理

本次进行分析的数据为140列CRHX型动车组牵引系统2011—2013年的故障数据，故障数据共计1174条，字段为35个，包括故障编号、车辆编号、列车号、更换件物料号、故障件物料号、故障模式、故障描述、故障日期、运行环境、发现时机、判明方法、初步处理措施、退回原因、初步原因分析、故障录入时间、故障件代码、更换件代码、故障类别、故障影响、危害等级、运营模式、处理方式、信息来源、车辆出厂时间、运行公里数、CS故障编码、故障维修时间、故障维修空间、故障闭环时间、修复效果、维修信息录入时间、故障所属系统、故障所属子系统、故障所属设备、故障所属部件。

如图9-1所示，观察数据可以发现其中部分数据的部分字段有明显错误，部分数据字段缺失，部分字段间存在包含关系。

| | A | B | C | D | E | F | G | H | I |
|---|---|---|---|---|---|---|---|---|---|
| 1 | 故障编号 | 项目名称 | 所属局段 | 更换件物料号 | 故障件物料号 | 故障模式 | 故障日期 | 运行环境 | 发现时机 |
| 2 | 11-00001639 | 时速250公里动车组第二单 | 沈阳铁路局 | 235990 | 235990 | 工作不正常/意外运行 | 2011/12/4 | 正常 | 运行中 |
| 3 | 11-00001635 | 时速250公里动车组第二单 | 沈阳铁路局 | | | 工作不正常/意外运行 | 2011/12/4 | 正常 | 运行中 |
| 4 | 11-00001656 | 时速250公里动车组第二单 | 北京铁路局 | 235991 | 235991 | 工作不正常/意外运行 | 2011/12/6 | 正常 | 运行中 |
| 5 | 11-00001658 | 时速250公里动车组第二单 | 北京铁路局 | 110420 | 110420 | 工作不正常/意外运行 | 2011/12/9 | 正常 | 运行中 |
| 6 | 11-00001643 | 时速250公里动车组第二单 | 北京铁路局 | | | 工作不正常/意外运行 | 2011/12/10 | 正常 | 运行中 |
| 7 | 11-00001655 | 时速250公里动车组第二单 | 武汉铁路局 | | | 工作不稳定 | 2011/12/12 | 正常 | 运行中 |
| 8 | 11-00001652 | 时速250公里动车组第二单 | 济南铁路局 | 235991 | 235991 | 功能失效,不能操作 | 2011/12/12 | 正常 | 运行中 |
| 9 | 11-00001653 | 时速250公里动车组第二单 | 北京铁路局 | 274581 | 274581 | 工作不正常/意外运行 | 2011/12/12 | 正常 | 运行中 |
| 10 | 11-00001682 | 时速250公里动车组第二单 | 沈阳铁路局 | 235990 | 235990 | 工作不正常/意外运行 | 2011/12/15 | 正常 | 运行中 |
| 11 | 11-00001678 | 时速250公里动车组第二单 | 济南铁路局 | 102324 | 102324 | 功能失效,不能操作 | 2011/12/15 | 正常 | 运行中 |
| 12 | 11-00001687 | 时速250公里动车组第二单 | 武汉铁路局 | 340484 | 340484 | 工作不正常/意外运行 | 2011/12/16 | 正常 | 回库后 |
| 13 | 11-00001667 | 时速250公里动车组第二单 | 沈阳铁路局 | 203443 | 203443 | 工作不正常/意外运行 | 2011/12/17 | 正常 | 运行中 |
| 14 | 11-00001680 | 时速250公里动车组第二单 | 北京铁路局 | 110420 | 110420 | 工作不正常/意外运行 | 2011/12/17 | 正常 | 运行中 |
| 15 | 11-00001722 | 时速250公里动车组第二单 | 北京铁路局 | 110414 | 110414 | 工作不正常/意外运行 | 2011/12/21 | 正常 | 运行中 |
| 16 | 11-00001723 | 时速250公里动车组第二单 | 北京铁路局 | 110420 | 110420 | 工作不正常/意外运行 | 2011/12/22 | 正常 | 运行中 |
| 17 | 11-00001718 | 时速250公里动车组第二单 | 北京铁路局 | 235991 | 235991 | 工作不正常/意外运行 | 2011/12/22 | 正常 | 运行中 |
| 18 | 11-00001708 | 时速250公里动车组第二单 | 沈阳铁路局 | 112994 | | 工作不正常/意外运行 | 2011/12/24 | 正常 | 运行中 |
| 19 | 11-00001716 | 时速250公里动车组第二单 | 北京铁路局 | 203443 | 203443 | 工作不正常/意外运行 | 2011/12/25 | 正常 | 运行中 |
| 20 | 11-00001719 | 时速250公里动车组第二单 | 北京铁路局 | 119239 | 119239 | 工作不正常/意外运行 | 2011/12/25 | 正常 | 运行中 |
| 21 | 11-00001727 | 时速250公里动车组第二单 | 沈阳铁路局 | 110420 | 110420 | 工作不正常/意外运行 | 2011/12/26 | 正常 | 运行中 |
| 22 | 11-00001694 | 时速250公里动车组第二单 | 北京铁路局 | | | 工作不正常/意外运行 | 2011/12/27 | 正常 | 运行中 |
| 23 | 11-00001729 | 时速250公里动车组第二单 | 北京铁路局 | 102324 | 102324 | 工作不正常/意外运行 | 2011/12/29 | 正常 | 运行中 |
| 24 | 12-00001832 | 时速250公里动车组第二单 | 沈阳铁路局 | 307669 | 307669 | 工作不正常/意外运行 | 2011/12/30 | 正常 | 运行中 |
| 25 | 12-00001736 | 时速250公里动车组第二单 | 北京铁路局 | 203443 | 203443 | 工作不正常/意外运行 | 2011/12/30 | 正常 | 运行中 |
| 26 | 12-00001788 | 时速250公里动车组第二单 | 北京铁路局 | | | 工作不正常/意外运行 | 2011/12/30 | 正常 | 运行中 |

图9-1 牵引系统故障原始数据图

由于这些故障数据是由一线维修人员在日常工作中对动车组系统维修情况的实时记录，因此不可避免地会存在以下问题。

（1）同一部件的同一故障现象的描述不同。由于故障数据主要是由人工记录的，且大部分为描述性语言，不同的工作人员对同一部件的同一故障现象的描述语言与详细程度有所不同。

（2）记录错误。故障数据在人工记录的过程中难免会出现错误，虽然经过人员的审核，但是仍有部分错误数据存在。

（3）数据量大，且包含的属性字段较多。目前获得的故障数据中，每条故障数据记录均包含有73个属性字段。而动车组系统包含2万多个零部件，每一个零部件都有可能存在多种故障情况，由此可见故障数据量的巨大。

（4）冗余数据。获得的初始故障数据中虽每条数据均包含有73列属性字段，但并非所有的属性字段都可以用来分析动车组系统的可靠性与安全性，例如空白列数据、审核人等。

（5）故障数据不完整。一些数据在记录过程中，由于客观原因，不可避免地存在缺失、漏记等现象。

因此，需要对已经获得的故障数据进行预处理，剔除部分对目前研究不必要的数据，对相似故障数据字段进行归并处理，减少故障数据量，提高分析精度；对故障信息特征词进行提取，规范故障描述语言，为故障关联规则构建提供基础。

## 9.2.1 故障数据剔除

CRHX 型动车组故障数据中虽包含 73 个属性字段，但并非这 73 个属性字段都可以用于研究系统可靠性、安全性与寿命预测等，部分字段为冗余数据，部分字段为空白字段，即整列属性值均为空；部分字段与研究内容无关，如项目经理、审核人等。因此需要对这部分字段进行筛选、剔除。具体步骤如下。

（1）删除故障数据中的空白字段，例如，CS 故障编码等。

（2）删除与动车组系统可靠性与安全性、关键部件辨识及动车组系统寿命预测研究不相关的属性字段，例如，退回原因、故障录入时间、修复效果等。

（3）剔除异常数据，例如，危害等级为灾难，而运营模式为正常，故障类别为碎修（未晚点），数据明显异常，应予以剔除。

（4）删除频率较低的偶发性故障，重点突出 CRHX 型动车组频发的故障信息。例如，ACU 控制板故障，在 4 年的故障数据记录中，只出现过一次，因此可认为是偶发性故障，故应删除此类故障。

图 9-2 和图 9-3 所示分别为剔除前后的故障数据。

图 9-2 剔除前的故障数据

图 9-3 剔除后的故障数据

## 9.2.2 故障数据字段归并处理

根据 CRHX 型动车组故障数据可知，73 个属性字段中，部分属性字段是相似的，例如，车辆编号与列车号等。因此，在保持分类能力不变的条件下，将故障数据字段进行归并处理，达到知识简化的目的。

**1. 字段归并处理方法**

数据字段归并处理的常用方法包括：粗糙集和遗传算法。

1）粗糙集

粗糙集（rough set，RS）理论是一种刻画不完整性和不确定性的数学工具，能有效地分析和处理不精确、不一致、不完整等各种不完备的信息，并从中发现隐含的知识，揭示潜在的规律。

（1）基本概念：

在 RS 理论中，"知识"被认为是一种将现实或抽象的对象进行分类的能力。当具有关于论域的某种知识时，即可使用属性（attribute）及其值（value）来描述论域中的对象。例如，空间物体集合 $U$ 具有"颜色""形状"这两种属性，"颜色"的属性值取为红、黄、绿，"形状"的属性值取为方形、圆形、三角形。从离散数学的观点看，"颜色""形状"构成了 $U$ 上的一族等效关系（equivalent relation）。$U$ 中的物体，按照"颜色"这一等效关系，可以划分为"红色的物体""黄色的物体""绿色的物体"等集合；按照"形状"这一等效关系，可以划分为"方形物体""圆形物体""三角形物体"等集合；按照"颜色+形状"这一合成等效关系，又可以划分为"红色的圆形物体""黄色的方形物体""绿色的三角形物体"等集合。如果两个物体同属于"红色的圆形物体"这一集合，二者之间就是不可分辨关系（indiscernibility relation），这揭示出论域知识的颗粒状结构。

（2）决策表、约简与核：

RS 理论中应用决策表来描述论域中对象。决策表是一张二维表格，每一行描述一个对象，每一列描述对象的一种属性。属性分为条件属性和决策属性，论域中的对象根据条件属性的不同，被划分到具有不同决策属性的决策类。表 9-1 为一张决策表，论域 $U$ 有 5 个对象，编号为 1~5，$\{a,b,c\}$ 是条件属性集，$d$ 为决策属性。对于分类来说，并非所有的条件属性都是必要的，去除多余属性不会影响原来的分类效果。约简（reduct）定义为不含多余属性并保证分类正确的最小条件属性集。一个决策表可能同时存在几个约简，这些约简的交集定义为决策表的核（core），核中的属性是影响分类的重要属性。表 9-1 化简后得到了两个约简，即 $\{a,c\}$ 和 $\{b,c\}$，如表 9-2 和表 9-3 所示。后者维持了与原有条件属性集 $\{a,b,c\}$ 分类能力。$\{c\}$ 是核，表明 $c$ 是影响分类的重要属性。

表 9-1 决策表

| $U$ | $a$ | $b$ | $c$ | $d$ |
| --- | --- | --- | --- | --- |
| 1 | 1 | 0 | 2 | 1 |
| 2 | 2 | 1 | 0 | 2 |
| 3 | 2 | 1 | 2 | 3 |
| 4 | 1 | 2 | 2 | 1 |
| 5 | 1 | 2 | 0 | 3 |

表 9-2 约简 {a, c}

| U | a | c | d |
|---|---|---|---|
| 1 | 1 | 2 | 1 |
| 2 | 2 | 0 | 2 |
| 3 | 2 | 2 | 3 |
| 5 | 1 | 0 | 3 |

表 9-3 约简 {b, c}

| U | b | c | d |
|---|---|---|---|
| 1 | 0 | * | 1 |
| 2 | 1 | 0 | 2 |
| 3 | 1 | 2 | 3 |
| 4 | 2 | 2 | 1 |
| 5 | 2 | 0 | 3 |

从另一个角度看，决策表中每一个对象都蕴含着一条分类规则，决策表实际上也是一组逻辑规则的集合。例如，表 9-1 中的对象 1 蕴含的规则是 $a_1b_0c_2 \Rightarrow d_1$。化简决策表的过程也就是抽取分类规则的过程。表 9-2 中对象 4 在去掉属性 b 后与对象 1 蕴含相同的分类规则，为避免重复而被除去。约简中的规则还可进一步化简，删除那些与分类无关的次要属性。表 9-3 第一行中的 "*" 表示属性 c 的取值不重要，即只要 b = 0，d 一定为 1 ($b_0 \Rightarrow d_1$)。"约简" 和 "核" 这两个概念很重要，是 RS 理论的精华。RS 理论提供了搜索约简和核的方法。计算约简的复杂性随着决策表的增大呈指数增长，是一个典型的 NP 完全问题，当然实际中没有必要求出所有的约简。引入启发式的搜索方法如遗传算法有助于找到较优的约简，即所含条件属性最少的约简。

(3) 条件属性对决策属性的支持度：

设 $S = (U, A, V, f)$ 是一个知识表达系统，C 为条件属性集，D 为决策属性集。若 $U|C = \{X_1, X_2, \cdots, X_n\}$，$U|D = \{Y_1, Y_2, \cdots, Y_n\}$，则决策属性集 D 关于条件属性集 C（或称 C 对 D）的支持度定义如下：

$$K_C(D) = \frac{1}{|U|} \sum_{i=1}^{m} |\underline{C}Y_i| = \frac{1}{|U|} \sum_{i=1}^{m} |\text{pos}_c(Y_i)|, \quad Y_i \in U|D \quad (9-1)$$

式中：|\*| 表示集合包含的元素个数；$K_C(D)$ 表明知识 C 对整体决策 $U|D$ 的支持程度。通常 $0 \leq K_C(D) \leq 1$。当 $K_C(D) = 1$ 时，决策信息完全由条件信息确定，这时 U 中所有对象都可以由知识 C 准确地划入分类 $U|D$ 的模块中。当 $K_C(D) = 0$ 时，决策信息完全独立于条件信息，这时 U 中没有任何对象可以由知识 C 准确地划入分类 $U|D$ 的模块中，也说明知识 C 对决策 $U|D$ 没有任何作用。某一个属性 $c_i \in C$ 对决策 $U|D$ 的重要性可由 C 中去掉 $c_i$ 后所引起的决策属性支持度变化的大小来度量，在遗传算法的适应度函数中可以利用这一特性。

2) 遗传算法

遗传算法是模拟遗传选择和自然淘汰的生物进化过程的计算模型。这是一种新的全局优化搜索算法，因其简单、通用、鲁棒性强，适于并行处理，已广泛应用于计算机科学优化、调度运输问题组合优化等领域。遗传算法对优化对象既不要求连续，也不要求可微，尤其适合求解 NP-hard 问题。将遗传算法与模糊集相结合，可以提高约简的效率。

与传统搜索算法不同，遗传算法（GA）从一组随机产生的初始解（称为 "群体"），开始搜索过程。群体中的每个个体是问题的一个解，称为 "染色体"。这些染色体在后续迭代中不断进化，称为遗传。遗传算法主要通过交叉、变异、选择运算实现。交叉或变异运算生成下一代染色体，称为后代。染色体的好坏用适应度来衡量。根据适应度的大小从上一代和后代中选择一定数量的个体，作为下一代群体，再继续进化，这样经过若干代之后，算法收敛于最好的染色体，很可能就是问题的最优解或次优解。遗传算法中使用适应度概念来度量群体中的各个个体在优化计算中有可能到达最优解的优良程度。度量个体适应度的函数称为适应度函数。适应度函数的定义一般与具体求解问题有关。

GA 的具体迭代过程，或者说由当前种群生成新一代种群的方法，通常由一系列遗传操作（算子）决定。这些算子是对自然演化中种群进化机制的类比与模拟。常见的有选择（selection）、杂交（crossover）和变异（mutation）等。选择算子是种群空间到上一代的随机映射，按照某种准则或概率分布，从当前种群中选取那些好的个体组成不同的母体以供生成新的个体。最常用的选择算子是以个体适应值成比例的比例选择（proportional selection）及 ranking-based 选择等。

杂交算子是上一代到下一代的随机映射，它的作用方式是：随机地确定一个或多个分量位置为杂交点，由此将一对母体的两个个体分为有限个截断，再以概率（称为杂交概率）交换相应截断得到新的个体。依杂交点个数的多少，杂交算子可分为单点杂交、两点杂交和多点杂交等。多点杂交的极限形式则称为均匀杂交。变异算子是个体空间到个体空间的随机映射，其作用方式是：独立地以概率 $P_c$（称为变异概率）改变个体每个分量（基因）的取值以产生新的个体。若用 $X_i(t)$ 表示第 $t$ 代种群的第 $i$ 个个体，则标准 GA 的迭代过程描述如下。

第一步：置 $k=0$。随机产生初始种群 $X(0)=\{X_1(0),X_2(0),\cdots,X_N(0)\}$。

第二步：对父代内的个体进行两两杂交，生成若干中间个体。

第三步：对上一步所得个体进行适应度值评估检测。

第四步：针对个体的适应度值对个体进行选择，选出进入下一代的 $N$ 个个体。

第五步：独立地对上一步所得的个体进行变异得到 $(k+1)$ 代种群，$X(k+1)=\{X_1(k+1),X_2(k+1),\cdots,X_N(k+1)\}$。

第六步：停止或置 $k=k+1$，并返回第二步。

从以上描述可以看出，与通常优化技术中的搜索方法不同，GA 作为一种自适应的随机搜索方法，其搜索方式是由当前种群所提供的信息，而不是由单一的方向或结构来决定的；同时，它将多个个体作为可能的解并考虑搜索空间全局范围内的抽样，如此导致其能以更大的可能性收敛到全局最优解。由于这些特性，GA 能够成功地用于求解众多复杂的优化问题。

**2. 故障数据约简算法**

粗糙集理论能够在保持原有的分类能力不变的前提下，去除数据中的冗余信息。用遗传算法来求解知识约简通常会降低计算的复杂性。利用粗糙集理论和遗传算法相结合的属性约简方法去除决策表中冗余的规则，并生成关联规则。

1）遗传算法编码

使用遗传算法求解约简问题必须先解决编码问题。考虑到知识约简问题的实际特点，应采用最常用的基于 $\{0,1\}$ 符号集的二进制一维编码形式。编码方案如下：设条件属性集合为 $C=\{c_1,c_2,\cdots,c_n\}$，条件属性空间 $\Omega$，可以映射为遗传算法的染色体。染色体的长度为二进制位串，每一位对应一个条件属性。如某位取值为 1，则表示选择其对应的条件属性；如某位取值为 0，则表示去除其对应的条件属性。因此，每一个染色体个体对应了条件属性空间中的一个属性子集，即属性选取的一个可能解。染色体的构成如图 9-4 所示，是 $n=6$ 时的情况，所列的染色体对应属性子集为 $\{c_1, c_4, c_6\}$。

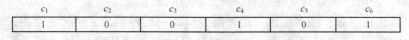

图 9-4 将条件属性空间对应为染色体 $X$

2）适应度函数的选取

选用的适应度函数由两个部分组成：第一部分是决策属性对约简结果内条件属性的支持度；第二部分是染色体内 1 的个数，即约简结果内条件的个数。在计算中，对这两个部分进行了加权处理。由于 MATLAB 默认最小化适应度函数，因此给第一部分赋负权值，第二部分赋正权值。通过这两方面的处理，在保持决策属性对整体条件属性支持度不变的情况下找到所含条件属性最少的约简。

3）基本步骤

（1）先计算出决策属性 $D$ 关于条件属性 $C$ 的支持度 $K_C(D)$。

（2）令 $\text{Core}(C) = \emptyset$，逐个去掉属性 $c \in C$：

若 $K_{C-r} \neq K_C(D)$，则 $\text{Core}(C) = \text{Core}(C) \cup \{c\}$，即核为 $\text{Core}(C)$；

若 $K_{C-r} = K_C(D)$，则 $\text{Core}(C)$ 既为最小约简，否则进行步骤（3）。

（3）由随机产生的 $m$ 个长度为 $|C|$（条件属性的个数）的二进制串所代表的个体组成初始种群：核中的属性其对应位取值为 1，否则对应位随机取 0 或 1，并计算初始群体中每个个体的适应度。

（4）依轮盘赌方法选择个体，依交叉概率和变异概率产生新一代群体，变异时保持核属性对应的基因位不发生变异。

（5）计算新一代群体中每个个体的适应度。

（6）依据最优保存策略将最优个体复制到下一代群体中，并且依最优保存策略保存最优个体。

（7）判断是否连续 $t$ 代的最优个体适应值不再提高，如果是，则终止计算并输出最优个体，否则转（4）。

使用 MATLAB 工具箱内自带的 GA 函数来进行遗传算法的处理，设置其最大遗传代数为 150 代，其他参数均使用其缺省值。

**3. 故障数据约简结果**

选择故障描述、初步原因分析、所属子系统、运行公里数、运行天数、初步处理措施、故障类别 7 个字段作为关键字段，其中故障类别为决策属性，其余 6 个属性为条件属性。以这些关键字段作为属性，把关键字段内出现频次较高的描述作为属性的值，对其进行编码并建立决策表。

属性值与编码的对应关系如表 9-4 所示。

表 9-4 属性值与编码对应关系

| 字段名称 | 编码 | 对应属性值 |
| --- | --- | --- |
| 故障描述 $c_1$ | MS01 | 牵引切除 |
| | MS02 | 牵引切除，辅变离线 |
| | MS03 | 主断不闭合 |
| | MS04 | 集成仪表箱故障 |
| | MS05 | 辅变故障 |
| | MS06 | 牵引离线 |
| | MS07 | 辅变切除 |
| | MS08 | 主变压器切除 |
| | MS09 | CLT 故障 |
| | MS10 | 牵引手柄故障 |
| | MS11 | 牵引变流器切除 |
| | MS12 | 受电弓无法升起 |
| 初步原因分析 $c_2$ | YY01 | 集成仪表箱故障 |
| | YY02 | KSAZ 故障 |
| | YY03 | 库检正常 |
| | YY04 | 整流模块故障 |
| | YY05 | ACU 故障 |
| | YY06 | 逆变模块故障 |
| | YY07 | CLT 故障 |
| | YY08 | TV 传感器故障 |
| | YY09 | 牵引电机速度传感器故障 |
| | YY10 | INV 动态故障 |
| | YY11 | TCU 通信故障 |
| | YY12 | 辅助变流器辅助电容烧损 |
| | YY13 | 辅助功率模块故障 |
| | YY14 | TCU 故障 |
| | YY15 | 牵引手柄解码器故障 |
| | YY16 | 主断路器故障或损坏 |
| | YY17 | KSAZ 断不开 |
| | YY18 | TV1 电流电压传感器故障 |
| | YY19 | 牵引手柄故障 |
| | YY20 | ACU 通信故障 |
| | YY21 | 冷却风扇电机过流保护 |
| | YY22 | 绝缘子绝缘等级降低造成烧损 |
| | YY23 | 牵引变流器冷却风机故障 |

续表

| 字段名称 | 编码 | 对应属性值 |
|---|---|---|
| 所属子系统 $c_3$ | XT01 | 牵引辅助变流器 |
| | XT02 | 受电弓和高压电缆 |
| | XT03 | 高压箱 |
| | XT04 | 牵引电机 |
| | XT05 | 司控设备 |
| | XT06 | 主断路器 |
| | XT07 | 非车辆故障或复位正常 |
| | XT08 | 主变压器 |
| 运行公里数 $c_4$ | GL01 | 0～<60000 km |
| | GL02 | 60000～<1200000 km |
| | GL03 | 1200000～<2400000 km |
| | GL04 | 2400000～<4800000 km |
| 运行天数 $c_5$ | TS01 | 0～365 天 |
| | TS02 | 366～1095 天 |
| | TS03 | 1096 天及以上 |
| 初步处理措施 $c_6$ | CS01 | 复位正常 |
| | CS02 | 更换集成仪表箱 |
| | CS03 | 更换 KSAZ |
| | CS04 | 更换逆变模块 |
| | CS05 | 更换 ACU |
| | CS06 | 更换整流模块 |
| | CS07 | 更换 CLT |
| | CS08 | 更换 TCU |
| | CS09 | 更换电压传感器 |
| | CS10 | 更换司控器 |
| | CS11 | 更换辅助功率模块 |
| | CS12 | 更换牵引电机速度传感器 |
| | CS13 | 更换辅助电容 |
| | CS14 | 更换主断路器 |
| | CS15 | 更换 TV 传感器 |
| | CS16 | 更换功率模块 |
| 故障类别 $e$ | LB01 | 碎修（未晚点） |
| | LB02 | 晚点（10 分钟及以内） |
| | LB03 | 晚点（10 分钟以上）及其他 |

编码后的数据表如图 9-5 所示。

# 第 9 章　动车组牵引系统故障信息处理案例

| 故障描述 | 初步原因分析 | 运行公里数 | 运行天数 | 初步处理措施 | 故障类别 |
|---|---|---|---|---|---|
| MS01 | YY11 | GL01 | TS01 | CS08 | LB01 |
| MS01 | YY08 | GL01 | TS01 | CS09 | LB01 |
| MS01 | YY08 | GL01 | TS01 | CS09 | LB01 |
| MS04 | YY01 | GL01 | TS01 | CS02 | LB01 |
| MS05 | YY20 | GL01 | TS01 | CS01 | LB01 |
| MS08 | YY17 | GL01 | TS01 | CS03 | LB01 |
| MS11 | YY02 | GL01 | TS01 | CS03 | LB01 |
| MS06 | YY21 | GL01 | TS01 | CS01 | LB01 |
| MS06 | YY06 | GL01 | TS01 | CS04 | LB01 |
| MS09 | YY07 | GL01 | TS01 | CS07 | LB03 |
| MS11 | YY09 | GL01 | TS01 | CS12 | LB03 |
| MS02 | YY02 | GL01 | TS01 | CS03 | LB01 |
| MS06 | YY21 | GL01 | TS01 | CS01 | LB01 |
| MS12 | YY01 | GL01 | TS01 | CS02 | LB01 |
| MS06 | YY21 | GL01 | TS01 | CS01 | LB01 |

图 9-5　编码后的数据表

为使程序运行速度更快，在进行属性约简时，需要去掉各个编码前的字母，以避免程序无谓地处理字符型的变量，如表 9-5 所示。由于遗传算法和粗糙集在读取数据时都会保留其顺序，因此用该算法所得的结果还能够复原回其源字段。

表 9-5　属性值与编码对应关系表（属性约简用）

| 字段名称 | 编码 | 对应属性值 |
|---|---|---|
| 故障描述 $c_1$ | 01 | 牵引切除 |
|  | 02 | 牵引切除，辅变离线 |
|  | ⋮ | ⋮ |
| 初步原因分析 $c_2$ | 01 | 集成仪表箱故障 |
|  | 02 | KSAZ 故障 |
|  | ⋮ | ⋮ |
| 所属子系统 $c_3$ | 01 | 牵引辅助变流器 |
|  | 02 | 受电弓和高压电缆 |
|  | ⋮ | ⋮ |

根据编码规则所得的决策表如表 9-6 所示。

表 9-6　决策表

| $U$ | 条件属性 | | | | | | 决策属性 |
|---|---|---|---|---|---|---|---|
|  | $c_1$ | $c_2$ | $c_3$ | $c_4$ | $c_5$ | $c_6$ | $e$ |
| $x_1$ | 01 | 11 | 01 | 01 | 01 | 08 | 01 |
| $x_2$ | 01 | 08 | 01 | 01 | 01 | 09 | 01 |
| $x_3$ | 12 | 01 | 02 | 02 | 01 | 02 | 02 |
| $x_4$ | 06 | 04 | 01 | 02 | 02 | 06 | 03 |
| ⋮ | ⋮ | ⋮ | ⋮ | ⋮ | ⋮ | ⋮ | ⋮ |

根据上文叙述的故障数据约简算法对该决策表进行约简，为避免遗传算法陷入局部最优，需要进行多次约简，最终得到了 3 个适应度函数值较小的约简结果，如表 9-7 所示。

表 9-7　约简结果参数比较

| | 条件属性 | 适应度函数 | 支持度 |
|---|---|---|---|
| 结果一 | $c_1 c_2 c_5$ | -4.5486 | 0.71242 |
| 结果二 | $c_1 c_5 c_6$ | -4.4691 | 0.69673 |
| 结果三 | $c_1 c_2 c_4 c_5$ | -4.5159 | 0.77647 |

结合前面的统计分析得知，所选的 6 个条件属性事实上是有一定的相关关系的，但其对于决策属性的作用不能直观地得到。在约简的过程中，相关关系作为冗余被消除，同时保留下来的属性也是重要度较高的属性。从表 9-7 中可以看出，知识的核为 $\{c_1, c_5\}$。为了方便后面的关联规则分析，约简结果选择了结果一，即约简后的属性为故障描述、初步原因分析、运行天数，如表 9-8 所示。

表 9-8　约简后的决策表

| $U$ | 条件属性 | | | 决策属性 |
|---|---|---|---|---|
| | 故障描述 | 初步原因分析 | 运行天数 | 故障类别 |
| $x_1$ | 主变压器切除 | 插头线破损 | 731~1095 天 | 碎修（未晚点） |
| $x_2$ | 牵引切除 | TV 传感器故障 | 0~365 天 | 碎修（未晚点） |
| $x_3$ | 牵引切除 | TCU 通信故障 | 366~730 天 | 碎修（未晚点） |
| $x_4$ | 主变压器切除 | CLT 故障 | 0~365 天 | 碎修（未晚点） |
| $x_5$ | 电机温度过高 | 温度传感器损坏 | 366~730 天 | 碎修（未晚点） |
| $x_6$ | 主变压器切除 | CLTB 故障 | 0~365 天 | 碎修（未晚点） |
| $x_7$ | 牵引离线 | 逆变模块 2 故障 | 366~730 天 | 碎修（未晚点） |
| $x_8$ | 速度传感器故障 | 质量问题 | 731~1095 天 | 碎修（未晚点） |
| $x_9$ | 辅变离线 | 功率模块故障 | 366~730 天 | 碎修（未晚点） |
| $x_{10}$ | 集成仪表箱故障 | 集成仪表箱故障 | 0~365 天 | 碎修（未晚点） |
| $x_{11}$ | 牵引离线 | 牵引电机冷却风机电机故障 | 0~365 天 | 碎修（未晚点） |
| $x_{12}$ | 辅变故障 | ACU 模块故障 | 366~730 天 | 碎修（未晚点） |
| $x_{13}$ | 牵引切除 | KSAZ 接触器故障 | 366~730 天 | 碎修（未晚点） |
| $x_{14}$ | 牵引离线 | 牵引电机速度传感器故障 | 0~365 天 | 碎修（未晚点） |
| $x_{15}$ | 辅变故障 | KTLU 故障 | 731~1095 天 | 碎修（未晚点） |
| $x_{16}$ | 辅变故障 | ACU 模块故障 | 731~1095 天 | 碎修（未晚点） |
| $x_{17}$ | 辅变切除 | 辅助功率模块故障 | 731~1095 天 | 碎修（未晚点） |
| $x_{18}$ | 牵引切除 | INV 动态故障 | 0~365 天 | 碎修（未晚点） |
| $x_{19}$ | 牵引切除 | 逆变模块故障 | 0~365 天 | 晚点（5~10 分钟） |
| $x_{20}$ | 集成仪表箱故障 | 集成仪表箱故障 | 366~730 天 | 晚点（2~5 分钟） |
| $x_{21}$ | 牵引切除 | 逆变模块故障 | 366~730 天 | 晚点（2~5 分钟） |
| $x_{22}$ | 安全连轴结脱开 | 牵引电机速度传感器故障 | 0~365 天 | 晚点（2 分钟以内） |
| ⋮ | ⋮ | ⋮ | ⋮ | ⋮ |

[92] ARRIDHA R, SUKARIDHOTO S, PRAMADIHANTO D, et al. Classification extension based on IoT-big data analytic for smart environment monitoring and analytic in real-time system [J]. International journal of space-based and situated computing, 2017, 7 (2): 82-93.

[93] 郑笛, 王俊, 贲可荣. 扩展车联网应用中的海量传感器信息处理技术 [J]. 计算机研究与发展, 2013, 50 (z2): 257-266.

[94] LIN K, XIA F Z, FORTINO G. Data-driven clustering for multimedia communication in Internet of vehicles [J]. Future generation computer systems, 2019 (94): 610-619.

[95] BONOMI F, MILITO R, NATARAJAN P, et al. Fog computing: a platform for internet of things and analytics [J]. Big data and internet of things: a roadmap for smart environments, 2014, 169-186.

[96] DAN M. Cloud computing [M]. San Francisco: Morgan Kaufmann, 2017.

[97] 孟祥萍, 周来, 王晖, 等. 云计算技术在未来智能电网信息处理平台中的应用 [J]. 计算机测量与控制, 2015, 23 (10): 3508-3511.

[98] 刘燕. 基于云计算信息处理系统体系结构设计 [J]. 科技通报, 2012, 28 (8): 100-106.

[99] ASHOKKUMAR K, SAM B, ARSHADPRABHU R, et al. Cloud based intelligent transport system [J]. Procedia computer science, 2015 (50): 58-63.

[100] 张东波. 基于云计算的交通状态感知与诱导技术研究 [D]. 广州: 华南理工大学, 2018.

[101] COSTA R, JARDIM-GONCALVES R, FIGUEIRAS P, et al. Smart cargo for multimodal freight transport: when "cloud" becomes "fog" [J]. IFAC-Papers on line, 2016 (12): 121-126.

[102] FIRAT K, IBRAHIM K. Fog-based data distribution service (f-dad) for internet of things (iot) applications [J]. Future generation computer systems, 2019 (93): 156-169.

[103] CHENG R J, CHEN D W, CHENG B, et al. Intelligent driving methods based on expert knowledge and online optimization for high-speed trains [J]. Expert systems with applications, 2017 (87): 228-239.

[104] MILNE D, PEN L L, WATSON G, et al. Proving mems technologies for smarter railway infrastructure [J]. Procedia engineering, 2016 (143): 1077-1084.

study of solids transport in oil/gas pipelines [J]. Computers & Chemical engineering, 2015, 81 (4): 355-363.

[70] 林秀梅, 孙海波, 王丽敏. 智能信息处理的多指标面板数据聚类方法及其应用 [J]. 数理统计与管理, 2016, 35 (4): 641-648.

[71] 孙宗元, 方守恩. 高速公路出入口运动车辆轨迹分层聚类算法 [J]. 吉林大学学报 (工学版), 2017, 47 (6): 1696-1702.

[72] ZHOU Y, WINNIE D, TIEDO V, et al. Ship classification based on ship behavior clustering from AIS data [J]. Ocean engineering, 2019, 175 (1): 176-187.

[73] 李川, 姚行艳, 蔡乐才. 智能聚类分析方法及其应用 [M]. 北京: 科学出版社, 2016.

[74] LIU Q D, ZHANG R S, HU R J, et al. An improved path-based clustering algorithm [J]. Knowledge-Based systems, 2019 (163): 69-81.

[75] 贾熹滨, 叶颖婕, 陈军成. 基于关联规则的交通事故影响因素的挖掘 [J]. 计算机科学, 2018, 45 (S1): 447-452.

[76] IBAI L, IGNACIO O, MANUEL V, et al. On the imputation of missing data for road traffic forecasting: New insights and novel techniques [J]. Transportation research part c: emerging technologies, 2018 (90): 18-33.

[77] 林运天, 孙立双, 马运涛. Apriori 算法在城市交通流预测中的应用 [J]. 测绘通报, 2016 (S2): 31-33.

[78] PETER H. Machine learning in action [M]. Manning Pubns Co, 2012.

[79] YOSHUA B. Deep learning [M]. MIT press, 2016.

[80] WANG Y, ZHANG D X, LIU Y, et al. Enhancing transportation systems via deep learning: a survey [J]. Transportation research part c: emerging technologies, 2019 (99): 144-163.

[81] 栗彪, 张白愚, 黄焱. 基于 PrefixSpan 的网络流量识别特征自动提取算法 [J]. 信息工程大学学报, 2014, 15 (6): 743-747.

[82] PHIL S. The visual organization: data Visualization, big data, and the quest for better decisions [M]. Wiley, 2014.

[83] 周博, 薛世峰. MATLAB 工程与科学绘图 [M]. 北京: 清华大学出版社, 2015.

[84] 顾哲彬, 曹飞龙. 多层前向人工神经网络图像分类算法 [J]. 计算机科学, 2018, 45 (S2): 248-253.

[85] KALAMARAS I, ZAMICHOS A, SALAMANIS A. An interactive visual analytics platform for smart intelligent transportation systems management [J]. IEEE transactions on intelligent transportation systems, 2018, 19 (2): 487-496.

[86] BHIMSEN R, MEI B Q, PAUL L B. An expedient multiple information processing pattern-generating chromophore [J]. Sensors and actuators b: chemical, 2017, 251: 164-170.

[87] LIU L J, CHEN R C. A novel passenger flow prediction model using deep learning methods [J]. Transportation research part c: emerging technologies, 2017 (84): 74-91.

[88] ZAHEER A, DHUNNY Z A. On big data, artificial intelligence and smart cities [J]. Cities, 2019 (89): 80-91.

[89] ALEKSANDER K. The application of the artificial intelligence methods for planning of the development of the transportation network [J]. Transportation research procedia, 2016 (14): 4532-4541.

[90] SHABNAM S, AMIR M R. Systematic survey of big data and data mining in internet of things [J]. Computer networks, 2018, 139 (5): 19-47.

[91] 徐杨, 王晓峰, 何清漪. 物联网环境下多智能体决策信息支持技术 [J]. 软件学报, 2014, 25 (10):

[47] BERNAS M, PLACZEK B, PORWIK P, et al. Segmentation of vehicle detector data for improved k-nearest neighbours-based traffic flow prediction [J]. IET intelligent transport systems, 2015, 9 (3): 264-274.

[48] MONTAZERI G M, FOTOUHI A. Traffic condition recognition using the k-means clustering method [J]. Scientia Iranica, 2011, 18 (4): 930-937.

[49] 郭晓妮. 基于改进的SVM交通信息融合算法及应用研究 [D]. 北京: 北京交通大学, 2009.

[50] CHANG C C, LIN C J. LIBSVM: a library for support vector machines [J]. ACM transactions on intelligent systems and technology, 2011, 2 (3): 59-73.

[51] 耿立艳, 陈丽华. 基于FOA优化混合核LSSVM的铁路货运量预测 [J]. 计算机应用研究, 2017, 34 (2): 409-412.

[52] WANG L L, NGAN H Y T, YUNG N H C. Automatic incident classification for large-scale traffic data by adaptive boosting SVM [J]. Information sciences, 2018 (467): 59-73.

[53] 张震, 程伟伟, 吴磊, 等. 基于不变矩和SVM的圆形交通标志识别方法研究 [J]. 电子测量与仪器学报, 2017, 31 (5): 773-779.

[54] CHANG C C, LIN C C. LIBSVM: a library for support vector machines [J]. Data mining and knowledge discovery, 2011, 2 (1): 121-167.

[55] 欧阳俊, 陆锋, 刘兴权, 等. 基于多核混合支持向量机的城市短时交通预测 [J]. 中国图象图形学报, 2018, 15 (11) 1688-1695.

[56] BENGIO Y, COURVILLE A, VINCENT P. Representation learning: a review and new perpectives [J]. IEEE transactions on pattern analysis and machine intelligence, 2013, 35 (8): 1789-1828.

[57] CAO G M, DUAN Y Q, TREVOR C. The link between information processing capability and competitive advantage mediated through decision-making effectiveness [J]. Long range planning, 2019, 44: 121-131.

[58] KAY, KENDRICK N. Principles for models of neural information processing [J]. NeuroImage, 2018, 15 (180): 101-109.

[59] 田晟, 张裕天, 张剑锋, 等. 基于深度神经网络的交通出行方式选择模型 [J]. 北华大学学报 (自然科学版), 2019, 20 (1): 109-113.

[60] ZHANG H, WANG X M, CAO J, et al. A multivariate short-term traffic flow forecasting method based on wavelet analysis and seasonal time series [J]. Applied intelligence, 2018, 48 (10): 3827-3838.

[61] HE Z X, CHOW C Y, ZHANG J D. Stann: a spatio-temporal attentive neural network for traffic prediction [J]. IEEE access, 2019 (7): 4795-4806.

[62] QU L C, LI W, LI W J, et al. Daily long-term traffic flow forecasting based on a deep neural network [J]. Expert systems with applications, 2019 (121): 304-312.

[63] 汤铃, 余乐安, 李建平, 等. 复杂时间序列预测技术研究: 数据特征驱动分解集成方法论 [M]. 北京: 科学出版社, 2016.

[64] DOUGLAS C, MONTGOMERY. Introduction to linear regression analysis, fifth edition set [M]. America: Wiley, 2013.

[65] ZHANG M L, ZHOU Z H. A review on multi-label learning algorithms [J]. IEEE transactions on knowledge and data engineering, 2014, 26 (8): 1819-1837.

[66] 彭辉, 赵亚军, 胡章浩. 应用多元线性回归模型的铁路客运量预测 [J]. 重庆理工大学学报 (自然科学), 2018, 32 (9): 190-193.

[67] JAIN A K. Data clustering: 50 years beyond k-means [J]. Pattern recognition letters, 2009, 31 (8): 651-666.

[68] 张宪超. 数据聚类 [M]. 北京: 科学出版社, 2018.

[69] SELEN C, JISUP S, HARIPRASAD J S. Data clustering for model-prediction discrepancy reduction-a case

[22] 张溪. 大数据下智能交通系统的发展综述 [J]. 信息与电脑（理论版），2019（1）：17-19.

[23] ZHU L, YU F R, WANG Y G, et al. Big data analytics in intelligent transportation systems: a survey [J]. IEEE transactions on intelligent transportation systems, 2019, 20（1）：383-398.

[24] FAN W, BIFET A. Mining big data: current status, and forecast to the future [J]. ACM SIGKDD explorations newsletter, 2012, 14（2）：1-5.

[25] JIANG Z Y, YU S P, ZHOU M D, et al. Model study for intelligent transportation system with big data [J]. Procedia computer science, 2017（107）：418-426.

[26] 王传民. 智能信息处理技术的发展和应用研究 [J]. 中国新通信，2018, 20（21）：119.

[27] BERNADETTE B M, GIULIANELLA C, RONALD R Y. Modern information processing-from theory to applications [M]. Elsevier Science, 2006.

[28] CAO G M, DUAN Y Q, CADDEN T. The link between information processing capability and competitive advantage mediated through decision-making effectiveness [J]. International journal of information management, 2019（44）：121-131.

[29] 叶鹰. 智能信息处理和智能信息分析前瞻 [J]. 图书与情报，2017（6）：70-73.

[30] AGACHAI S, HUNG W H. Smarter and more connected: future intelligent transportation system [J]. IATSS Research, 2018, 42（2）：67-71.

[31] SUSANA S, ALEXANDRE S, ANTÓNIO C, et al. A new approach on communications architectures for intelligent transportation systems [J]. Procedia computer science, 2017（110）：320-327.

[32] 周泉锡. 常见数据预处理技术分析 [J]. 通讯世界，2019, 26（1）：17-18.

[33] DEB R, LIEW A W C. Noisy values detection and correction of traffic accident data [J]. Information sciences, 2019（476）：132-146.

[34] SANTHOSH K K, DEBI P D, PARTHA P R. Queuing theory guided intelligent traffic scheduling through video analysis using Dirichlet process mixture model [J]. Expert systems with applications, 2019, 118（15）：169-181.

[35] MA X L, CHEN X. Data-driven solutions to transportation problems [M]. Elsevier, 2019.

[36] VIJAY K, BALA D. Data science-concepts and practice [M]. Morgan Kaufmann, 2018.

[37] GREGORIO G, RICCARDO R, MASSIMILIANO G, et al. Data mining methods for traffic monitoring data analysis: A case study [J]. Procedia-social and behavioral sciences, 2011（20）：455-464.

[38] ALONSO F, MARTINEZ L, PEREZ A, et al. Cooperation between expert knowledge and data mining discovered knowledge: lessons learned [J]. Expert systems with applications, 2012, 39（8）：7524-753.

[39] 刘鹏, 张燕. 数据清洗 [M]. 北京：清华大学出版社，2018.

[40] MASHRUR C, AMY A, KAKAN D. Data analytics for intelligent transportation systems [M]. Elsevier, 2017.

[41] DANIEL S. Learning processing [M]. Morgan Kaufmann, 2016.

[42] 季一木, 张永潘, 郎贤波, 等. 面向流数据的决策树分类算法并行化 [J]. 计算机研究与发展，2017, 54（9）：1945-1957.

[43] ABELLAN J, LOPEZ G, DE O J. Analysis of traffic accident severity using decision rules via decision trees [J]. Expert systems with applications, 2013, 40（15）：6047-6054.

[44] 王超. 列车仿真技术中基于属性矩阵图的故障分析决策树算法 [J]. 城市轨道交通研究，2017, 20（12）：103-105.

[45] 王蓉, 刘遵仁, 纪俊. 基于属性重要度的决策树算法 [J]. 计算机科学，2017, 44（s2）：129-132.

[46] LI Y W, YANG B L, YANG B H, et al. Application of interpretable machine learning models for the intelligent decision [J]. Neurocomputing, 2019, 33（14）：273-283.

# 参 考 文 献

[1] 杨兆升. 智能运输系统概论 [M]. 3版. 北京：人民交通出版社，2015.
[2] 陈旭梅. 城市智能交通系统 [M]. 北京：北京交通大学出版社，2013.
[3] MARTIN L M, ADO A A A, WAHABOU A, et al. Methodology and trends for an intelligent transport system in developing countries [J]. Sustainable computing: informatics and systems, 2018 (19): 96-111.
[4] SUN L, LI Y M, GAO J. Architecture and application research of cooperative intelligent transport systems [J]. Procedia engineering, 2016 (137): 47-753.
[5] PIRO G, CIANCI I, GRIECO L A. Information centric services in smart cities [J]. Ournal of systems and software, 2014 (88): 169-188.
[6] 李天峰. 智能信息处理技术在网络计算中的应用 [J]. 现代电子技术，2017 (15): 49-51.
[7] BOUK S H, AHMED S H, KIM D, et al. Named-data-networking-based its for smart cities [J]. IEEE communications magazine, 2017, 55 (1): 105-111.
[8] DJAHEL S, DOOLAN R, MUNTEAN G, et al. A communications-oriented perspective on traffic management systems for smart cities: challenges and innovative approaches [J]. IEEE communications surveys and tutorials, 2015, 17 (1): 125-151.
[9] 赵光辉，朱谷生. 互联网+交通：智能交通新革命时代来临 [M]. 北京：人民邮电出版社，2016.
[10] WANG F Y. Scanning the issue and beyond: transportation and mobility transformation for smart cities [J]. IEEE transactions on intelligent transportation systems, 2015, 16 (2): 525-533.
[11] CONSTANTINOS A, LOUKAS D, FRANCISCO P. Mobility patterns, big data and transport analytics [M]. Dutch: Elsevier, 2018.
[12] HASHEM I A T, CHANG V, ANUAR N B, et al. The role of big data in smart city [J]. International journal of information management, 2016, 36 (5): 748-758.
[13] XIA Y J, ZHANG L, LIU Y C. Special issue on big data driven intelligent transportation systems [J]. Neurocomputing, 2016, 181 (12): 1-3.
[14] 马晓磊，丁川，于海洋，等. 公共交通大数据挖掘与分析 [M]. 北京：人民交通出版社，2017.
[15] GOHAR M, MUZAMMAL M, RAHMAN A U. Smart TSS: defining transportation system behavior using big data analytics in smart cities [J]. Sustainable cities and society, 2018 (41): 114-119.
[16] 牟凤瑞. 基于大数据的计算机信息处理技术应用与实践 [J]. 中国教育学刊，2017 (S1): 19-21.
[17] 高强，张凤荔，王瑞锦，等. 轨迹大数据：数据处理关键技术研究综述 [J]. 软件学报，2017，28 (4): 959-992.
[18] ISABEL T B A, JAVIER D S, BAI L, et al. Big data for transportation and mobility: recent advances, trends and challenges [J]. IET intelligent transport systems, 2018, 12 (8): 742-755.
[19] WANG X, ZHANG F, LI B, et al. Developmental pattern and international cooperation on intelligent transport system in China [J]. Case studies on transport policy, 2017, 5 (1): 38-44.
[20] MASHRUR C, AMY A, KAKAN D. Data analytics for intelligent transportation systems [M]. Dutch: Elsevier, 2017.
[21] BUBENÍKOVÁ E, MUZIKÁŘOVÁ L', HALGAŠ J. Application of image processing in intelligent transport systems [J]. IFAC proceedings volumes, 2012, 45 (7): 53-56.

加深了读者对智能运输信息处理技术前沿热点的认识和了解。

学习本章后读者应了解智能运输信息处理技术的原理、特点、前沿热点及发展趋势。掌握智能运输信息处理技术的处理思路、一般流程、常用方法。

## 习题 10

10.1 简述智能运输信息处理技术特点及发展趋势。

10.2 列举人工智能技术在智能交通领域的应用案例。

10.3 简述云计算、雾计算、边缘计算的概念、联系及区别。

10.4 简述你认为我国交通大数据未来的发展趋势和可能会遇到的问题。

10.5 简述物联网技术在智能交通领域的发展趋势。

的。物联网的应用可分为控制型、查询型、管理型和扫描型等,可通过现有的手机、电脑等终端实现广泛的智能化应用解决方案。

在物联网应用中有三项关键技术。

(1) 传感器技术,这也是计算机应用中的关键技术。目前为止绝大部分计算机处理的都是数字信号。自从有计算机以来,就需要传感器把模拟信号转换成数字信号,计算机才能处理。

(2) RFID 是一种传感器技术,RFID 是融合了无线射频技术和嵌入式技术的综合技术,RFID 在自动识别、物品物流管理有着广阔的应用前景。

(3) 嵌入式系统技术是综合了计算机软硬件、传感器技术、集成电路技术、电子应用技术的复杂技术。经过几十年的演变,以嵌入式系统为特征的智能终端产品随处可见;小到人们身边的 MP3,大到航天航空的卫星系统。嵌入式系统正在改变着人们的生活,推动着工业生产及国防工业的发展。如果把物联网用人体做一个简单比喻,传感器相当于人的眼睛、鼻子、皮肤等感官,网络就是神经系统,用来传递信息,嵌入式系统则是人的大脑,在接收到信息后要进行分类处理。

业内专家认为,物联网一方面可以提高经济效益,大大节约成本;另一方面可以为全球经济的复苏提供技术动力。目前,美国、欧盟等都在投入巨资深入研究探索物联网。我国也正在高度关注、重视物联网的研究,工业和信息化部会同有关部门,在新一代信息技术方面开展研究,以形成支持新一代信息技术发展的政策措施。原中国移动董事长王建宙提及,物联网将会成为中国移动未来的发展重点。他表示将会邀请台湾生产 RFID、传感器和条形码的厂商和中国移动合作。运用物联网技术,上海移动已为多个行业客户度身打造了集数据采集、传输、处理和业务管理于一体的整套无线综合应用解决方案。最新数据显示,目前已将超过 10 万个芯片装载在出租车、公交车上,形式多样的物联网应用在各行各业大显神通,确保城市的有序运作。在世博会期间,"车务通"全面运用于上海公共交通系统,以最先进的技术保障世博园区周边大流量交通的顺畅;面向物流企业运输管理的"e 物流",将为用户提供实时准确的货况信息、车辆跟踪定位、运输路径选择、物流网络设计与优化等服务,大大提升物流企业综合竞争能力。此外,普及以后,用于动物、植物和机器、物品的传感器与电子标签及配套的接口装置的数量将大大超过手机的数量。物联网的推广将会成为推进经济发展的又一个驱动器,为产业开拓了又一个潜力无穷的发展机会。按照目前对物联网的需求,在近年内就需要按亿计的传感器和电子标签,这将大大推进信息技术元件的生产,同时增加大量的就业机会。

## 小结

本章简要介绍了智能运输信息处理技术的前沿热点。首先从常见的智能运输信息处理技术的发展趋势入手,现阶段信息处理技术发展的趋势是:面向大规模、多介质的信息及与人工智能进一步结合。为了更好地适应信息时代对大量信息进行处理的要求,信息处理技术将会逐步实现从信息采集与预处理技术、信息储存与分析技术到信息安全技术的全方位升级。然后,本章详细地介绍了人工智能、深度学习、云计算、雾计算、边缘计算及物联网技术等智能运输信息处理技术,通过从技术原理、特点、国内外应用现状及发展趋势等方面的介绍的数据将成为增量数据资源的主体。快速发展的物联网，也将成为越来越重要的数据资源提供者。相对于现有互联网数据杂乱无章和价值密度低的特点，通过可穿戴、车联网等多种数据采集终端，定向采集的数据资源更具利用价值。例如，智能化的可穿戴设备经过几年的发展，智能手环、腕带、手表等可穿戴设备正在走向成熟，智能钥匙扣、自行车、筷子等设备层出不穷，国外 Intel、Google、Facebook，国内百度、京东、小米等都有所布局。

物联网是在计算机互联网的基础上，利用射频识别（RFID）、无线数据通信等技术，构造一个覆盖世界上万事万物的"Internet of Things"。在这个网络中，物品（商品）能够彼此进行"交流"，而无须人的干预。其实质是利用 RFID 技术，通过计算机互联网实现物品（商品）的自动识别和信息的互联与共享。物联网系统可划分为三个层次：感知层、网络层和应用层，如图 10-9 所示。

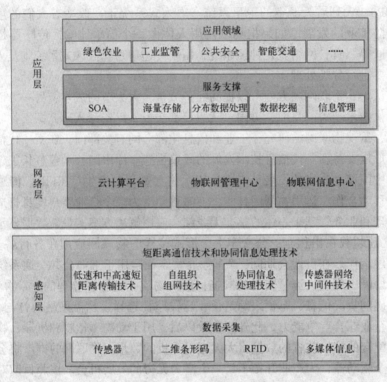

图 10-9　物联网层次结构图

感知层由各种传感器及传感器网关构成，包括二氧化碳浓度传感器、温度传感器、湿度传感器、二维码标签、RFID 标签和读写器、摄像头、GPS 等感知终端。感知层的作用相当于人的眼耳鼻喉和皮肤等神经末梢，它是物联网识别物体、采集信息的来源，其主要功能是识别物体，采集信息。网络层由各种私有网络、互联网、有线和无线通信网、网络管理系统和云计算平台等组成，相当于人的神经中枢和大脑，负责传递和处理感知层获取的信息。网络层是建立在现有通信网络和互联网基础之上的融合网络，通过各种接入设备与移动通信网和互联网相连，其主要任务是通过现有的互联网、广电网络、通信网络等实现信息的传输、初步处理、分类、聚合等，用于沟通感知层和应用层。应用层是将物联网技术与专业技术相互融合，利用分析处理的感知数据为用户提供丰富的特定服务。应用层是物联网发展的目市边缘云计算框架如图 10-8 所示。

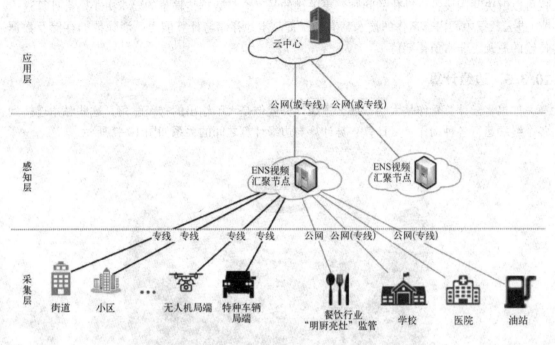

图 10-8　智慧城市边缘云计算框架

边缘计算具有以下优点。

（1）分布式和低延迟计算。云计算往往并不是最佳策略，计算需要在更加靠近数据源的地方执行。作为云计算的有益补充，可以利用边缘节点（例如，路由器或离边缘设备最近的基站），用以减少网络等待时间。

（2）超越终端设备的资源限制。用户终端（例如智能手机）的硬件条件相对受限，由于中间件和硬件的限制，终端设备无法执行复杂的分析，而且执行过程也极为耗电。边缘计算使得数据可以利用适合数据管理任务的空闲计算资源，在边缘节点处过滤或者分析。

（3）可持续的能源消耗。一些嵌入式小型设备的基础信息采集处理完全可以在端完成，即手机传感器把数据传送到网关后，就通过边缘计算进行数据过滤和处理，没必要每条原始数据都传送到云，这省去了大量的能源成本。

（4）应对数据爆炸和网络流量压力。通过在边缘设备上执行数据分析，可有效应对数据爆炸，减轻网络的流量压力。边缘计算能够缩短设备的响应时间，减少从设备到云数据中心的数据流量，以便在网络中更有效地分配资源。

## 10.4　物联网技术

物联网技术是信息技术体系中最重要的组成部分，它掀起了信息技术的第三次浪潮。从概念的角度来理解的话，物联网技术就是不同的事物之间，借助计算机技术和通信技术的相互连接而构成网络，以此为生产管理提供及时化信息的一项技术。物联网的发展，大大丰富了数据的采集渠道，来自外部社交网络、可穿戴设备、车联网、物联网及政府公开信息平台网络带宽,而且会加重数据中心的负担,数据传输和信息获取的情况将越来越糟。雾计算不仅可以解决联网设备自动化的问题,更关键的是,它对数据传输量的要求更小。雾计算这一"促进云数据中心内部运作的技术"有利于提高本地存储与计算能力,消除数据存储及数据传输的瓶颈,非常值得期待。

### 10.3.3 边缘计算

如果将云计算看作是大脑,那么边缘计算就像是大脑输出的神经触角,这些触角连接到各个终端运行各种动作。云计算、雾计算与边缘计算之间的关系如图10-7所示。

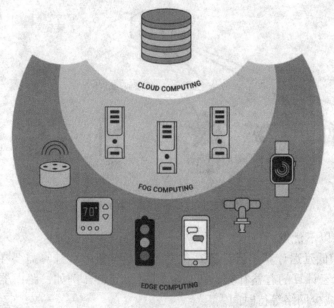

图10-7 云计算、雾计算与边缘计算之间的关系

边缘计算是指在靠近物或数据源头的一侧的网络边缘节点来处理、分析数据,采用网络、计算、存储、应用核心能力为一体的开放平台,就近提供最近端服务。边缘节点指的就是在数据产生源头和云中心之间任一具有计算资源和网络资源的节点。例如,手机就是人与云中心之间的边缘节点,网关是智能家居和云中心之间的边缘节点。在理想环境中,边缘计算指的就是在数据产生源附近分析、处理数据,没有数据的流转,进而减少网络流量和响应时间。此前,物联网的传统发展模式一直是想将其收集的数据送到云端去处理,但随着物联网的连接数量指数级上升,完全靠这种垂直连接实际上很难实现,必须要考虑在边缘级进行处理。

在未来的智能交通应用环境中,"云计算"就相当于智能设备的大脑,处理相对复杂的进程;而"边缘计算"就相当于智能设备的神经末梢,进行一些"下意识"的反应。边缘计算技术最显而易见的潜在应用之一是无人驾驶汽车。无人驾驶汽车装备了各种各样的传感器,从摄像头到雷达到激光系统,来帮助车辆运行。如前所述,这些无人驾驶汽车可以利用边缘计算,通过这些传感器在离车辆更近的地方处理数据,进而尽可能地减少系统在驾驶过程中的响应时间。虽然无人驾驶汽车还不是主流趋势,但各大公司们正在未雨绸缪。智慧城云端计算、网络、存储能力得以向边缘扩展。在 IoT 中采用中枢智能与边缘智能的两级架构，实现雾计算与云计算的协作，提高 IoT 处理效率。雾计算的应用如图 10-6 所示。

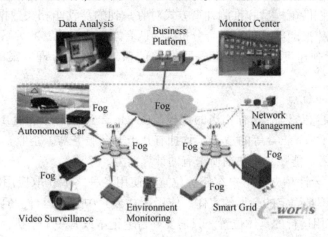

图 10-6　雾计算的应用

雾计算的概念在 2011 年被人提出，雾计算并非是些性能强大的服务器，而是由性能较弱、更为分散的各种功能计算机组成，渗入电器、工厂、汽车、街灯及人们生活中的各种物品。雾计算是介于云计算和个人计算之间的，是半虚拟化的服务计算架构模型，强调数量，不管单个计算节点能力多么弱都要发挥作用。相比于云计算的高高在上遥不可及，雾计算更为贴近地面，就在你我身边。

在智能运输领域，有了雾计算才使得很多业务可以部署，例如车联网。车联网的应用和部署要求有丰富的连接方式和相互作用，即车到车、车到接入点（无线网络、4G、LTE、智能交通灯、导航卫星网络等）、接入点到接入点。雾计算能够为车联网的服务菜单中的信息娱乐、安全、交通保障等提供服务。智能交通灯特别需要对移动性和位置信息的计算，计算量不大，反应延时要求高，显然只有雾计算最适合。智能交通灯本意是根据车流量来自动指挥车辆通行，避免无车遇红灯时，也要停车等到绿灯再走，那么实时计算非常重要，所以每个交通灯自己都有计算能力，从而自行完成智能指挥，这就是雾计算的威力。

与云计算相比，雾计算所采用的架构更呈分布式，更接近网络边缘。雾计算将数据、数据处理和应用程序集中在网络边缘的设备中，而不像云计算那样将它们几乎全部保存在云中。数据的存储及处理更依赖本地设备，而非服务器。所以，云计算是新一代的集中式计算，而雾计算是新一代的分布式计算，符合互联网的"去中心化"特征。雾计算不像云计算那样，要求使用者连上远端的大型数据中心才能存取服务。除了架构上的差异，云计算所能提供的应用，雾计算基本上都能提供，只是雾计算所采用的计算平台效能可能不如大型数据中心。

云计算承载着业界的厚望。业界曾普遍认为，未来计算功能将完全放在云端。然而，将数据从云端导入、导出实际上比人们想象的要更为复杂和困难。由于接入设备（尤其是移动设备）越来越多，在传输数据、获取信息时，带宽就显得捉襟见肘。随着物联网和移动互联网的高速发展，人们越来越依赖云计算，联网设备越来越多，设备越来越智能，移动应用成为人们在网络上处理事务的主要方式，数据量和数据节点数不断增加，不仅会占用大量机和车载 GPS 共同组合起来所构建的交通信息云计算基础设施。基于 GPS 的浮动车交通信息云通过对安装有车载 GPS 的浮动车在行驶过程中的位置、方向和速度等方面的信息进行收集，同时通过地图匹配模型和推测计算方式对收集到的浮动车相关数据进行计算和分析，并将这些数据与城市交通状况进行综合分析，使两者之间建立紧密的关系，最终获取这些车辆所经过道路的行驶速度及行驶时间等重要的信息，为交通管理方案的制订提供重要的依据。

云计算具有以下优点。

(1) 超大规模："云"具有相当的规模，Google 云计算已经拥有 100 多万台服务器，Amazon、IBM、微软、Yahoo 等的"云"均拥有几十万台服务器。企业私有云一般拥有数百上千台服务器。"云"能赋予用户前所未有的计算能力。

(2) 虚拟化：云计算支持用户在任意位置、使用各种终端获取应用服务。所请求的资源来自"云"，而不是固定的有形的实体。应用在"云"中某处运行，但实际上用户无须了解，也不用担心应用运行的具体位置。只需要一台笔记本或者一个手机，就可以通过网络服务来实现需要的一切，甚至包括超级计算这样的任务。

(3) 高可靠性："云"使用了数据多副本容错、计算节点同构可互换等措施来保障服务的高可靠性，使用云计算比使用本地计算机可靠。

(4) 通用性：云计算不针对特定的应用，在"云"的支撑下可以构造出千变万化的应用，同一个"云"可以同时支撑不同的应用运行。

(5) 高可扩展性："云"的规模可以动态伸缩，满足应用和用户规模增长的需要。

(6) 按需服务："云"是一个庞大的资源池，可以按需购买；云可以像自来水、电、煤气那样计费。

(7) 极其廉价：由于"云"的特殊容错措施，因此可以采用极其廉价的节点来构成云，"云"的自动化集中式管理使大量企业无须负担日益高昂的数据中心管理成本，"云"的通用性使资源的利用率较传统系统大幅提升，因此用户可以充分享受"云"的低成本优势，经常只要花费几百美元、几天时间就能完成以前需要数万美元、数月时间才能完成的任务。

同时云计算也存在以下缺点。

(1) 数据隐私问题：如何保证存放在云服务提供商的数据隐私不被非法利用，不仅需要技术的改进，也需要法律的进一步完善。

(2) 数据安全性：有些数据是企业的商业机密，数据的安全性关系到企业的生存和发展。云计算数据的安全性问题限制了云计算在企业中的应用。

(3) 用户的使用习惯：如何改变用户的使用习惯，使用户适应网络化的软硬件应用是长期而且艰巨的挑战。

(4) 缺乏统一的技术标准：云计算的美好前景让传统 IT 厂商纷纷向云计算方向转型。但是由于缺乏统一的技术标准，尤其是接口标准，各厂商在开发各自产品和服务的过程中各自为政，这为将来不同服务之间的互联互通带来严峻挑战。

### 10.3.2 雾计算

雾计算（fog computing）是云计算的延伸，其发展源自物联网（IoT）实时反馈型应用需求的驱动，通过雾计算将数据采集、数据处理和应用分析程序集中在网络边缘设备中，使日本政府通过官产学研合作的方式开展人工智能研究。政府在出台的《日本再兴战略2016》中明确日本发展方向——物联网、人工智能和机器人是日本第四次产业革命的核心。明确了人工智能研发和应用的重点是进行人工智能和机器人核心技术研发、临床人工智能数据系统实证研究、新一代农林水产创新技术研发、场景应用。

欧盟通过制定人工智能相关法律保证欧盟在人工智能产业的领先地位。2012—2014年，欧盟实施"RoboLaw"项目，进行机器人法律研究。2015年，欧盟议会法律事务委员会成立人工智能工作小组，对人工智能，特别是机器人进行法律研究。2017年1月12日，JURI通过了人工智能立法决议，要求欧盟委员会就机器人和人工智能提出立法提案。若该提案得到落实，人工智能将在欧盟获得法律身份。

我国政府也高度重视人工智能的发展，尤其是在交通领域的研究与应用。2016年4月，我国发布了《机器人产业发展规划（2016—2020年）》，旨在推动人工智能相关产业的深度发展。从2017年开始，"十三五"国家重点研发计划、"公共安全风险防控与应急技术装备"专项也开始部署人工智能技术的应用项目，例如"道路交通安全主动防控技术及系统集成""主动防控型警用机器人关键技术研究与应用示范"等。

## 10.3 云计算、雾计算与边缘计算

### 10.3.1 云计算

按照美国国家标准与技术研究院（NIST）定义：云计算（cloud computing）是一种按使用量付费的模式，这种模式提供可用的、便捷的、按需的网络访问，进入可配置的计算资源共享池（资源包括网络、服务器、存储、应用软件、服务），这些资源能够被快速提供，只需要投入很少的管理工作，或与服务供应商进行很少的交互。

云计算通过网络"云"将巨大的数据计算处理程序分解成无数个小程序，然后，通过多部服务器组成的系统进行处理和分析这些小程序得到结果并返回给用户。云计算早期，就是简单的分布式计算，解决任务分发，并进行计算结果的合并。因而，云计算又称为网格计算。通过这项技术，可以在很短的时间内完成对数以万计的数据的处理，从而达到强大的网络服务。现阶段所说的云服务已经不单单是一种分布式计算，而是分布式计算、效用计算、负载均衡、并行计算、网络存储、热备份冗杂和虚拟化等计算机技术混合演进并跃升的结果，是基于互联网相关服务的增加、使用和交付模式，如图10-5所示，云计算可以将虚拟的资源通过互联网提供给每一个有需求的客户，从而实现拓展数据处理。云计算的特点恰好同"大路数、高清化、智能化"的智能交通服务的功能需求不谋而合。

交通信息云是云计算在交通领域的成功应用。它是以网络为桥梁，将数据处理中心、虚拟

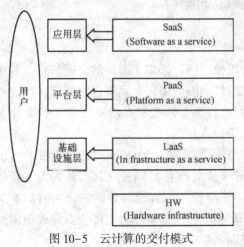

图10-5 云计算的交付模式

拟合，对大像素数图像内容能很好地识别，在融合GPU加速技术后，使得神经网络在实际中能够更好地拟合训练数据，更快更准确地识别大部分的图片。总而言之，深度学习模型可谓是和图像处理技术的完美结合，不仅能够提高图像识别的准确率，同时还可以在一定程度上提高运行效率，减少了一定的人力成本。

如图10-4所示，阿尔法狗（AlphaGo）是第一个击败人类职业围棋选手、第一个战胜围棋世界冠军的人工智能程序，它主要的原理就是深度学习。为了战胜人类围棋选手，AlphaGo需要更加智能且强大的算法。AlphaGo主要包括三个组成部分：蒙特卡洛树搜索（Monte Carlo tree search）、估值网络（value network）和策略网络（policy notebook）。策略网络是AlphaGo的大脑，通过深度学习在当前给定棋盘条件下，预测下一步在哪里落子。通过大量对弈棋谱获取训练数据，该网络预测人类棋手下一步落子点的准确率可达57%以上（当年数据）并可以通过自己跟自己对弈的方式提高落子水平。估值网络是AlphaGo的另一个大脑，用来判断在当前棋盘条件下黑子赢棋的概率。其使用的数据就是策略网络自己和自己对弈时产生的。AlphaGo使用蒙特卡洛树搜索算法，根据策略网络和估值网络对局势的评判结果来寻找最佳落子点。在不久的将来，深度学习将会取得更多的成功，因为它需要很少的手工工程，它可以很容易受益于可用计算能力和数据量的增加。目前正在为深度神经网络开发的新学习算法和架构只会加速这一进程。

图10-4　AlphaGo击败人类职业围棋选手

## 10.2.3　国内外人工智能与深度学习发展

随着交通的发展以及技术的更新进步，设备大规模联网，汇集了海量的交通信息，利用人工智能技术，可实时分析城市交通数据，调整红绿灯间隔，缩短车辆等待时间等。在智能交通行业"井喷"及各大挑战的共同作用下，美国、日本及欧盟都高度重视人工智能相关技术的研究和应用，纷纷加大对人工智能产品的科研投入。

美国政府通过出台相关政策和直接投资推动人工智能发展。2016年，美国发布了《国家人工智能研究和发展战略计划》《为人工智能的未来做好准备》两份文件，认为人工智能前景乐观，通过国家资金扶持人工智能产业发展，并推行人工智能教育。2016年12月20日，美国发布《人工智能、自动化和经济报告》，认为人工智能和自动化将全面释放美国经济发展潜力，呼吁社会对人工智能会带来的变革提前做好准备。

习模型很是不同。例如，卷积神经网络（convolutional neural networks，CNNs）就是一种深度的监督学习下的机器学习模型，而深度置信网（deep belief nets，DBNs）就是一种无监督学习下的机器学习模型。

作为机器学习发展到一定阶段的产物，近年来深度学习技术之所以能引起社会各界广泛的关注，是因为其不光在学术界，同时也在工业界取得了重大突破和广泛的应用。其中应用最广的几个研究领域分别是自然语言处理、语音识别与合成、图像领域。

**1. 自然语言处理**

自然语言处理（NLP）是语言学和人工智能的交叉科学，旨在让计算机能够"读懂"人类的语言。其包括的主要范畴有（这里说的自然语言处理仅仅指文本相关的）：分词、词性标注、命名实体识别、句法分析、关键词抽取、文本分类、自动摘要及信息检索等。传统的自然语言处理主要是利用语言学领域本身的知识结合一些统计学的方法来获取语言知识。后来伴随着机器学习浅层模型的发展（例如 SVM、逻辑回归等），自然语言处理领域的研究取得了一定的突破，但在语义消歧、语言的理解等方面还是显得力不从心。近年来，随着深度学习相关技术（DNN、CNN、RNN 等）取得了显著的进展，其在自然语言处理方面的应用也展现出了明显的优势。从算法上来看，词向量（word vector）作为深度学习算法在自然语言领域的先驱，有着极其广泛的应用场景，在机器翻译、情感分析等方面均取得了不错的效果。其基本思想是把人类语言中的词尽可能完整地转换成计算机可以理解的稠密向量，同时要保证向量的维度在可控的范围之内。在 Bahdanau 等人利用 LSTM 模型结合一些自定义的语料，解决了传统模型的 Out of dictionary word 问题之后，更使得基于深度学习的自然语言处理较于传统方法有明显的优势。目前，基于深度学习的自然语言处理在文本分类、机器翻译、智能问答、推荐系统及聊天机器人等方向都有着极为广泛的应用。

**2. 语音识别与合成**

语音相关的处理其实也属于自然语言处理的范畴，目前主要是语音合成（speech synthesis）和语音识别（automated speech recognition）。语音识别应该是大家最为熟知的，也是应用最为广泛的。同自然语言处理类似，语音识别也是人工智能和其他学科的交叉领域，其所涉及的领域有：模式识别、信号处理、概率论、信息论、发声原理等。近年来随着深度学习技术的兴起，语音识别取得显著的进步，基于深度学习的语音技术不仅从实验室走向了市场，更得到了谷歌、微软、百度及科大讯飞等众多科技公司的青睐。语音输入法、家用聊天机器人、医疗语音救助机、智能语音穿戴设备等具体的应用场景也是层出不穷。

事实上，在深度学习算法还未普及之前的很长一段时间内，语音识别系统大多采用高斯混合模型（GMM）这一机器学习浅层模型完成数据的量化和建模。由于该模型可以精确地量化训练集并对数据有较好的区分度，所以长期在语音识别领域占主导地位。直到 2011 年，微软公司推出了基于深度学习的语音识别系统，模拟人类大脑分层对数据特征进行提取，使得样本特征之间的联系更加密切，完美地克服了 GMM 模型处理高维数据方面的不足。直到本书出版时，基于深度神经网络的模型仍然广泛应用在语音相关的各个领域中。

**3. 图像领域**

事实上，图像领域目前算是深度学习应用最为成熟的领域。也正是由于深度学习算法在 ImageNet 图像识别大赛中远超其他机器学习算法，以巨大优势夺魁，才推动了深度学习发展的第三次浪潮。目前，通过卷积神经网络（CNN）构建的图像处理系统能够有效地减小过专家系统的发展已经历了三个阶段，正向第四代过渡和发展。

第一代专家系统（dendral、macsyma 等）以高度专业化、求解专门问题的能力强为特点。但在体系结构的完整性、可移植性，系统的透明性和灵活性等方面存在缺陷，求解问题的能力弱。第二代专家系统（mycin、casnet、prospector、hearsay 等）属单学科专业型、应用型系统，其体系结构较完整，移植性方面也有所改善，而且在系统的人机接口、解释机制、知识获取技术、不确定推理技术、增强专家系统的知识表示和推理方法的启发性、通用性等方面都有所改进。第三代专家系统属多学科综合型系统，采用多种人工智能语言，综合采用各种知识表示方法和多种推理机制及控制策略，并开始运用各种知识工程语言、骨架系统及专家系统开发工具和环境来研制大型综合专家系统。在总结前三代专家系统的设计方法和实现技术的基础上，已开始采用大型多专家协作系统、多种知识表示、综合知识库、自组织解题机制、多学科协同解题与并行推理、专家系统工具与环境、人工神经网络知识获取及学习机制等最新人工智能技术来实现具有多知识库、多主体的第四代专家系统。

**7. 自动规划**

自动规划是一种重要的问题求解技术，与一般问题求解相比，自动规划更注重于问题的求解过程，而不是求解结果。此外，规划要解决的问题，如机器人世界问题，往往是真实世界问题，而不是比较抽象的数学模型问题。与一些求解技术相比，自动规划系统与专家系统均属高级求解系统与技术。规划是一种重要的问题求解技术，它从某个特定的问题状态出发，寻求一系列行为动作，并建立一个操作序列，直到求得目标状态为止。规划可用来监控问题求解过程，并能够在造成较大的危害之前发现差错。规划的好处可归纳为简化搜索、解决目标矛盾及为差错补偿提供基础。近年来，我国交通智能化水平正持续提升，互联网与交通融合的步伐也在加快，智能交通已经成为我国智慧城市建设需要突破的重要领域，人工智能新技术在智能运输领域有较好的应用前景。例如，智慧公路是人工智能和交通行业融合的产物，所以随着人工智能的发展，智慧公路顺势而出，国家也出台了智慧公路的相应发展规划。

## 10.2.2 深度学习技术

深度学习的概念源于人工神经网络的研究。深度学习通过组合低层特征形成更加抽象的高层表示属性类别或特征，以发现数据的分布式特征表示。深度学习的概念由 Hinton 等人于 2006 年提出。基于深度置信网络（DBN）提出了非监督贪心逐层训练算法，为解决深层结构相关的优化难题带来了希望，随后提出了多层自动编码器深层结构。此外 Lecun 等人提出的卷积神经网络是第一个真正多层结构学习算法，它利用空间相对关系来减少参数数目以提高训练性能。深度学习是机器学习中一种基于对数据进行表征学习的方法。观测值（例如一幅图像）可以使用多种方式来表示，如每个像素强度值的向量，或者更抽象地表示成一系列边、特定形状的区域等。而使用某些特定的表示方法更容易从实例中学习任务（例如人脸识别或面部表情识别）。

深度学习的好处是用非监督式或半监督式的特征学习和分层特征提取高效算法来替代手工获取特征。深度学习是机器学习研究中的一个新的领域，其动机在于建立、模拟人脑进行分析学习的神经网络，它模仿人脑的机制来解释数据，例如图像、声音和文本。同机器学习方法一样，深度机器学习方法也有监督学习与无监督学习之分。不同的学习框架下建立的学

#### 4. 智能信息检索技术

数据库系统是存储某个学科大量事实的计算机系统，随着应用的进一步发展，存储的信息量越来越大，因此解决智能检索的问题便具有实际意义。

智能信息检索系统应具有如下的功能：

（1）能理解自然语言，允许用自然语言提出各种询问；

（2）具有推理能力，能根据存储的事实，演绎出所需的答案；

（3）系统具有一定常识性知识，以补充学科范围的专业知识。系统根据这些常识，能演绎出更一般的一些答案。

据此前百度公布的信息显示，百度已经建成全球规模最大的深度神经网络，这一称为百度大脑的智能系统，目前可以理解分析 200 亿个参数，达到了两三岁儿童的智力水平。随着成本降低和计算机软硬件技术的进步，再过 20 年，当量变带来质变时，用计算机模拟一个 10~20 岁人类的智力一定可以做到。

#### 5. 智能控制

智能控制（intelligent control）是指在无人干预的情况下能自主地驱动智能机器实现控制目标的自动控制技术。控制理论发展至今已有 100 多年的历史，经历了经典控制理论和现代控制理论的发展阶段，已进入大系统理论和智能控制理论阶段。智能控制理论的研究和应用是现代控制理论在深度和广度上的拓展。20 世纪 80 年代以来，信息技术、计算技术的快速发展及其他相关学科的发展和相互渗透，也推动了控制科学与工程研究的不断深入，控制系统向智能控制系统的发展已成为一种趋势。对于许多复杂的系统，难以建立有效的数学模型和用常规的控制理论去进行定量计算和分析，而必须采用定量方法与定性方法相结合的控制方式。定量方法与定性方法相结合的目的是，要由机器用类似于人的智慧和经验来引导求解过程。因此，在研究和设计智能系统时，主要注意力不放在数学公式的表达、计算和处理方面，而放在对任务和现实模型的描述、符号和环境的识别及知识库和推理机的开发上，即智能控制的关键问题不是设计常规控制器，而是研制智能机器的模型。

此外，智能控制的核心在高层控制，即组织控制。高层控制是对实际环境或过程进行组织、决策和规划，以实现问题求解。为了完成这些任务，需要采用符号信息处理、启发式程序设计、知识表示、自动推理和决策等有关技术。这些问题求解过程与人脑的思维过程有一定的相似性，即具有一定程度的智能。

随着人工智能和计算机技术的发展，已经有可能把自动控制和人工智能及系统科学中一些有关学科分支（如系统工程、系统学、运筹学、信息论）结合起来，建立一种适用于复杂系统的控制理论和技术。智能控制正是在这种条件下产生的。它是自动控制技术的最新发展阶段，也是用计算机模拟人类智能进行控制的研究领域。

#### 6. 专家系统

专家系统是一个智能计算机程序系统，其内部含有大量的某个领域专家水平的知识与经验，能够利用人类专家的知识和解决问题的方法来处理该领域问题。

专家系统是人工智能中最重要的也是最活跃的一个应用领域，它实现了人工智能从理论研究走向实际应用，从一般推理策略探讨转向运用专门知识的重大突破。专家系统是早期人工智能的一个重要分支，它可以看作是一类具有专门知识和经验的计算机智能程序系统，一般采用人工智能中的知识表示和知识推理技术来模拟通常由领域专家才能解决的复杂问题。

始走进人们的日常生活（如图 10-2 所示），成为目前生物检测学中研究最深入、应用最广泛、发展最成熟的技术。

图 10-2　指纹识别解锁

指纹识别系统应用了人工智能技术中的模式识别技术。模式识别是指对表征事物或现象的各种形式的（数值的、文字的和逻辑关系的）信息进行处理和分析，以对事物或现象进行描述、辨认、分类和解释的过程。很显然指纹识别属于模式识别范畴。

**3. 人脸识别**

人脸识别，特指通过分析比较人脸视觉特征信息进行身份鉴别的计算机技术（如图 10-3 所示）。人脸识别是一项热门的计算机技术研究领域，包括人脸追踪侦测，自动调整影像放大，夜间红外侦测，自动调整曝光强度。它属于生物特征识别技术，是通过生物体（一般特指人）本身的生物特征来区分生物体个体。人脸识别技术基于人的脸部特征，对输入的人脸图像或者视频流进行处理。首先判断其是否存在人脸，如果存在人脸，则进一步给出每个脸的位置、大小和各个主要面部器官的位置信息。然后依据这些信息，进一步提取每个人脸中所蕴含的身份特征，并将其与已知的人脸进行对比，从而识别每个人脸的身份。

图 10-3　自助实名制人脸识别验票系统

也可能超过人的智能。但是这种会自我思考的高级人工智能还需要科学理论和工程上的突破。从诞生以来，人工智能理论和技术日益成熟，应用领域也不断扩大，可以设想，未来人工智能带来的科技产品，将会是人类智慧的容器。正因为如此，人工智能的应用方向才十分之广。人工智能未来有广阔的前景与发展趋势。

**1. 机器视觉**

机器视觉就是用机器代替人眼来做测量和判断，通过机器视觉产品（图像摄取装置，分 CMOS 和 CCD 两种）将被摄取目标转换成图像信号，传送给专用的图像处理系统，根据像素分布和亮度、颜色等信息，转变成数字化信号；图像系统对这些信号进行各种运算来抽取目标的特征，进而根据判别的结果来控制现场的设备动作。人工智能能使机器担任一些需要人工处理的工作，而这些工作需要做一定的决策，要求机器能够自行地根据当时的环境作出相对较好的决策。这就需要计算机不仅仅能够计算，还能够拥有一定的智能。要作出好的决策就需要对周边的环境进行分析，即要求机器能够看到周围的环境，并能够理解它们，就像人做的那样。

机器视觉是人工智能中非常重要的一个领域，在许多人类视觉无法感知的场合中发挥重要作用，如精确定律感知、危险场景感知、不可见物体感知等，机器视觉更能突出它的优越性。现在机器视觉已在一些领域得到应用（如图 10-1 所示），如零件识别与定位，产品的检验，移动机器人导航遥感图像分析，安全减半、监视与跟踪，国防系统等。它们的应用与机器视觉的发展起着相互促进的作用。

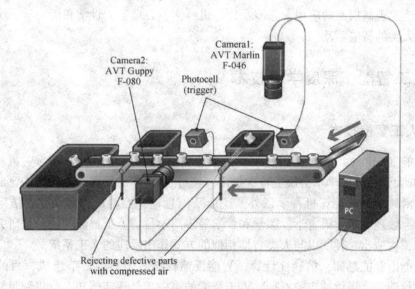

图 10-1 机器视觉在自动化流程中的应用

**2. 指纹识别**

指纹识别技术把一个人同他的指纹对应起来，通过将他的指纹和预先保存的指纹进行比较，就可以验证他的真实身份。每个人（包括指纹在内）皮肤纹路在图案、断点和交叉点上各不相同，也就是说，是唯一的，并且终生不变。正是依靠这种唯一性和稳定性，才能创造了指纹识别技术。指纹识别主要根据人体指纹的纹路、细节特征等信息对操作或被操作者进行身份鉴定，这得益于现代电子集成制造技术和快速而可靠的算法研究。指纹识别已经开为机器学习方法、统计方法、神经网络方法和数据库方法。在机器学习中，可细分为归纳学习方法（决策树、规则归纳等）、基于范例学习的遗传算法等。在统计方法中，可细分为回归分析（多元回归、自回归等）、判别分析（贝叶斯判别、费歇尔判别、非参数判别等）、聚类分析（系统聚类、动态聚类等）、探索性分析（主元分析法、相关分析法等）等。在神经网络中，可细分为前向神经网络（BP算法等）、自组织神经网络（自组织特征映射、竞争学习等）等。数据库方法主要是多维数据分析或OLAP方法，另外还有面向属性的归纳方法。

**3. 信息安全技术**

信息化时代，信息安全成为各行各业关注的重点内容。而当前，无线传输网络技术日益发达，数据的安全性不断受到越来越严重的威胁。因此，信息安全技术在大数据背景下成为热点研究内容，一直倍受关注。基于此，大数据背景下的信息安全技术着重关注两个关键节点。第一个关键节点就是在信息的传输过程中，强调信息的加密技术，既要保证多数据接口之间高效、准确地对接，又要保证数据在传输过程中的加密安全。另一个关键节点在于存储终端及服务器的加密技术。如果存储数据的终端服务器存在安全隐患，那么数据安全便无从谈起。

智能信息处理技术发展的另一大趋势是：人工智能进一步结合，使计算机系统更智能化地处理信息。人工智能是计算机科学的一个分支，是研究使计算机来完成能表现出人类智能的任务的学科，主要包括计算机实现智能的原理，制造类似于人脑的智能计算机，以及使计算机更巧妙地实现高层次的应用。它涉及计算机科学、心理学、哲学和语言学等学科，总的目标是拓展人类的智能活动。

## 10.2 人工智能、深度学习技术

### 10.2.1 人工智能技术

人工智能（artificial intelligence，AI）的概念在1956年，由McCarthy及一批科学家在美国Dartmouth大学召开的学术会议上首次提出。经过60多年的发展，人工智能已成为一门广泛交叉的前沿科学，除计算机科学以外，还涉及信息论、控制论、自动化、仿生学、生物学、心理学、数理逻辑、语言学、医学和哲学等多门学科。人工智能的任务是研究人类智能活动的规律，构造出一种能以与人类智能相似的方式作出反应的人工系统。

人工智能由智能感知、精确性计算、智能反馈控制三个核心环节组成，目的是体现感知、思考、行动三个层层递进的特征。人工智能的第一步是智能感知，收集到足够多的数据来描述背景信息，使机器能够"听"和"看"；第二步是思考，即精确计算，使计算机具备足够的计算能力和计算精确度以模仿人类智能，对收集到的数据信息作出类似人类思考的判断；第三步是行动，即"智能反馈控制"，将前期处理和判断结果转译为肢体运动和媒介信息传输给人机交互界面或外部设备，实现人机、机物的信息交流和物理互动，使机器具备"表达"和"反应"能力。人工智能从诞生以来，理论和技术日益成熟，应用领域也不断扩大。目前，人工智能在家居、零售、交通、医疗、教育、物流、安防等领域均有广泛应用。

人工智能是对人的意识、思维的信息过程的模拟。但不是人的智能，能像人那样思考、

# 第10章 智能运输信息处理技术前沿热点

## 10.1 信息处理技术发展趋势

现阶段信息处理技术发展的趋势是：面向大规模、多介质的信息。随着时代的发展，当今社会信息呈现爆炸式增长，如何有效处理和利用这些数据不仅成了交通领域的难点，也是各行各业关注的重点。麦肯锡称："数据，已经渗透到当今每一个行业和业务职能领域，成为重要的生产因素。人们对于海量数据的挖掘和运用，预示着新一波生产率增长和消费者盈余浪潮的到来。"

为了更好地适应信息时代对大量信息进行处理的要求，信息处理技术将会逐步向智能化方向转变。实现从信息采集与预处理技术、信息储存与分析技术到信息安全技术的全方位升级。

**1. 信息采集与预处理技术**

信息采集是信息处理的起点，任何的信息处理技术都是建立在信息的获取之上的。信息的获取主要是通过对信息源进行全方位的监控，根据需求有针对性地从海量信息中提取有效信息，并将其存储于数据库中。信息采集除了具有目标数据获取、筛选、传输的重要作用，还能够在设备使用的同时，对目标数据库进行监控，一旦出现目标数据，可以立即捕获。

预处理即对所采集的数据进行辨析、抽取、清洗的系列操作，最终过滤出有效数据。

**2. 信息存储与分析技术**

数据通过互联网采集与预处理后就要被存储到计算机的数据库当中，这就需要用到信息存储技术。当前，大数据背景下的信息存储技术发展迅速，所存储的数据在类型上更加多元化。文字、图片、动画、视频、音频等各种数据均可存储于当下的信息存储平台中，而信息存储的介质也由传统的个人计算机硬盘向网络云盘迈进。这就更有利于信息的收集与分析，提高了信息传输速度。

大数据存储与管理要用存储器把采集到的数据存储起来，建立相应的数据库，并进行管理和调用。重点关注复杂结构化、半结构化和非结构化大数据的管理与处理，主要解决大数据的可存储性、可表示性、可处理性、可靠性及有效传输等几个关键问题。其有效途径包括：开发可靠的分布式文件系统（DFS）、能效优化的存储、计算融入存储、大数据的去冗余及高效低成本的大数据存储技术；突破分布式非关系型大数据管理与处理技术、异构数据的数据融合技术、数据组织技术、大数据建模技术；突破大数据索引技术，突破大数据移动、备份、复制等技术；开发大数据可视化技术；等等。

数据挖掘涉及的技术方法很多，有多种分类法。根据挖掘任务可分为分类或预测模型发现、数据总结、聚类、关联规则发现、序列模式发现、依赖关系或依赖模型发现、异常和趋势发现等；根据挖掘对象可分为关系数据库、面向对象数据库、空间数据库、时态数据库、文本数据库、多媒体数据库、异质数据库、遗产数据库及环球网Web；根据挖掘方法可粗分

转化为规则，即

① If（主断不闭合）&（运行 1096 天及以上）
Then（碎修）

② If（集成仪表箱故障）&（集成仪表箱故障）&（运行 1096 天及以上）
Then（碎修）

③ If（辅变故障）&（ACU 故障）
Then（碎修）

……

以上关联规则具有较高的支持度，图 9-21 第一部分内的规则均能在 95%的置信水平下接受，第二部分能在 90%的置信水平下接受，第三部分能够在 75%的置信水平下接受。

（2）所得关联规则的意义在于，根据动车组当前采集到的状态信息对其进行故障诊断，提高动车组故障检修的工作效率和优化工作流程，从而保障动车组高效安全运营，这具有十分重要的应用价值。

（3）在进行规则挖掘的时候，参数的选择很重要。对于 LB01 来说，由于其数据量众多，且数据内条件属性的属性值众多，因此若最小支持度选择的值过大，则有可能无法得到所求的频繁 4 项集。而对于数据量较小的 LB02、LB03 来说，若最小支持度选得太小，可能所有的数据都会被算作关联规则，失去数据挖掘的意义。

（4）这里所用的数据量较少，若有更大量的数据，则能够挖掘到更深层的关联规则，从而揭示更深层的关系。

## 小结

本章是对智能运输信息处理模式应用的实际案例，对 CRHX 型动车牵引系统的故障数据进行了信息处理和数据挖掘。按照信息获取—信息集成—信息融合—数据挖掘的顺序完成了一整套信息处理的流程。

在 9.1 节和 9.2 节中主要对该系统故障发生日期、列车号、车辆编号、所属设备、故障描述、故障类别、危害等级、运营模式、运行公里数等字段进行了数据采集、数据预处理和简单的描述性统计。

在 9.3 节中主要基于预处理后的故障数据，进行单变量统计分析与多变量统计分析，其中单变量统计分析主要是定量地分析单属性对系统或部件的影响；多变量统计分析主要是分析属性之间的关联关系，为故障关联规则提取提供数据基础。

在 9.4 节中主要进行了关联分析，对数据进行了进一步挖掘和分析。

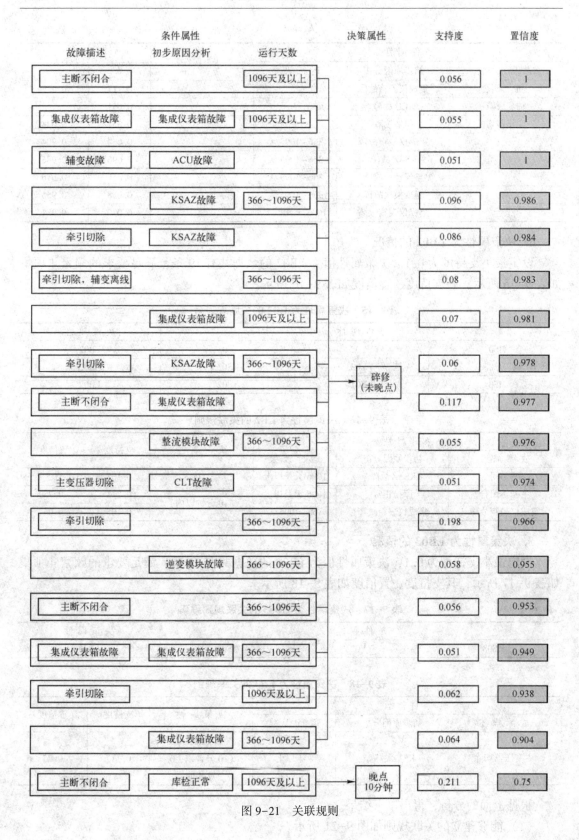

图 9-21 关联规则

续表

| 条件属性 | | | 决策属性 | 支持度 | 置信度 |
|---|---|---|---|---|---|
| 故障描述 | 初步原因分析 | 运行天数 | | | |
| 主断不闭合 | 集成仪表箱故障 | | | 0.117 | 0.977 |
| 辅变故障 | ACU故障 | | | 0.051 | 1 |
| 主变压器切除 | CLT故障 | | | 0.051 | 0.974 |
| | 集成仪表箱故障 | 366~1095天 | | 0.064 | 0.904 |
| | KSAZ故障 | 366~1095天 | | 0.096 | 0.986 |
| | 整流模块故障 | 366~1095天 | | 0.055 | 0.976 |
| | 逆变模块故障 | 366~1095天 | | 0.058 | 0.955 |
| | 集成仪表箱故障 | 1096天及以上 | | 0.070 | 0.981 |

**2. 决策属性为 LB02 的情况**

设定最小支持度为0.1。决策属性值为LB02的数据共有19条，满足要求的频繁4项集如表9-15所示，其支持度、置信度如表9-16所示。

表9-15 决策属性为LB2的关联规则编码

| 条件属性 | | | 决策属性 |
|---|---|---|---|
| MS03 | YY02 | TS03 | LB02 |
| MS03 | YY03 | TS03 | LB02 |
| MS04 | YY01 | TS02 | LB02 |

表9-16 决策属性为LB2的关联规则

| 条件属性 | | | 决策属性 | 支持度 | 置信度 |
|---|---|---|---|---|---|
| 故障描述 | 初步原因分析 | 运行天数 | | | |
| 主断不闭合 | KSAZ故障 | 1096天及以上 | 晚点（10分钟以内） | 0.105 | 0.5 |
| 主断不闭合 | 库检正常 | 1096天及以上 | | 0.211 | 0.75 |
| 集成仪表箱故障 | 集成仪表箱故障 | 366~1095天 | | 0.105 | 0.05 |

**3. 决策属性为 LB03 的情况**

设定最小支持度为0.1，决策属性值为LB03的数据共有17条。满足要求的频繁4项集如表9-17所示，其支持度、置信度如表9-18所示。

表9-17 决策属性为LB03的关联规则编码

| 条件属性 | | | 决策属性 |
|---|---|---|---|
| MS08 | YY02 | TS03 | LB03 |

表9-18 决策属性为LB3的关联规则

| 条件属性 | | | 决策属性 | 支持度 | 置信度 |
|---|---|---|---|---|---|
| 故障描述 | 初步原因分析 | 运行天数 | | | |
| 主变压器切除 | KSAZ故障 | 3年以上 | 晚点（10分钟以上）及其他 | 0.117 | 0.25 |

根据上面的分析，得出以下结果。

（1）能够建立的关联规则如图9-21所示。

掘，可能导致 LB02、LB03 无关联规则。需要分别筛选出决策属性为 LB01、LB02、LB03 的数据，并各自赋予最小支持度再利用 Apriori 算法进行关联规则的挖掘。

**1. 决策属性为 LB01 的情况**

设定最小支持度为 0.05。决策属性值为 LB01 的数据共有 729 条。

满足要求的频繁 4 项集如表 9-12 所示。

表 9-12 决策属性为 LB1 的关联规则编码（4 项）

| 条件属性 | | | 决策属性 |
|---|---|---|---|
| MS01 | YY02 | TS02 | LB01 |
| MS04 | YY01 | TS02 | LB01 |
| MS04 | YY01 | TS03 | LB01 |

满足要求的频繁 3 项集如表 9-13 所示。

表 9-13 决策属性为 LB1 的关联规则编码（3 项）

| 条件属性 | | | 决策属性 |
|---|---|---|---|
| MS01 | | TS02 | LB01 |
| MS01 | | TS03 | LB01 |
| MS01 | YY02 | | LB01 |
| MS02 | | TS02 | LB01 |
| MS04 | | TS02 | LB01 |
| MS04 | | TS03 | LB01 |
| MS04 | YY01 | | LB01 |
| MS05 | YY05 | | LB01 |
| MS09 | YY07 | | LB01 |
| | YY01 | TS02 | LB01 |
| | YY02 | TS02 | LB01 |
| | YY04 | TS02 | LB01 |
| | YY06 | TS02 | LB01 |
| | YY01 | TS03 | LB01 |

按照表 9-13 的对应关系可得各编码含义。同时返回经过预处理及编码后的数据表查询，可计算出其支持度、置信度，如表 9-14 所示。

表 9-14 决策属性为 LB1 的关联规则

| 条件属性 | | | 决策属性 | 支持度 | 置信度 |
|---|---|---|---|---|---|
| 故障描述 | 初步原因分析 | 运行天数 | | | |
| 牵引切除 | KSAZ 故障 | 366~1095 天 | | 0.060 | 0.978 |
| 集成仪表箱故障 | 集成仪表箱故障 | 366~1095 天 | | 0.051 | 0.949 |
| 集成仪表箱故障 | 集成仪表箱故障 | 1096 天及以上 | | 0.055 | 1 |
| 牵引切除 | | 366~1095 天 | | 0.198 | 0.966 |
| 牵引切除 | | 1096 天及以上 | | 0.062 | 0.938 |
| 牵引切除 | KSAZ 故障 | | 碎修（未晚点） | 0.086 | 0.984 |
| 牵引切除，辅变离线 | | 366~1095 天 | | 0.080 | 0.983 |
| 主断不闭合 | | 366~1095 天 | | 0.056 | 0.953 |
| 主断不闭合 | | 1096 天及以上 | | 0.056 | 1 |

向量表（3）。

**Step 12** 对特征向量表（2）中所有的多字词进行阈值判定，将符合条件的特征向量放入特征向量表（3）中。

**Step 13** 对于符合 Step 11 和 Step 12 的特征向量做如下操作，假设特征向量表（2）存在两个特征向量符合条件，分别为特征向量 $x$ 和特征向量 $y$，生成一个新的特征向量，记为 $xy$，频度 $F_{xy}=m$，则需进行如下操作：

① 原特征向量 $x$ 频度 $F_x$，变更为 $F'_x = F_x - m$；

② 原特征向量 $y$ 频度 $F_y$，变更为 $F'_y = F_y - m$；

③ 从矩阵 $D_4$ 中，寻找 gram 内容与排列次序相同的记录并移入矩阵 $D_3$，即 $D_4(x,y,z,n) \to D_3(xy,z,n)$，$D_4(w,x,y,n) \to D_3(w,xy,n)$；

④ 在关联矩阵 $D_4$ 中删除此次记录。

**Step 14** 循环操作以上两个过程（合并特征词和对于符合上述条件的词语进行 Step 13 中的①~④的操作），如果从矩阵 $D_3(x,y,m)$ 中找不到满足上述 Step 12 条件的记录，此时循环结束，形成合并后特征词表。

**Step 15** 再过滤，由于以上过程改变了特征词语的出现频度，为了确保结果的准确性，因此将结果进行再次过滤。对现有特征词语的出现频度进行分析，保留出现频率 $F_i$ 大于设定阈值 $\alpha$ 的特征词语，生成最终的特征词语向量表。

### 9.4.2 关联规则构建方法

Apriori 算法是一种宽度优先算法，算法步骤如下。

（1）扫描事务数据库 $D$，对于每个事务，分析其中出现的数据项，如果第一次遇到该数据项，则加入 $C_1$，将它的计数值加上 1，得到候选 1 项集的集合 $C_1$（其中每个数据项集只包含一个数据项）。扫描 $C_1$，删除那些出现计数值小于最小支持度的项集，得到频繁 1 项集的集合 $L_1$。

（2）一般地，假设 $L_{k-1}$ 已生成，可用于生成 $L_k$，$L_{k-1}$ 与自身进行连接（$k-1$ 中的每个项集与其他项集相互连接），得到候选 $k$ 项集的集合 $C_k$。

（3）对 $G$ 进行剪枝，从 $G$ 中删除所有 $k-1$ 子集不全包含在 $L_{k-1}$ 中的项集。

（4）扫描事务数据库 $D$，对于其中的每一个事务，如果其包含 $C_k$ 中的候选项集 $c$，则将 $c$ 的计数值加 1（在扫描之前，初始值为 0）。扫描 $C_k$，删除出现计数值小于给定支持度的项集，得到频繁 $k$ 项集的集合 $L_k$。

（5）重复步骤（2）~（4），直到 $L_k$ 为空。

（6）对 $L_1$ 到 $L_k$ 取并集，即为最终的频繁集 $L$。

### 9.4.3 关联规则分析

由于 Apriori 算法对各个数据项的读取为无序读取，因此若各属性内的属性值本身之间无法区分，会导致属性的相同编码值（如故障描述的 01 和初步原因分析的 01 在 Apriori 算法内会被认为相同）所得的关联规则错误且无法由编码复原得到原来的字段，需要进行编码及关联规则的挖掘。

关联规则 LB01、LB02、LB03 本身的数量有一定差距，若放在一起进行关联规则的挖

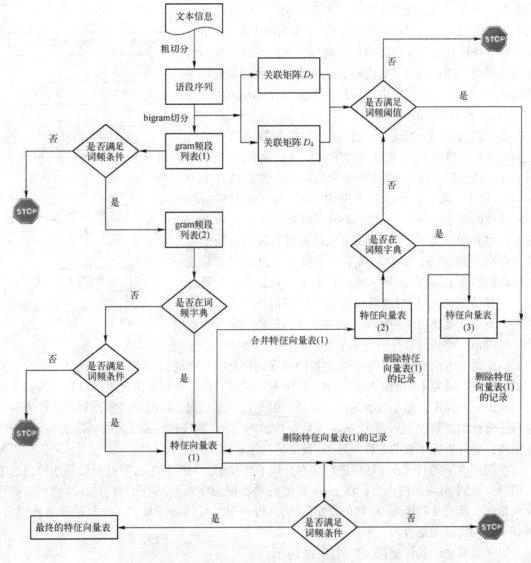

图 9-20 改进的 N-Gram 算法流程

Step 5 重复过程 Step 2～Step 4，直至将全部文本信息处理完成。

Step 6 预过滤——删除停用词，以及停用字和自他字组合成的新词，得到 gram 频度列表（1）。其中停用词包括标点符号、连词（"和""并且"）、助词（"等""地""也"）。

Step 7 在关联矩阵 $D_3$ 和关联矩阵 $D_4$ 中删除出现停用词的记录。

Step 8 特征词提取 1，在 gram 集中寻找词频字典中出现的 gram，则此 gram 为特征词，形成特征词表（1）；对于没有在词频字典出现的 gram，形成新的 gram 频度列表（2）。

Step 9 特征词提取 2，在 gram 频度列表（2）中，选择出现频度 $F_i$ 大于设定阈值 $\alpha$ 的 gram 作为特征向量，放入特征向量表（1）中，删除所有不符合条件的 gram，同时在矩阵 $D_3$，$D_4$ 中删除出现这些 gram 记录。

Step 10 对特征向量表（1）中的特征向量进行合并，形成特征向量表（2）。

Step 11 结合词频字典进行过滤，如果某多字词在词频字典出现，则形成多字词的特征计量有一定局限性，词典中并不能对动车组所有的故障信息词汇进行抓取。但是对所研究的牵引系统的故障信息分析已经足够。将得到的动车组故障信息词频字典融入故障文本信息的分词中，使得分析算法更加快速准确。将获取的词频字典融入 N-Gram 分词算法中，得到了改进的 N-Gram 算法。

3) 改进的 N-Gram 算法

基于改进的 N-Gram 算法，首先对设备故障信息进行 bigram 切分，得到 gram 集合（二字词集合），结合词频字典对 gram 集合进行过滤，过滤掉登录的 gram，然后统计未登录 gram 的出现频度，同时统计某个 gram 与其前相邻 gram 同时出现的概率，将此标记在 gram 关联矩阵中。当所有的文本信息处理完之后，对 gram 关联矩阵进行分析，找出经常连续出现的 gram，结合词频字典对其进行过滤，如果连续出现的相邻 gram 在词频字典中有记录，则将其作为登录词汇（即特征词），同时将登录词汇从中提出，对于未登录词汇，查看其接连出现的频率，如果接连出现的频率大于设定好的阈值，则将其合并成为多字特征词。

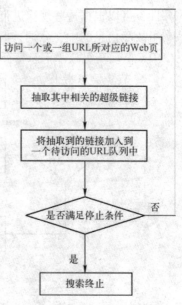

图 9-19 爬虫代码流程图

目前的文本信息中，由于绝大多数的多字词都是以三字词和四字词的形式出现，对于五字词甚至五字词以上的词汇很少出现，即使五字词及其以上的词语出现也可以划分为两字以上四字以下的词汇，而不改变词语的意思，因此针对多字词，仅仅对三字词和四字词的情况进行了算法的处理，引入两个 gram 关联矩阵，将分析三字词的 gram 关联矩阵 $D_3$ 设定为二维矩阵；将分析四字词的关联矩阵 $D_4$ 设定为三维矩阵。

在使用改进的 N-Gram 算法进行文本分词的过程中，利用 bigram 算法对设备故障信息进行切分，得到 gram 频度列表；将 gram 频度列表和词频字典相结合，对 gram 过滤，得到特征向量表，结合关联矩阵 $D_3$ 和关联矩阵 $D_4$，得到合并后特征向量表，在与词频字典结合，得到最终的特征向量表。

以下是算法的具体流程，如图 9-20 所示。

算法输入：文本信息。

算法输出：特征词向量表。

Step 1 对设备故障信息按照中英文信息和语段标点符号进行粗切分，将原文本由大段文字信息切分成若干个语段序列，这些语段序列都是在逻辑上相对独立的单句或区段。

Step 2 对语段进行 bigram 切分（二字词切分），产生 gram 片段，记为 $G_i$，结合词频字典对 gram 片段进行过滤，同时统计未登录词频字典的 gram 片段的出现频度，记为 $F_i$。

Step 3 对当前语段切分得到的所有 gram 片段进行分析，如果 gram 片段 $G_i$ 之前存在一个 gram 片段 $G_{i-1}$，计算相邻 gram 片段同时出现的次数，并将此结果记入 gram 关联矩阵 $D_3 = (G_{i-1}, G_i, x)$ 中，其中 $x$ 代表 gram 片段 $G_{i-1}$ 和 $G_i$ 连续同时出现的次数。

Step 4 再次对当前语段进行分析，如果 gram 片段 $G_i$ 之前存在两个 gram 片段 $G_{i-2}$ 和 $G_{i-1}$，计算三个 gram 片段同时出现的次数，并将此结果记入 gram 关联矩阵 $D_4 = (G_{i-2}, G_{i-1}, G_i, x)$，其中 $x$ 表示 gram 片段 $G_{i-2}$、$G_{i-1}$ 和 $G_i$ 连续同时出现的次数。

共性,可以根据这些规律进行特别的分词规则设定,包括词典、词距、歧义项等。故针对动车组故障信息的中文分词,应当根据其特点进行研究,因此提出基于改进 N-Gram 算法的 CRHX 型动车组故障信息特征词提取方法。

**2. 故障信息特征词提取方法**

N-Gram 算法是一种典型的规律统计方法,该方法需按照不同的字节流对文本进行分词,之后需要对相邻单元之间进行词频统计,所以算法的执行效率非常低。为了提高该算法的效率,将词频字典引入 N-Gram 算法中,得到改进的 N-Gram 算法,该算法既满足了提取词语的准确性和召回性,又提高了算法的效率。

1) N-Gram 算法基本理论

**定义** 关联矩阵——$n$ 字词的关联矩阵记录相邻 $n$ 个字词的出现频率,标记为关联矩阵 $D_i$,$i=3,4,\cdots,n$,其中,$D_3$ 代表三个字词相邻出现的频率,$D_4$ 代表四个字词相邻出现的频率,依次类推,$D_n$ 代表 $n$ 个字词相邻出现的频率。

$$D_n = (G_1, G_2, G_3, \cdots, G_n, x) \tag{9-7}$$

式中:$G_i(i=1,2,3,\cdots,n)$ 表示某 gram 片段(即字词段);$x$ 表示 $G_1,G_2,G_3,\cdots,G_n$ 相邻出现的频度。

**定义** 阈值——阈值 $\alpha$ 表示特征词频度阈值限制,一般根据文本长度进行设定。通常采用词语平均频度的 4 倍作为特征词阈值 $\alpha$。

$$\alpha = 4 \cdot \left(\sum_{i=1}^{m} w_i / m\right)(i=1,2,3,\cdots,m) \tag{9-8}$$

式中:$m$ 表示词语的总个数;$w_i$ 表示第 $i$ 个词语的出现频度。

**定义** 阈值限制——词语合并后的阈值限制 $\theta$,即表示如果接续出现的两个 gram($G_i$ 和 $G_j$)同时出现的频度 $x$,同时满足 $x \geq \alpha, x \geq \theta$,则这两个 gram 看作是一个特征词

$$\theta = \beta \cdot \max(F_{G_i}, F_{G_j}) \quad (\beta=70\%,G_i,G_j \text{均为字词段}) \tag{9-9}$$

式中:$F_{G_i}$,$F_{G_j}$ 表示字词段 $G_i,G_j$ 分别出现的频度;$\beta$ 表示合并后阈值比例,即表示如果接续出现的两个 gram 频度达到这两个 gram 分别各自出现频度的规定概率 $\beta$ 时,就将这两个 gram 看作是一个特征词。一般取 $\beta$ 为 70%。

2) 文本信息词频字典获取

由于目前已经拿到的故障数据量是有限的,不可能包含所有的故障模式,因此利用 Internet,将数据量进行扩充。通过 Java 语言编写的爬虫代码对例如百度新闻、百度百科、维基百科、部分科技文献等 Web 页进行了内容抓取和词频分析,得到了一个文本信息相关的词频字典,具体步骤包括:

Step 1 从一个或一组 URL 出发,访问其所对应的 Web 页。

Step 2 在所对应的 Web 页中,抽取其中相关的超级链接。

Step 3 将所抽取到的链接加入到一个待访问的 URL 队列中。

Step 4 判断是否满足搜索终止条件,若满足则搜索终止,否则继续返回执行 Step 1~Step 3,访问新的超级链接,新的超级链接被抽取加入到队列中,最终实现对整个 Internet 范围内的所有网页进行访问,具体的流程图如图 9-19 所示。

通过 Java 语言编写爬虫代码,在百度新闻、百度百科、维基百科、甚至部分科技文献等对相关内容进行抓取和词频统计,得到一个动车组故障信息关键词语的词频字典。由于统

**1. 中文分词**

分词是对一定数量的文字排列进行分析组合的过程，按照人们的需求或一定的规范组合成词汇的排列。这一过程也可以定义为：从信息处理需要出发，按照特定的规范，对汉语按分词单位进行划分的过程。而中文分词通常指的是使用计算机自动对中文文本进行词语的切分，即像英文那样使得中文句子中的词之间有空格以标识。中文自动分词被认为是中文自然语言处理中的一个最基本的环节。相比英文分词，中文分词较为烦琐。英文句子或文章中，单词与单词之前有着天然的分隔即空格，所要处理的仅仅是词组和短语意群的判断。然而中文只有自然段和标点符号能够被计算机容易地识别，单句当中的词和词之间并没有明显的分隔，这就给中文分词带来了更高的难度和要求。举例来说，英文"This shop sells Japanese kimono"，中文意思是说"这家商店出售日本和服"。如果从英文角度来看，通过空格来进行分词就没有太大的问题。但是中文分词的可能性就有很多，比如句中"日本和服"可以分词为"日本"与"和服"；也可以分词为"日本""和""服"三个词，这里"和"表示连接并列用，但与原句就产生了歧义。这一例句是中文分词中歧义句的典型例子，说明了中文分词与英文分词所面临的问题有着质的不同。为了能够让计算机理解中文，必须先让计算机理解中文词汇，而让计算机理解中文词汇的基础是计算机能够正确地分词，从而才能够达到人工智能的目标，让计算机通过图灵测试，与人类无障碍的交流。

鉴于中文分词的重要性，对中文分词当前的应用技术进行讨论，现有的中文分词算法主要有三大种类：机械分词、语义分词及人工智能，三类分词算法对比如表9-11所示。

表9-11 三类分词算法对比

| 方法名称 | 主要实现方法 | 常用算法 | 优点 | 缺点 |
| --- | --- | --- | --- | --- |
| 机械分词 | 按照一定的算法将词语与预先准备好的词典进行匹配，若找到则匹配成功 | 最大匹配法；逆向最大匹配法；词库划分；最少切分；综合匹配 | 简洁，易于实现，在工程上得到了广泛的应用 | 单独的算法精度不足，处理未登录词及歧义词表现不佳 |
| 语义分词 | 通过计算机模拟人类理解词语的方式，在分词过程中加入语法分析，通过语法消除歧义项 | 邻接约束法；综合匹配法；后缀分词法；特征词库法；约束矩阵法 | 一定环境下精度较好，克服了歧义项的处理 | 鉴于汉语的语法难以表达，同时语法加入算法之后，增加了算法时间和空间上的开销 |
| 人工智能 | 基于统计学原理实现分词，对统计对象中的各个字与词的组合进行统计，这种统计关系体现了构成词语的可能性。当这种可能性超过阈值，则认为可以分词 | 机器学习分词；神经网络分词；专家系统分词 | 不需要字典，统计量足够大则精确度较高，易识别未登录词和歧义词 | 效率不高，不容易实现，需要其他方法辅助运行 |

通常基于准确性、运行效率、通用性和适用性来判断分词方法的应用情况。目前的分词系统多数都综合采用了多种方法进行分词，从而能够有效地处理中文分词中复杂的情况，达到良好的分词效果。无论是基于机械分词、语义分词，还是人工智能的分词方法，当前都不能让机器真正意义上理解汉语词汇并进行类似于人脑的处理。但是对于特定行业，比如说轨道交通安全，分词的需求却客观存在着。对于特定行业，由于其行业内部中文具有一定的

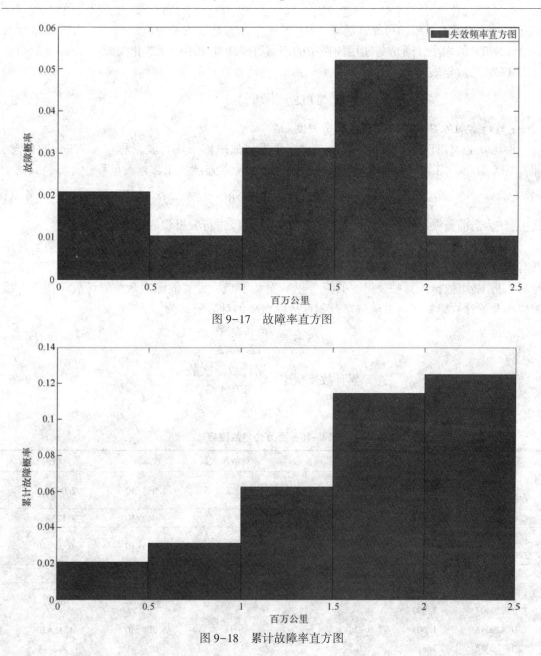

图 9-17 故障率直方图

图 9-18 累计故障率直方图

## 9.4 故障数据关联规则分析

### 9.4.1 故障信息特征词提取方法

故障数据中人部分的属性字段是用描述性语言记录的,如故障描述、初步原因分析等。由于故障数据是由不同的现场维修人员记录的,语言描述的详细程度、描述形式等各不相同,不便于研究故障间的关联规则。因此,需要对故障信息特征词进行提取,进而将故障描述标准化,为后续研究提供基础。

才发生一次故障。系统的可靠性越高，MTTF 越大。它是使用最为广泛的一个衡量可靠性的参数。MTTF 的大小，通常与使用周期中的产品有关，其中不包括老化失效。

MTTF 的数学表达式如下

$$\text{MTTF} = \int_0^T t f(t) \, dt \tag{9-3}$$

式中：$f(t)$ 为对象在 $t$ 时刻的故障概率密度函数。

类比以上 MTTF 的概念及计算公式，这里提出故障前平均行驶里程（MDTF）的概念，即 CRHX 型动车组某一部件由开始工作直到发生故障前连续的正常行驶里程。计算公式为

$$\text{MDTF} = \int_0^L l f(l) \, dl \tag{9-4}$$

式中：$l$ 为当前行驶距离；$f(l)$ 指的是直到下次失效经过行驶里程的概率密度方程。

以轮对组成（$T$）为例进行分析，同一批次生产的 48 列 CRHX 型动车组转向架系统中共有 12 组轮对组成（$T$）故障，CRHX 型动车组采用 8 辆编组，4 动 4 拖，每辆动车有 2 组轮对。将 12 组数据按行驶公里（百万公里）分为 5 组，计算故障次数、累计故障次数、故障概率及累计故障概率。故障概率及累计故障概率的计算公式为

$$\text{故障概率} = \frac{\text{故障次数}}{12 \times 4 \times 2} \tag{9-5}$$

$$\text{累计故障概率} = \frac{\text{累计故障次数}}{12 \times 4 \times 2} \tag{9-6}$$

分组及计算结果如表 9-10 所示。

表 9-10 百万公里故障率

| 列车号 | 百万公里 | 区间 | 故障次数 | 累计故障次数 | 故障概率 | 累计故障概率 |
| --- | --- | --- | --- | --- | --- | --- |
| CRHX2056A | 0.182 | 0~0.5 | 2 | 2 | $2.083 \times 10^{-2}$ | $2.083 \times 10^{-2}$ |
| CRHX2046A | 0.346 | | | | | |
| CRHX2043A | 0.931 | 0.5~1 | 2 | 3 | $1.042 \times 10^{-2}$ | $3.125 \times 10^{-2}$ |
| CRHX2052A | 1.253 | 1~1.5 | 3 | 6 | $3.125 \times 10^{-2}$ | $6.25 \times 10^{-2}$ |
| CRHX2003A | 1.446 | | | | | |
| CRHX2052A | 1.457 | | | | | |
| CRHX2004A | 1.531 | 1.5~2 | 5 | 11 | $5.208 \times 10^{-2}$ | $1.15 \times 10^{-1}$ |
| CRHX2040A | 1.599 | | | | | |
| CRHX2004A | 1.604 | | | | | |
| CRHX2008A | 1.816 | | | | | |
| CRHX2060A | 1.900 | | | | | |
| CRHX2049A | 2.007 | 2~2.5 | 1 | 12 | $1.042 \times 10^{-2}$ | $1.25 \times 10^{-1}$ |

将所得结果绘制成直方图，如图 9-17 所示。由直方图的形状可以初步判断所抽取的样本及总体属于何种分布。

以累计故障概率为纵坐标，百万公里为横坐标，作累计故障率分布图，如图 9-18 所示。

表 9-9　百万公里故障数据统计表

| 百万公里 | 累计故障次数 | 故障概率 |
| --- | --- | --- |
| $5.213 \times 10^{-3}$ | 1 | $1.918 \times 10^{-4}$ |
| $1.039 \times 10^{-2}$ | 2 | $1.923 \times 10^{-4}$ |
| $1.397 \times 10^{-2}$ | 3 | $2.146 \times 10^{-4}$ |
| $2.670 \times 10^{-2}$ | 4 | $1.497 \times 10^{-4}$ |
| $3.007 \times 10^{-2}$ | 5 | $1.662 \times 10^{-4}$ |
| $7.540 \times 10^{-2}$ | 6 | $7.957 \times 10^{-5}$ |
| $8.663 \times 10^{-2}$ | 7 | $8.079 \times 10^{-5}$ |
| $1.643 \times 10^{-1}$ | 8 | $4.866 \times 10^{-5}$ |
| $1.828 \times 10^{-1}$ | 9 | $4.921 \times 10^{-5}$ |
| $2.571 \times 10^{-1}$ | 10 | $3.888 \times 10^{-5}$ |
| $2.851 \times 10^{-1}$ | 11 | $3.857 \times 10^{-5}$ |
| $3.461 \times 10^{-1}$ | 12 | $3.466 \times 10^{-5}$ |
| $4.895 \times 10^{-1}$ | 13 | $2.655 \times 10^{-5}$ |
| $5.299 \times 10^{-1}$ | 14 | $2.641 \times 10^{-5}$ |
| $9.319 \times 10^{-1}$ | 15 | $1.609 \times 10^{-5}$ |
| 1.253 | 16 | $1.276 \times 10^{-5}$ |
| 1.262 | 17 | $1.346 \times 10^{-5}$ |
| 1.300 | 18 | $1.384 \times 10^{-5}$ |
| 1.308 | 19 | $1.452 \times 10^{-5}$ |
| 1.398 | 20 | $1.429 \times 10^{-5}$ |

通过表 9-9 可以绘制出 CRHX 型转向架系统故障概率曲线，如图 9-16 所示。由该图可知，CRHX 型动车组转向架系统故障概率曲线大致符合设备故障率曲线，行驶里程在 0~50 万公里以内，故障概率较高，且呈负梯度增长趋势；行驶里程 50 万~250 万公里以内时，转向架故障概率稳定在较小的范围内。

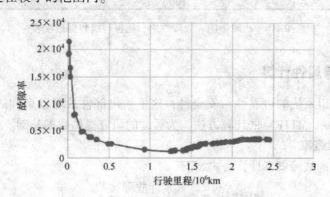

图 9-16　CRHX 型转向架故障概率曲线

## 2. MTTF

MTTF 定义为随机变量、出错时间等的"期望值"，即系统平均能够正常运行多长时间

| 故障描述/所属子系统 | 非车辆故障或复位正常 | 高压箱 | 牵引电机 | 牵引辅助变流器 | 受电弓和高压电缆 | 主变压器 | 主断路器 |
|---|---|---|---|---|---|---|---|
| CLT故障 | | 38 | | 2 | 2 | | |
| 辅变故障 | 37 | 15 | 4 | 28 | 4 | | |
| 辅变切除 | 3 | 23 | | 30 | 5 | | |
| 集成仪表箱故障 | | | | 94 | | | |
| 牵引变流器离线 | | | | 4 | 5 | | |
| 牵引变流器切除 | | 7 | | 6 | 6 | 2 | |
| 牵引变压器切除 | | 8 | | 4 | | | |
| 牵引传动系统故障 | | 1 | | 8 | 1 | | |
| 牵引离线 | 1 | 2 | | 20 | 41 | 2 | |
| 牵引切除 | | 48 | 33 | 101 | 47 | 29 | 1 |
| 牵引切除，辅变离线 | | 21 | 22 | 45 | 21 | 9 | 14 |
| 牵引手柄故障 | | | | 9 | 27 | | |
| 全列无牵引 | | 2 | | 10 | 2 | | |
| 受电弓无法升起 | | 1 | | 14 | 8 | | |
| 主变压器切除 | | 22 | 2 | 8 | 1 | | 7 |
| 主断不闭合 | | 5 | 2 | 64 | 2 | | 14 |

图 9-14 故障描述、故障所属子系统数据透视表

断这三条明显有误，在处理中需对其进行修正。同时，根据故障的频次分布可以明显看出故障影响、故障类别、故障危害等级三者间具有相关性，因此可以考虑将这三者进行合并。在数据透视表中所得的字段间的相关性是单纯的二元关系还是和更多字段有关，还需要进行后续分析。

| 故障影响 | 局部设备 | | | | 汇总 | 子系统 | | | | 汇总 | 系统 | | | 汇总 | 总计 |
|---|---|---|---|---|---|---|---|---|---|---|---|---|---|---|---|
| 故障类别/危害等级 | 轻微 | 次要 | 重大 | 灾难 | | 轻微 | 次要 | 重大 | 灾难 | | 轻微 | 次要 | 重大 | | |
| 碎修(未晚点) | 229 | 540 | 4 | 2 | 775 | 28 | 133 | 65 | 1 | 227 | 5 | 36 | 5 | 46 | 1048 |
| 晚点(2分钟以内) | | 3 | 2 | | 5 | 1 | 2 | | | 3 | | | 1 | 1 | 9 |
| 晚点(2~5分钟) | | 4 | 6 | | 10 | 1 | 7 | 6 | | 14 | | 2 | 1 | 3 | 27 |
| 晚点(5~10分钟) | | 1 | 7 | | 8 | 1 | 11 | 5 | | 17 | | 2 | 6 | 8 | 33 |
| 晚点(10~15分钟) | 3 | 2 | | | 5 | 1 | 4 | | | 5 | | | 2 | 2 | 12 |
| 晚点(15~60分钟) | 2 | 5 | 8 | | 15 | | 4 | 4 | | 8 | | 1 | | 1 | 24 |
| 晚点(1小时以上) | 1 | 2 | | | 3 | | 1 | 1 | | 2 | | 1 | | 1 | 6 |
| 降级运行 | | | | | | | | 3 | | 3 | | | | | 3 |
| 救援 | | | | | | | 1 | | | 1 | | 2 | | 2 | 3 |
| 未发车 | 1 | | 1 | | | | 1 | 1 | | 1 | | 1 | | 1 | 3 |
| 终点换车(掉线) | | | | | | | 1 | 2 | | 3 | | 2 | 2 | | 5 |
| 终止服务运营(清客，到站掉线) | | | | | | | | 1 | | 1 | | | | | 1 |
| 总计 | 236 | 557 | 27 | 2 | 822 | 31 | 162 | 91 | 1 | 285 | 5 | 43 | 19 | 67 | 1174 |

图 9-15 故障影响、故障类别、危害等级数据透视表

### 9.3.3 部件故障属性计算

为了研究动车组系统的可靠性与安全性，这里给出部件故障概率和故障平均工作时间（mean time to failure，MTTF）的计算方法，为后续的研究提供数据基础。

**1. 部件的故障概率**

一般的，部件的故障概率计算公式如下

$$故障概率 = \frac{累计故障次数}{走行里程 \times (百万公里)} \tag{9-2}$$

对于动车组来说，下线对应的是行驶里程，因此，对故障数据按照行驶里程分类，结合故障概率公式，统计如表 9-9 所示。

故障所致的晚点不超过 10 分钟。该字段统计结果的数值结构与故障模式字段类似。

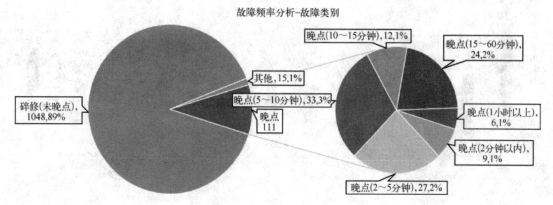

图 9-12  故障类别统计图

### 9.3.2  多变量统计分析

故障数据中不同的属性之间存在相关性，因此对故障数据进行多变量统计分析，便于发现不同属性之间的关联关系，以及构建后续的关联规则。

**1. 故障描述、故障原因数据透视表**

由于生成的原始数据透视表较大，因此图 9-13 是在表中筛选出了含有数值大于或等于 10 的单元格的行、列的结果，并用背景色加以强调。由图 9-13 可以得出，有一些故障描述只和单一的故障原因相关（如故障描述"CLT 故障"和故障原因"CLT 故障"有关），有一些故障描述则和多个故障原因相关（如故障描述"牵引切除"和 8 个故障原因有关），和多个原因相关联的数据具有较高的挖掘价值。

| 故障原因/故障描述 | CLT故障 | 辅变故障 | 辅变切除 | 集成仪表箱故障 | 牵引变流器切除 | 牵引离线 | 牵引切除 | 牵引切除 | 辅变离线 | 牵引手柄故障 | 主变压器切除 | 主断不闭合 |
|---|---|---|---|---|---|---|---|---|---|---|---|---|
| ACU故障 |  | 37 | 24 |  |  |  |  |  |  |  |  |  |
| CLT故障 | 38 |  |  |  |  |  |  |  |  |  | 6 | 2 |
| INV动态故障 |  | 1 |  |  | 2 | 18 | 6 |  |  |  |  |  |
| KSAZ断不开 |  |  |  |  |  |  |  |  |  |  | 10 |  |
| KSAZ故障 |  |  |  | 4 |  | 65 | 35 |  |  | 8 |  | 4 |
| TCU通讯故障 |  |  |  |  |  | 14 | 11 |  |  |  |  |  |
| TV1电流电压传感器故障 |  |  |  |  |  |  |  |  |  |  |  | 12 |
| TV传感器故障 |  |  | 2 |  |  | 33 | 3 |  |  |  |  | 1 |
| 辅助变流器辅助电容烧损 |  | 8 | 11 |  |  |  |  |  |  |  |  |  |
| 辅助功率模块故障 |  | 12 | 9 |  |  |  |  |  |  |  |  |  |
| 集成仪表箱故障 |  |  |  | 87 |  | 3 | 2 |  |  |  |  | 18 |
| 库检正常 | 1 | 1 | 2 |  | 1 | 7 | 14 | 5 |  |  |  | 13 |
| 冷却风扇电机过流保护 |  |  |  |  |  | 10 |  |  |  |  |  |  |
| 逆变模块故障 |  |  |  |  | 4 | 9 | 31 | 14 |  |  |  |  |
| 牵引电机速度传感器故障 |  |  |  |  | 2 | 15 | 11 | 1 |  |  |  |  |
| 牵引手柄解码器故障 |  |  |  |  |  |  |  |  |  | 19 |  |  |
| 整流模块故障 |  |  | 1 |  | 10 | 2 | 29 | 23 |  |  |  |  |
| 主断路器故障或损坏 |  |  |  |  |  |  |  |  |  |  | 2 | 10 |

图 9-13  故障描述、故障原因数据透视表

**2. 故障描述、故障所属子系统数据透视表**

图 9-14 中同样筛选出了数值大于或等于 10 的单元格。可以看出，有的故障只属于单一的子系统，而有的故障根据具体情况的不同，可能属于多个子系统。

**3. 故障影响、故障类别、危害等级数据透视表**

图 9-15 中可以看出危害等级为"灾难"的数据，其故障类别明显不符合常识，可以判

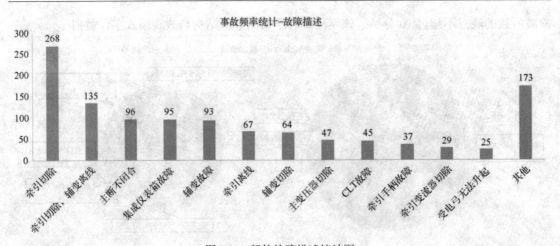

图 9-9  部件故障描述统计图

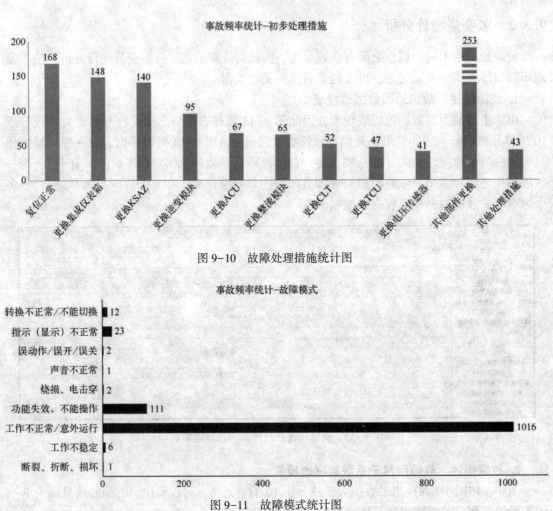

图 9-10  故障处理措施统计图

图 9-11  故障模式统计图

**7. 故障类别**

由图 9-12 可以得出绝大部分的故障都不会导致晚点，而导致晚点的故障中，超过一半

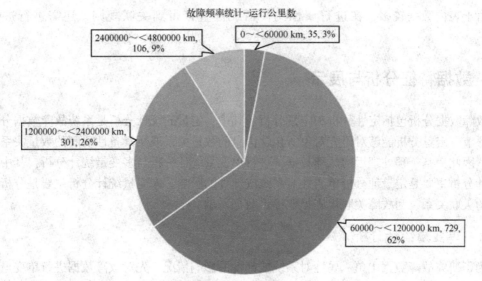

图 9-7　运行公里数统计图

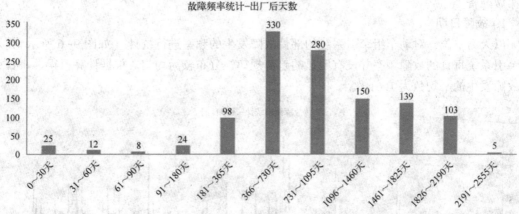

图 9-8　动车组出厂后故障时间统计图

**4. 故障描述**

原始数据中的故障描述字段包含三部分内容：车辆编号、故障描述、故障现象，且后面两个内容的排序非常混乱，在对其进行统计分析前，先对其进行了一定预处理，将其统一为故障描述。在预处理后，根据其频次分布可得图 9-9。图中只留下了出现频次大于或等于 25 的故障描述。可以看出频次最大的故障描述为"牵引切除"，其次为"牵引切除，辅变离线"。

**5. 故障初步处理措施**

由图 9-10 可得，"复位正常""更换集成仪表箱""更换 KSAZ""更换逆变模块"等是最常用的措施，除此之外，也有一些与部件本身性能无关的处理措施，但占总体的比例不大，少于 4%。

**6. 故障模式**

由图 9-11 可以明显看出绝大部分（计算可得超过 86%）故障的模式都是"工作不正常/意外运行"，而"工作不正常/意外运行"和"功能失效，不能操作"加起来则占了所有故障的 95% 以上。

由于表内数据较多，在进行属性约简后无法直接得到关联规则，还需进行进一步分析。

## 9.3 数据特征分析与展示

故障数据分析包括定性分析和定量分析。其中，定量的统计分析是系统故障数据分析的基础环节。定量分析能够对研究对象所包含信息的数量关系或所具备性质间的数量关系进行研究。因此，基于预处理后的故障数据，进行单变量统计分析与多变量统计分析，其中单变量统计分析主要是定量地分析单属性对系统或部件的影响；多变量统计分析主要是分析属性之间的关联关系，为故障关联规则提取提供数据基础。

### 9.3.1 单变量统计分析

为了研究故障数据中单一属性对系统或部件的影响情况，先对故障数据进行单变量统计分析。从故障数据中选择故障日期、运行公里数等字段作为统计分析对象进行研究，为后续工作做准备。

**1. 故障日期**

以天为单位，对动车组牵引系统的部件故障发生的频率进行统计（如图 9-6 所示），发现牵引系统每日的故障频率并没有明显的趋势规律，分布较为均匀。根据计算可得，每日列车故障发生的平均数为 1.61 次。

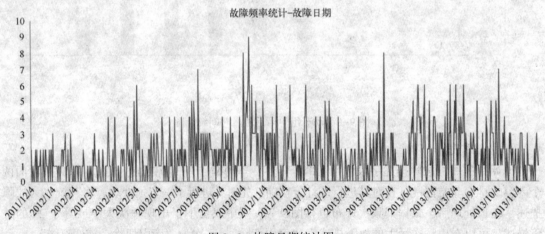

图 9-6 故障日期统计图

**2. 运行公里数**

运行公里数是指部件发生故障时已经运行的公里数，它对于计算部件的可靠度是十分重要的。由图 9-7 可以看出运行公里数在 6 万~120 万公里范围内的动车组牵引系统发生故障的次数最多。

**3. 动车组出厂后故障统计分析**

动车组出厂时间对于研究动车组系统的寿命预测是十分重要的。由图 9-8 可知，出厂后 366~1095 天的动车组牵引系统各部件发生故障的频次最多。